JN114093

メディア・リテラシーの教育論

知の継承と探究への誘い

中橋 雄 編著

北大路書房

◆目　次◆

第2部　教育実践研究の展開

第5章　小学校を対象とした教育実践研究　　61

第6章　中学校を対象とした教育実践研究　　75

第7章　高等学校を対象とした教育実践研究　　85

第8章　大学を対象とした教育実践研究　　96

序章
メディア・リテラシー教育に関する研究の展開

1. メディア・リテラシーの必要性

　はじめに，本書のテーマとなる「メディア・リテラシー」という概念の捉え方について触れておきたい。メディア・リテラシーとは，「メディアの意味と特性を理解したうえで，受け手として情報を読み解き，送り手として情報を表現・発信するとともに，メディアのあり方を考え行動できる能力」である（中橋，2014）。これは筆者によるメディア・リテラシーの定義であるが，ほかにも様々な立場による定義が存在する。

　もともとメディア・リテラシーという言葉は，「メディア」と「リテラシー」という言葉を組み合わせた造語である。メディアとは，送り手と受け手の間で情報を媒介するものであり，リテラシーとは社会で生活したり，社会を開発したりしていくために必要とされる知識や能力のことである。属する社会・集団が異なればメディア・リテラシーが必要とされる理由や求められる知識，能力も異なるものとなる。どのような能力を，どのような方法で高めるべきか，様々な立場のもとで議論が重ねられ，研究する意義が認められてきた。

　例えば，イギリスでは，「文芸評論家による大衆文化批判」にはじまり，「大衆文化の価値も認めたうえでメディアを研究しようとする文化研究」に発展する流れを経て，メディア・リテラシーに関する研究や教育が行われるようになっていった。また，カナダのオンタリオ州では，隣国アメリカから流入する暴力的・商業的なメディアから自国の文化を守る抵抗力としてメディア・リテラシーが必要だとされた（菅谷，2000）。日本においても，①マスメディア批判の理論と実践，②学校教育の理論と実践，③情報産業の生産・消費のメカニズム，といったように，様々な立場によるメディア・リテラシー論の系譜があったと，水越

1

(1999) は整理している。こうした歴史的な積み重ねを理解したうえで, メディア・リテラシーの概念を捉え, これからの研究課題に目を向けることが重要である。

　現代社会におけるメディア環境は複雑に変化しており, メディア・リテラシーとその教育に関する研究は, これまで以上に重要性を増している。例えば, ソーシャルメディアが既存のメディアに影響を与えながら進化を続けていることに注目が集まっている。ソーシャルメディアの登場は, 人々のライフスタイルや思考の様式を大きく変化させた。ソーシャルメディアは, これまで関わることがなかったような人と人とのつながりを生じさせ, 多様な考えに触れることができる環境を生み出した。その一方で, コンピュータがユーザーの行動履歴などを分析して, 特定の人々の思想に触れない環境を生み出すことによって社会が分断し, 対立が生じることも危惧されている。「フェイクニュース」「ポスト・トゥルース」という言葉に注目が集まり, 問題が顕在化したのも, ソーシャルメディアの普及が1つの要因と考えられている。そのような状況の中で, メディア・リテラシーに関する教育や研究も新しい展開が求められる。「メディアとはどのような構造と影響力をもつものなのか」「メディアに媒介される情報内容をどのように受け止めたり, 伝えたりすることが望ましいのか」「生じる問題を解消するにはどうすればよいのか」といったことを改めて問い直していかなければならない。

　このようにメディア・リテラシーが必要とされる理由は, 時代や社会の状況によって変化し続けている。様々な立場の想いと実践の中で言葉の意味は定義づけられ, メディア・リテラシーに関する概念は形成されてきたのである。そして, そのような歴史的な積み重ねの中で, 様々な研究が行われ, 理論的にも実践的にも知見が蓄積されてきた。そうした知見を踏まえて, 現代社会に求められるメディア・リテラシーを問い直していく必要がある。

2. メディア・リテラシー教育に関する研究アプローチ

　メディア・リテラシーに関する研究は, グローバルに, また, 学際的に展開されてきた。日本においても多様な研究成果が蓄積され, 学術的な研究領域を

形成している。そのうちの１つとして，教育工学研究の領域がある。

　日本教育工学会による『教育工学事典』（日本教育工学会，2000）では，教育工学が対象とする研究領域として「認知」「メディア」「コンピュータ利用」「データ解析」「ネットワーク」「授業研究」「教師教育」「情報教育」「インストラクショナル・デザイン」「教育工学一般」といったカテゴリーが示された。「メディア」のカテゴリーの中には，「メディア教育」「メディアリテラシー」という用語が掲載されており，メディア・リテラシーとその教育に関する研究は，教育工学研究の一領域として明確に位置づけられてきたといえる。

　この『教育工学事典』において，生田孝至は，メディア・リテラシーを「メディアをコミュニケーションの送信・受信行動に活用できる力。広くは，自己をメディアにより表現し，メディアで表現されるメッセージの意味を解釈する総合的力を指す概念である。文字の読み解き能力に限定した伝統的なリテラシーの概念があるが，一般的にはこれと区別される」（pp.491-492）と説明している。

　また，高桑康雄は，メディア教育について，「さまざまなメディアについて，メディア作品の分析と制作を通じ，批判力および創造力を体系的に発達させる教育」であり，「視聴覚教育が，第一義的に教育活動において各種のメディアを効果的，効率的に活用することをめざす意味を持つのに対し，メディア教育はメディアそのものを教育の内容とし，メディアについての理解と活用の能力の育成をめざす点に特徴がある」（p.485）と説明している。1990年代にはコンピュータや各種視聴覚機器等の機械的なメディアを利用する教育活動を「メディア教育」とする見解もみられるようになったが，「メディア教育」をより厳密に「メディアリテラシーの教育」と理解することが適切であろうと指摘している。なお，こうした「機械的なメディアを利用する教育活動」と「メディアリテラシーを育む教育」を区別するために，あえて「メディア・リテラシー教育」という言葉が使われることもある。

　以上のように，メディア・リテラシーやメディア教育は，「表現」「解釈」「批判」「創造」「理解」「活用」といった言葉で説明されていることがわかる。一方で，どのような「表現」「解釈」「批判」「創造」「理解」「活用」なのか限定することはなされていない。「総合的力」とされていることからもわかるように，メディア・リテラシーの概念には，一定の幅があることを認めていることがわ

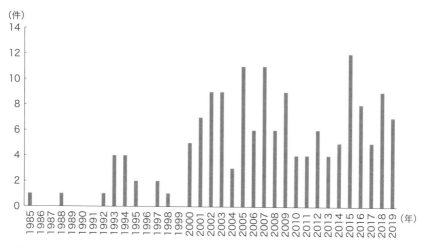

(件)

図序 - 1　タイトルに「メディア・リテラシー」を含む論文および口頭発表の件数

　かる。こうしたゆるやかな枠組みの中で，教育工学におけるメディア・リテラ
シーに関する研究は，多様なアプローチで蓄積され，発展してきた歴史的な経
緯があるといえる。

　1985年から2019年までの30年間に日本教育工学会の論文誌，大会講演論文
集，研究報告集に掲載されたもので，タイトルに「メディア・リテラシー」「メ
ディアリテラシー」という用語を含むものは，156件あった（図序 - 1）。この
数が多いか少ないかということに意味はない。タイトルにその言葉がなくても，
メディア・リテラシーに関する研究は数多く存在するからだ。少なくともタイ
トルに含まれているものは，メディア・リテラシーに関する研究であると自認
しているものと判断できる。重要なことは，長きにわたって先人たちの知見が
継承され，研究が継続されてきた点にある。

　これらの研究を内容で分類してみると，①概念・構成要素，②能力測定，③
実践研究，④教材開発，⑤教員養成・教師教育・教員支援，⑥諸外国の調査，
という6つのカテゴリーに大別できる（中橋，2015）。「①概念・構成要素」
に含まれるのは，メディア・リテラシーの概念，能力の体系・構成要素に関す
る研究である。「②能力測定」に含まれるのは，メディアを学ぶことに関する
認知や思考の過程，発達段階に着目した研究や，メディア・リテラシーを測定

する評価指標に関する研究などである。「③実践研究」に含まれるのは，メディ
ア・リテラシーを育むことを目的とした学習プログラムの開発・評価など，授
業に関する実証的な研究である。「④教材開発」に含まれるのは，ある問題意
識に基づき教材を開発する研究，それに加えて，その効果について評価を行う
研究など，メディアを学ぶ教材の開発に関する研究である。「⑤教員養成・教
師教育・教員支援」に含まれるのは，教員養成系大学におけるメディア・リ
テラシー教育実践の開発と評価，教師を対象とした研修プログラム開発，メディ
ア教育を行おうとする教師がメディア・リテラシーについて学ぶための場に関
する研究などである。「⑥諸外国の調査」に含まれるのは，諸外国におけるメディ
ア・リテラシーの教育・研究動向を調査したものなどである。

　本書では，この枠組みを参考にして教育工学研究を中心とした先行研究を概
観したうえで，今後の研究課題について展望する。さらに，この枠組みとは別
の角度から当該研究領域に光を当てることによって，新たな知見を見いだすこ
とに挑む。具体的には，放送教育・視聴覚教育研究，国語科教育学，メディア
論など，教育工学とは異なる基盤をもつ関連領域の学術分野におけるメディア・
リテラシーに関する研究動向や，実践現場としての学校教育を取り巻く状況に
ついて取り扱う。

3. 本書の構成

　本書では，メディア・リテラシーに関する研究に従事してきた研究者が，先
に述べた様々な研究アプローチから先行研究を概観することで，今後の研究課
題を浮かび上がらせる。本書は，3部構成となっている。

　第1部では，メディア・リテラシー教育に関する理論的な研究の蓄積につい
て確認する。第1章では，メディア・リテラシーが，どのような能力として捉
え研究されてきたか確認する。メディア・リテラシーは，複合的な能力であり，
その広がりを捉えておくことは，メディア・リテラシーに関する研究を進めて
いくうえで重要である。第2章では，メディア・リテラシーを測定するための
研究について整理する。人にメディア・リテラシーがどの程度備わっているか
把握したり，教育の効果を検証したりするためには，それを測る「ものさし」

が必要になる。そうした尺度の開発研究など評価方法に関する研究を検討することは有益であろう。第3章では，諸外国において取り組まれているメディア・リテラシーに関する取り組みを対象にしてきた研究について検討する。自国の実践や研究を客観的に捉え，発展させるうえで，諸外国の取り組みから学べることは少なくない。何をどのような方法で調査することが有効なのか考えるうえで参考になるだろう。第4章では，メディア・リテラシー教育用の教材開発に関する研究が，どのように取り組まれてきたのか整理する。メディア・リテラシー教育の実践を支える教材開発の研究は，メディア・リテラシー教育を実践可能なものにするために重要な役割を果たしてきた。どのような成果が得られたか確認することで今後の研究にも応用できるだろう。

　第2部では，メディア・リテラシー教育に関する教育実践研究の蓄積について確認する。第5章では小学校，第6章では中学校，第7章では高等学校，第8章では大学を対象とした教育実践研究について概観する。メディア・リテラシーを育むために，どのような教育活動が開発・実践，評価され，どのような知見が得られてきたのか整理する。こうした研究は，教育現場に直接的に貢献できる点で意義がある。第9章では，教員養成・教師教育をテーマにした研究について検討する。高等教育機関による教員養成に関する研究，教員研修などの教師教育に関わる教師の成長に関する研究などが行われてきた。学習者にメディア・リテラシーを育む教育実践を行い，改善していくうえで，教師の成長は不可欠である。その方法を検討することは重要な研究課題であるといえる。

　第3部では，教育工学とは異なるアプローチで研究を進めてきた学術分野におけるメディア・リテラシーに関する研究動向や，実践現場としての学校教育を取り巻く状況について整理し，メディア・リテラシー教育に関する研究の新しい展開について検討する。第10章では，放送教育・視聴覚教育研究の領域におけるメディア・リテラシーの研究について扱う。放送や視聴覚機器などのメディアを用いた教育に関する研究が行われる中で，学習者のメディア・リテラシーを育成する必要性が語られ，研究が行われてきた。第11章では，言葉の教育に関する研究を行ってきた国語科教育学の領域におけるメディア・リテラシーの研究について扱う。言葉自体がメディアであり，言葉がなければ成立しないメディアもあることから，両者は密接に関係している。第12章では，メディ

ア論の研究領域におけるメディア・リテラシーの研究について整理する。メディア論の視座や研究知見は，メディア・リテラシー教育における教育内容となりうるものであり，その蓄積や研究動向を捉えることがメディア・リテラシー教育に関する研究を行ううえで参考になると考えられる。第13章では，学習指導要領におけるメディア・リテラシーの位置づけについて明らかにする。学習指導要領には，メディア・リテラシーという用語自体は使われていないが，関連する内容は示されている。どの内容と関連づけてメディア・リテラシー教育を行うべきか，それとの関連で研究を進めるべきことは何か検討する。第14章では，学校におけるICT（Information and Communication Technology）環境整備が進む中で，必要とされるメディア・リテラシー教育と研究のあり方について検討する。ICT環境が整うことによってメディア・リテラシー教育の可能性も広がるといえる。

　終章では，本書で扱った内容をまとめ直し，メディア・リテラシー教育に関する研究の可能性について展望する。

　以上のように，本書では，日本で行われてきたメディア・リテラシー教育に関する先行研究の成果を広く見渡し，それに対するものの見方・考え方を示すとともに，これからの時代に求められる研究課題について展望する。それを通じて達成したい本書の目的は，2つある。1つは，「読者のメディア・リテラシーに関する理解を深めること」である。もう1つは，「読者がメディア・リテラシーに関する学術的な探究や研究に取り組むきっかけを提供すること」である。

　メディア・リテラシーに関する書籍や研究論文は数多くある。先にそちらから読み，本書でその位置づけを確認する方法もあるとは思うが，本書を出発点として読み，その広がりを知ったうえで関連書籍を読み掘り下げていくことが効率的ではないかと考える。本書を通じて，先人たちの知，著者らの知，そして，読者の知が相互作用を起こし，新たな知が創造されることを期待している。

第 1 部

理論研究の展開

第1章
概念・構成要素に 関する研究

1. 概念・構成要素について検討する意義

　本章では，教育工学研究の分野におけるメディア・リテラシーの概念・構成要素に関する先行研究を概観したうえで，今後の研究課題について検討する。メディア・リテラシーは複合的な能力であるため，過度に拡大解釈されたり，矮小化されたりして，誤解や混乱が生じることもある。そのため，その領域の広がりについて共通の整理・確認をしておくことが望ましい。それは，メディア・リテラシーに関する研究領域を発展させていくうえで重要な営みだといえよう。

　メディア・リテラシーの概念・構成要素に関する研究とは，メディア・リテラシーという言葉の意味内容について扱っている研究のことである。ここでの概念とは，概括的で大まかな意味内容のことである。メディア・リテラシーという言葉の意味を他の概念と区別できるように言葉の定義や能力の要素が示されている研究は，概念の形成に寄与しているといえる。また，そうして概念を形成してきた先行研究を俯瞰してメディア・リテラシーという能力の概念や構成要素を整理する研究もまた，メディア・リテラシーの概念・構成要素に関する研究といえる。

　本章では，まず，教育工学研究におけるメディア・リテラシーに関する文献を参照しながら，複合的な能力であるメディア・リテラシーのどの部分に焦点化して研究が行われているか，どのような概念として捉えられているかについて確認する。そして，そうした先行研究を俯瞰してメディア・リテラシーの概念・構成要素を整理した先行研究の知見を確認する。それらを踏まえ，「概念・構成要素の整理・検討を目的とする研究」が，今後どのように取り組まれる必要があるか考察する。

2．多様な立場の存在と概念・構成要素の広がり

　メディア・リテラシーは複合的な能力であるため，そのうちのある部分に焦点を当て，深掘りしていく形で多くの教育実践や研究が行われてきた。ここでは，(1) 情報機器を活用する能力，(2) 文化的に構成されたメディアの特性を理解できる能力，(3) 悪影響を回避する能力，(4) 情報の信憑性を確かめる能力，(5) 映像視聴能力，(6) 社会的に構成されたメディアを批判的に読み解く能力，(7) 目的をもって創造的に表現・発信する能力，といった側面からメディア・リテラシーの概念を捉えている先行研究を概観する。

(1) 情報機器を活用する能力

　教育工学研究の領域では，教科教育の教授・学習を効果的なものにすることを目的として情報機器を中心とするメディアを活用する研究が行われてきた。ここでのメディアには，教科書，黒板，放送番組，視聴覚機器，コンピュータ，カメラなども含まれる。こうしたメディアを活用して学ぶ教育をメディア教育とよび，そこで発揮される能力をメディア・リテラシーと捉える立場がある。

　例えば，山口・木原 (1993) は，メディア・リテラシーを育成する中学校社会科・課題選択学習の単元開発・評価を行った。それまでのメディア教育がメディア固有の技能，態度，認識の形成を目的としていたことに対し，個人の主体的なコミュニケーションを要請する時代における「メディア活用センス (メディア利用における熟慮，オリジナリティーへの志向)」と「メディアアクセス可能性 (積極的態度，メディア有能感)」の重要性を指摘している。

　ほかにも，永田ら (1994)，鈴木ら (1994) は，メディア・リテラシー育成カリキュラムの評価研究を行っている。高度情報化社会におけるメディア・リテラシーのあり方について，「メディアに対する知識としてのリテラシー (メディアに対する一般的認識，態度，技能およびメディアに対する親近感などを含めて意味するもの)」と「メディアに対するセンスとしてのリテラシー (メディアをある文脈において活用する際に求められる発想のこと)」という概念を採用し，メディアの教育利用に歴史と実績をもつ中学校の実践を分析している。

　また，野中 (1997) は，メディア・リテラシーの育成を意図した総合学習

の評価に関する研究を行っている。目標とする能力を「コンピュータの操作」「情報伝達」「コミュニケーション」「情報処理・選択」「マルチメディア表現」「メディア選択」「協同作業」「関心・意欲」「情報モラル」の9項目に整理している。

　これらは，課題解決学習において，情報機器などのメディアを道具として活用する能力としてメディア・リテラシーの概念を捉えている。たんなる操作技能だけではなく，目的に応じて機器を選択できる「知識」と「センス」にも着目して研究が行われてきた。コンテンツを批判的に解釈する能力に関する研究ではなく，その前提となる能力に関する研究領域として重視されてきたといえる。

(2) 文化的に構成されたメディアの特性を理解できる能力

　メディアを読み解くうえでも，表現・発信するうえでも，メディアの特性を踏まえることが重要である。そのため，メディアの特性について理解できることをメディア・リテラシーの要素と捉える研究があった。

　例えば，酒井ら（2003）は，教師のメディア・リテラシー授業実践開発を支援するオンライン学習環境「Media Teachers Village」の開発研究を行った。教師が，マスメディアの「送り手」，メディア・リテラシーの研究者，熟練教師，他教師とのインタラクションによって，メディア・リテラシー教育について学ぶオンライン学習環境を開発したものである。その中で，メディア・リテラシー教育は，社会学におけるメディア論やカルチュラル・スタディーズをその理論的な背景にもっているが，それが活かされていないことを指摘している。

　また，山田（2019）は，「21世紀の妖怪をつくる」という美術館でのワークショップを開発・実践し，文化教育，メディア・リテラシー教育としての意義を検討している。人が考え出す妖怪自体をメッセージや意図がエンコーディングされたメディアと捉え，文化的な背景のもとでメッセージや意図を伝えることや，発信者の意図を読み取る能力が身につく可能性を参加者へのアンケート調査から考察している。

　これらは，文化的に構成されたメディアの特性を理解できる能力として，メディア・リテラシーを捉えている。メディア論やカルチュラル・スタディーズの理論的な背景を踏まえ，メッセージや意図を伝えることや発信者の意図を読み取る能力の重要性が指摘されている。

（3）悪影響を回避する能力

　メディアが人々に悪影響を与える危険性に着目し，その抵抗力となる能力が必要とされることを出発点とする研究も少なくない。悪影響があるかどうかの基準は人によって異なることや，過度な規制によって表現の自由が損なわれると，民主的な発信が制限されることになる危険性なども踏まえ，受け手の能力を高めることに問題解決の糸口を探ろうとするものである。

　例えば，小平（2000）は，メディア・リテラシーに関する世界の研究動向について報告した。1990年代には，メディアの多様化が急速に進み，映像の影響力も国境を越え，大きなものになった。そのためメディアをクリティカルに（批判的，主体的，能動的に）読み解き，情報を理解・判断して，活用し，メディアを通して自らの考えを表現して人々とコミュニケーションする力の重要性が，クローズアップされたと指摘している。各国の事例紹介とともに日本における放送体験クラブや学校放送番組制作の取り組みについても紹介されている。

　また，藤川・中野（2005）は，幼児に対するテレビの悪影響に関する対策として，5歳児保育において，大学生が制作した「戦隊もの」の映像作品を鑑賞し，制作の過程を教える実践について報告している。この実践では，大学生と保育園児が共同で制作活動を行う取り組みも行われた。特に暴力表現に対する抵抗力としてはたらく能力が育まれることを期待している。

　上杉（2003）は，カナダ・オンタリオ州の教科書を比較し，メディア科は，メディアを読み解く視点・枠組みを生徒に提供し，鋭く批判しようとする傾向を示すのに対し，英語科は，メディアをめぐる諸問題に対する意識を高め，生徒自身の探究を助けるという特徴があることを明らかにした。カナダ・オンタリオ州のメディア・リテラシー教育が，メディアの商業性やマイノリティ表象などの問題を扱っていることを紹介している。

　これらは，メディアのもつ好ましくない影響への懸念に対して，規制ではなく受け手の判断で解決できる能力としてメディア・リテラシーの概念を捉えている。暴力表現やマイノリティ表象，メディアのもつ商業性などが，どのような問題を生じさせうるか考え，問題を回避・解決できることが期待されている。

(4) 情報の信憑性を確かめる能力

　誤報や捏造，誤解が生じる過剰な演出などを鵜呑みにしないように情報の信憑性を判断できる能力としてメディア・リテラシーの必要性を主張する立場もある。とりわけインターネット上の情報は，誰がどのような意図で発信したものか特定しづらく，デマやフェイクニュースにだまされたり，拡散させてしまうことがないように，そうした状況に対応できる能力の育成が求められてきた。

　例えば，佐々（2000）は，メディア・リテラシー教育を実践できる保育者を養成するための実践研究を行っている。子どもたちにメディア・リテラシー教育を行うため，また，情報に翻弄される親たちの悩みに応じるためにも，メディアを批判的に読み解き，使いこなして表現する能力としてメディア・リテラシーを育む実践を保育者に行った結果が報告されている。

　また，藤川（2010）は，東日本大震災発生以降の情報支援との関わりにおいてメディア・リテラシーについて検討している。ソーシャルメディアの普及が始まった状況で生じた災害の状況下における情報支援のあり方について考察している。有事の際に情報を提供する能力・判断する能力としてのメディア・リテラシーに焦点を当てたものである。

　後藤（2015）は，現職教員および大学生を対象に，階層分析法によるメディア認知の可視化を活かしたメディア・リテラシー育成に関する研究を行った。その結果，「メディア認知と通常のメディア行動とのギャップや整合」「他者との比較による自らのメディア認知の理解の深まり」「メディアの違いを越えた情報源の信頼性の確認の意義」「時間的，物質的なメディアの障壁」について学習者に気づきがあったという結果が報告されている。

　これらは，情報に翻弄されたり，情報を鵜呑みにしたりすることなく，批判的に捉え，自分で判断できる能力としてメディア・リテラシーを捉えている。受け手としての読み解きのみならず，知り得たことを他者に伝えても問題が生じないか慎重に判断することまでもが含まれている。

(5) 映像視聴能力

　メディア技術の歴史的な発展の経緯を考えると，文字のメディアよりも映像のメディアのほうが後に開発された。視聴覚に訴えかけることによる認知・学

習・教育に関する研究が行われてきた。例えば，映像だからこそ理解しやすいと考えられているが，学習者は本当に理解できているのかを明らかにする調査研究，理解できていないとするなら理解するための映像視聴能力を高めるためにはどうしたらよいのかを検討する研究などが行われてきた。

　例えば，山口（1985）は，CAI（Computer Assisted Instruction）の tutorial mode における言語リテラシーとメディア・リテラシーの相乗効果について検討している。その中では，「ブルーナ（J. S. Bruna）は，"教育の過程"で，ピアジェ（J. Piaget）の学説を引用して，子どもにもっと早く高度な数学を学ばせることができると主張した。彼は，teaching machine（これがCAIシステムに発展する）とaudio visual mediaの効果を指摘した。本文では，これをメディアリテラシーの世界と仮定する」という説明がある。

　また，三宅（1997）は，サブリミナル映像に対するメディア・リテラシーの育成に関する研究を行った。サブリミナル映像とは，映像作品の中に通常の視覚・聴覚では捉えられない速さで映像を割り込ませることで視聴者の潜在意識にはたらきかけようとする映像のことである。サブリミナル映像に関する知識の有無とサブリミナル映像に対応する力との関連について検証している。

　岡部ら（1993）は，小学生を対象にした映像情報に関するメディア・リテラシーの基礎的訓練プログラム開発を行った。枠組みは，「わかる（理解力，洞察力）」「使う（探索力・発信力）」「つくる（構成力，創作力）」の3領域である。映像情報の読み解きと表現発信に関する能力が含まれるものとして，メディア・リテラシーの概念を捉えている。

　これらは，メディア・リテラシーを，言語リテラシーとは異なる視聴覚刺激から学ぶことができる能力だと捉えている。商業性や政治的メッセージなどに対する意味解釈を対象とする教育とは別の次元で，メディアに対する人間の認知能力をメディア・リテラシーの要素として捉えて研究が行われてきたといえる。

（6）社会的に構成されたメディアを批判的に読み解く能力

　私たちは，世の中の出来事に関する認識のみならず，社会生活を営むうえでの規範や価値観などまでもメディアを通じて獲得している。一方，メディアは

何らかの意図をもって構成されたものであり素朴な現実そのものではない。そのため，構成されたものとして批判的に読み解くことが重要だと考えられてきた。

　例えば，今井（2010）は，メディア・リテラシー教育の教員研修プログラムを開発した。開発にあたり，レン・マスターマン（L. Masterman）による基本概念「構成され，コード化された表現（representation）」と「誰が構成しているか（メディア・テクスト生産の決定要因），どのように構成されているか（メディア言語），テクストはどのような意味をもっているか（価値観・イデオロギー），どのような人たちによってどう読まれるか（オーディエンス）」が参照された。

　また，中橋・今田（2002）は，メディア・リテラシーの重要性を認識させる実践研究を行っている。中学 3 年生を対象に，マスターマンによる「メディア・リテラシーの18の基本原則」を観点に，学習者が中学校 3 年間の学習活動を振り返る授業実践を分析したものである。ここでは，メディアが「構成されコード化された表現」であることを理解することによって，民主主義構造の強化につながることが期待されている。

　ほかにも，小庄司ら（2007）は，地方紙と全国紙，地方テレビと全国テレビを比較して，情報を伝える側の意図を読み取る教育実践研究を行った。マスターマン，バッキンガム（D. Buckingham），菅谷明子らの文献をあげつつ，メディアからの情報を送り手によって構成されたものと捉え，批判的に視聴するメディア・リテラシーが諸外国では重視されているが，わが国ではそれほど盛んに実践されていないという問題意識が示されている。

　これらは，「社会的に構成されたメディアを批判的に読み解く能力」としてメディア・リテラシーの概念を捉えている。誰が何のために表現・発信し，誰がどのように受け止めるのか，その構造を踏まえて読み解くことが重視されている。

（7）目的をもって創造的に表現・発信する能力

　以前は，コンピュータや映像を撮影・編集する機器は高価で，一般に普及していなかった。また，それを扱うには専門的な技術が必要とされた。しかし，徐々

に比較的安価で簡易に扱える機器が普及し，誰もが表現・発信できる時代へと移り変わってきた。そうしたメディア環境の変化によって創造的に表現・発信する能力を高める授業実践と研究が行われるようになっていった。

　例えば，八崎・荒木（2006）は，ニュース番組を作る学習過程を通じてメディア・リテラシーを育む実践の開発と評価を行った。受け手にとって意味のある話題をどう取り上げるか，どういう情報が必要か，伝えたいことがわかるようにするにはどう編集したらよいかなどについて学習者に考えさせた。目的に応じた情報の配列・編集について理解を深めさせる実践である。

　また，斎藤・大岩（2002）は，メディア・リテラシー教育に対する記号学の重要性を提案した。メディア・リテラシー教育の目的を「メディアに対するクリティカルな姿勢を育むこと」「クリティカルな姿勢に裏打ちされた創造的な表現能力を育むこと」とするとともに，マスメディアだけでなくインターネットも含まれるべきであること，「いかなる目的でメディアを用いるか」という点に対するクリティカルな観点からの反省も必要であるとしている。

　ほかにも，高橋ら（2002）は，メディアが伝える情報を批判的に読み解いたり，メディアを効果的に活用して情報発信したりする力を育成するための実践研究を行っている。総合的な学習の時間において，カブトガニを題材としたWebページを作り交流学習を行うことや，絶滅する・しないの立場に分かれてビデオ作品を作る活動を通じて，制作者の意図と表現効果との関連を学ぶ実践である。

　これらは，自らの表現に対して批判的な姿勢をもち，目的に応じて情報を伝えることができる能力としてメディア・リテラシーの概念を捉えている。制作者の意図と表現の効果との関連を理解できることまで含めて検討されている。

3.　概念・構成要素の整理を主たる目的とする研究

　ここまで取り上げた先行研究を概観するだけでもメディア・リテラシーに関する研究の幅広さと奥深さを感じ取ることができる。一方，こうした先行研究を俯瞰して，メディア・リテラシーの概念・構成要素の整理を行う研究の蓄積もなされてきた。能力項目やその構造が明らかでなければ誤解や混乱が生じるだけでなく，教育の方法や評価の方法を検討することもできない。そうした問

題の解決に資するものとして，概念・構成要素を整理する研究には意義がある。

　まず，坂元（1986）は，メディア・リテラシーが，どのような能力からなるものか，概念について検討している。ここでは，「受け手，使い手，作り手」という3つの「立場」と「特性理解・批判，選択利用，構成・制作」という3つの「能力」の2次元で整理することを試みている。また，それを具体化した形として「わかる」「つかう」「つくる」といった能力概念を提案している。子どもに育みたい能力概念を構成要素ごとに整理して，授業実践を構想することが行われた。ここでは，メディアを「わかる」「つかう」「つくる」能力項目からなる複合的な能力としてメディア・リテラシーを捉えていることがわかる。

　次に，水越（1992）は，20年間にわたって研究してきた視聴能力やメディア・リテラシーの研究を振り返り，研究デザインについて提言している。映像の視聴能力に加えて，表現力，伝達力，批判的視聴能力，機器の操作技能なども含めた統合的概念として「メディア・リテラシー」を想定し，授業の設計–実施–評価に関する実証研究を行ってきたことが記されている。また，メディアミックス，マルチメディア，番組比較などによる実証研究の成果が整理されるとともに「組写真でイメージを表現」「モンタージュを知り使う」「ニュースを読みくらべる／視くらべる」などの実践研究に関する構想が示されている。このことから，映像やマルチメディアのもつ特性にも注目し，メディアを活かす統合的な能力としてメディア・リテラシーの概念を捉えていることがわかる。

　また，高桑（1994）は，当時の学習指導要領で示された学力・情報化社会における諸能力として，メディアについてのリテラシーが含まれるとする考え方を提示している。その内容について考える際，水越（1994）が著書『メディアが開く新しい教育』で整理した情報活用能力の説明（（A）情報の判断・選択・整理・処理能力，（B）基本的な応用ソフト・教育用ソフトの利用能力，情報や映像機器の操作能力，（C）状況に適したメディアや機材の選択能力，（D）情報の創造・表現・伝達能力）が参考になるとしている。また，教育工学的接近は，内容および方策に関して寄与するとしている。

　山内・水越（2000）は，メディア・リテラシーの学習モデルについて研究した結果を報告している。そこでは，旧郵政省による「メディアを主体的に読み解く能力」「メディアにアクセスし，活用する能力」「メディアを通じてコミュ

ニケーションを創造する能力」を含むものとする定義や水越伸による「人間が
メディアに媒介された情報を構成されたものとして批判的に受容し，解釈する
と同時に，自らの思想や意見，感じていることなどをメディアによって構成的
に表現し，コミュニケーションの回路を生み出していくという，複合的な能力」
といった定義などが参照されている。社会的実践に参加する中で批評的活動を
ともなう受容と，創造的な活動をともなう表現が学ばれる必要性について指摘
している。

　浅井ら（2014）は，メディア・リテラシー教育に関する専門書に掲載され
ている実践報告から，メディア・リテラシーに対して読者がもちうるイメージ
を検討している。調査の結果，3カテゴリー11項目からなる構成要素の範囲を
明らかにしている。1つめのカテゴリーは「受け手の批判的思考力」で「内容
を理解する能力，表現の意図を読み解く能力，表現の工夫に気づく能力，感想
をもつ・交流する能力」を含む。2つめのカテゴリーは「送り手の批判的思考
力」で，「企画・進行する能力，取材・調査能力，表現・制作・発表・発信す
る能力，自分の作品を評価する能力」を含む。3つめのカテゴリーは「メディ
アと関わる知識と技能」で「機器・ソフトの操作能力，メディアの特性に気づ
く能力，メディアとの関わりを意識する能力」を含む。

　水越・中橋（2002）は，現代の学校教育で育成すべき新しい学力として求
められるメディア・リテラシーの構成要素を整理するとともに，構成要素を観
点として実践事例の分析を行っている。インターネットによる新しいメディア・
コミュニケーションを踏まえたものにしていく重要性を指摘しつつ，メディ
ア・リテラシーの構成要素を6カテゴリー18項目に整理した。この構成要素は，
その後，表1-1に示したソーシャルメディア時代のメディア・リテラシーの
構成要素として，中橋（2014）によって7カテゴリー21項目に再整理が行わ
れている。同時に，メディア・リテラシーとは，「メディアの意味と特性を理
解した上で，受け手として情報を読み解き，送り手として情報を表現・発信す
るとともに，メディアのあり方を考え行動できる能力」であるという定義が示
された。

表1-1　ソーシャルメディア時代のメディア・リテラシーの構成要素（中橋，2014）

(1) メディアを使いこなす能力
　　a. 情報装置の機能や特性を理解できる
　　b. 情報装置を操作することができる
　　c. 目的に応じた情報装置の使い分けや組み合わせができる
(2) メディアの特性を理解する能力
　　a. 社会・文化・政治・経済などとメディアとの関係を理解できる
　　b. 情報内容が送り手の意図によって構成されることを理解できる
　　c. メディアが人の現実の認識や価値観を形成していることを理解できる
(3) メディアを読解，解釈，鑑賞する能力
　　a. 語彙・文法・表現技法などの記号体系を理解できる
　　b. 記号体系を用いて情報内容を理解することができる
　　c. 情報内容から背景にあることを読み取り，想像的に解釈，鑑賞できる
(4) メディアを批判的に捉える能力
　　a. 情報内容の信憑性を判断することができる
　　b. 「現実」を伝えるメディアも作られた「イメージ」だと捉えることができる
　　c. 自分の価値観に囚われず送り手の意図・思想・立場を捉えることができる
(5) 考えをメディアで表現する能力
　　a. 相手や目的を意識し，情報手段・表現技法を駆使した表現ができる
　　b. 他者の考えを受け入れつつ，自分の考えや新しい文化を創出できる
　　c. 多様な価値観が存在する社会において送り手となる責任・倫理を理解できる
(6) メディアによる対話とコミュニケーション能力
　　a. 相手の解釈によって，自分の意図がそのまま伝わらないことを理解できる
　　b. 相手の反応に応じた情報の発信ができる
　　c. 相手との関係性を深めるコミュニケーションを図ることができる
(7) メディアのあり方を提案する能力
　　a. 新しい情報装置の使い方や情報装置そのものを生み出すことができる
　　b. コミュニティにおける取り決めやルールを提案することができる
　　c. メディアのあり方を評価し，調整していくことができる

4. 今後の研究課題

　以上のように，教育工学研究におけるメディア・リテラシーの概念は，複合的な能力であることを前提として，様々な能力項目を深める形でゆるやかに形成されてきたといえる。時代や状況に応じて求められるメディア・リテラシーを捉え直しながら，多様な能力要素について着目して研究が行われてきた。

　先行研究を踏まえずにメディア・リテラシーの概念を広く捉えすぎると，同じ言葉を異なる意味で使うことになり，誤解が生じるだけでなく，その言葉の意義自体が薄れることになりかねない。一方，メディア・リテラシーの概念を狭く捉えすぎ，関連があるはずの領域を排除してしまうと研究領域の学術的な発展可能性を狭めてしまうことになる。そのバランスを保つためにも，先行研究を踏まえ，多様な立場があることを認めたうえで自らの研究テーマを位置づけ，深めていくことが建設的ではないかと考えられる。

　今後，メディア・リテラシーの概念・構成要素に関する研究は，どのように発展できる可能性があるだろうか。1つには，メディア環境や社会状況の変化によって必要とされるメディア・リテラシーの新たな側面を取り込んでいくことだろう。例えば，マスメディアの影響力について研究が行われた時代においては，マスメディアと市民の関係性において批判的に読み解くということが中心的な課題であったが，インターネットが登場したことによって，個人が情報発信者となる時代に求められるメディア・リテラシーに注目が集まるようになった。さらに，ユーザーどうしの関わりによってコンテンツや文化が生み出されるソーシャルメディア時代には，考え方の多様性を認めつつ，メディアのあり方を考え，行動していくことが求められるようになっていった。

　近年では，スマートフォンの登場によって，多様なメディア・コミュニケーションが生まれ，人々のライフスタイルや価値観は大きく変化した。その裏側ではネットワークによって収集される「ビッグデータ」の利用によって生み出される社会，「フィルターバブル」のようなコンピュータのアルゴリズムによってパーソナライズされるメディア環境，人がAI技術を利用して生み出したコンテンツの登場にも注目が集まっている。さらには，AI技術によって自律的にコンテンツが生み出される時代を想定して能力項目を検討していく必要があるだろう。このような時代の変化に応じてメディア・リテラシーの概念と構成要素の存在を捉え直し，再整理される必要があるだろう。

第2章

能力測定に関する研究

1．能力測定に関する研究の意義

　ここでは，メディア・リテラシーを測定するための研究に取り組む意義と，今後の研究課題について検討していきたい。

　メディア・リテラシーがどの程度備わっているかを把握したり，教育の効果を検証したりするためには，それを測る「ものさし」が必要になる。中橋ら（2017）は，「ソーシャルメディア時代のメディア・リテラシーの構成要素」を7項目（中橋，2014）に整理し，それを拠り所に学習目標を設定し，対応する学習活動が効果的であったかどうかを評価している。高橋・和田（2017）は，中橋のメディア・リテラシーの構成要素のうち，獲得・意識の変容が新聞制作を通して培われたことを明らかにしている。

　そうした尺度の開発研究など，評価方法に関する先行研究を検討することは有益であろう。例えばメディア・リテラシーの実践研究では，研究者が作った定義からそれを測る基準やルーブリックを作ることが必要である。メディア・リテラシーの定義について，評価方法の論文やレポートを，他の研究者や実践者が共有できればよいだろう。

　また，開発された尺度がもつ「受難」も研究において課題となりうる。例えば，ワンセットの尺度なのだが使いやすい尺度だけ都合よく使われてしまう。ある構成概念が先か，それとも構成概念が後か，例えば理解と技能の構造を理解する研究で，使いやすい尺度だけが使われてしまう。また，集団の特性を把握する程度の精度で設計しているのに，事前と事後の差を比較するためなど無理筋な利用を強いられる。例えば，学年に応じて発達するのか，特性の違う集団で能力の差があるのか，集団によって変化するのか，特定の教育プログラムによっ

て能力が変化するのかなどを検証するために，尺度の開発者の意図と異なる目的で，無理矢理適用されてしまうことがある。

　そのようなことがないよう，尺度の設計者と利用者がコミュニケーションを図り，尺度に関する理解を深めることが重要である。これもメディア・リテラシーの能力測定に関する先行研究について検討する意義だといえる。

2. メディア・リテラシーの能力測定の研究

(1) メディア・リテラシーの定義と4つの構成要素

　ここでは，後藤（2006）を例に，メディア・リテラシーを測定するための研究の意義と，尺度の作成とパフォーマンス課題について検討していく。

　後藤（2006）は，メディア・リテラシーの発達と構造について，小学生から大学生を被験者として調査した。小学5年生210名，小学6年生389名，中学生373名，高校生402名，大学生401名，合計1775名である。

　リテラシー概念は，「獲得すべき普遍的な能力」，例えば，機能的リテラシー（Gray, 1956），文化リテラシー（Hirsh, 1987），アルファベットの優位性（McLuhan, 1962；Ong, 1982；Luria, 1976）などの研究があった。

　一方，「リテラシーは多次元的であり，人間の主体的な活動」だとする考え方が出てきた（Scribner & Cole, 1978, 1981；Lankshear & Lawler, 1987）。

　ピアジェの発達理論によれば，受け手による意味の構成とは自らの知識構造とテクストとを照らし合わせてなされる主体的な行動である。受け手がいかなる知識構造を有するかが問題となる。特に映像メディアやネットワークの登場により，従来に比べてメディアの選択が頻繁に求められてきた。従来のリテラシー概念を拡張してメディア・リテラシーを捉える必要性がある。こうしたメディア・リテラシーについて，まずは定義を書き出した。以下のような定義である。

・メディアは現実をそのまま映し出しているのではなく「構成された表現」である，として批判的に捉える知性や主体性（Masterman, 1995）
・「メディア特性の理解・批判能力」「メディア選択・利用能力」「メディア構

成・制作能力」（坂元，1986）
・メディア・リテラシーとは，人間がメディアを介して情報を批判的に受容・解釈すると同時に，メディアを選び，使いこなして自分の考えていることを表現し，コミュニケーションの回路を生み出していくという，複合的な活動（吉見・水越，2000）
・人と人とが交わって議論し生産される創造的知識，暗黙知が新たな文化資本であり，ネットワークをはじめとする多様なメディア環境を駆使してこのような知を創造する新たな教養としてのメディア・リテラシー（生田，2004）
・メディアの操作，理解，読解・解釈・鑑賞，批判的理解，表現，コミュニケーション（水越・中橋，2002）

　もちろん，定義の分析にはたくさんの文献を使っている。メディア・リテラシーの定義を「多様な情報メディアの特性を踏まえ，それらを情報の受信と発信に主体的に活用するとともに，情報を鵜呑みにすることなく批判的に捉えようとする態度及び能力」（後藤，2006）とし，以下4つの構成要素を抽出した。

・インターネットなどのメディアを必要に応じて操作し活用できるスキル（メディア操作スキル）
・自らメディアを用いて情報を収集しようとする態度（主体的態度）
・メディアの簡便性や機能性，信頼性について個人がもつ知覚（メディア特性の理解）
・メディアが送り手によって作り出されたものであると捉え，そのうえで情報の正しさを判断しようとする態度や技能（メディアに対する批判的思考）

(2) 構成要素と先行研究の関係

　メディア・リテラシーの能力測定では，4つの構成要素すべての尺度を作らなくてはいけない。メディア・リテラシーの4つの構成要素と先行研究の関係を示す（図2-1）。
　例として，尺度の作成とパフォーマンス課題について検討していく。

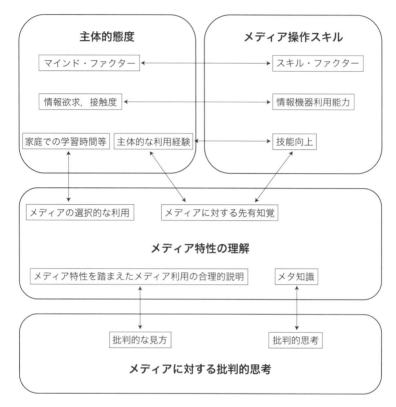

図2-1　メディア・リテラシーの構成要素と関連する先行研究

　まず，尺度の作成からみていこう。尺度の作成については，例えば，先行研究として，「テレビの専門的な見方」（NHK放送文化研究所調査）がある（白石，1997）。この調査では，以下の項目が作成された。

・ニュースが第一報中心で物足りなく思うこと
・同じ問題でもキャスターや番組によって伝え方が違うこと
・同じ番組でもテレビや新聞で取り上げ方が違うと思うこと
・客観報道とはいえやはり取材者の考えが入っていると思うこと
・絵になるものが優先されて事実が伝わっていないと思うこと
・バラエティ番組でヤラセがあると思うこと

・番組の仕掛けが途中でわかってしまうこと
・視聴率をとるために番組が似たり寄ったりになっていると思うこと
・番組を作っている人が視聴者をばかにしていると思うこと
・テレビの見方を教える教育が必要だと思うこと
・後でテレビの言う通りに動かされてしまったと思うこと

　これは「同じ問題でもキャスターや番組によって伝え方が違う」といった項目に対して「よくある」「ときどきある」「あまりない」「ぜんぜんない」のいずれが最も当てはまるかを問うものである。この調査の対象は成人であったため，小学生を対象とする場合には，小学生にとってわかりやすいかどうかが大事となる。
　また，高比良ら（2001）による情報活用の実践力尺度は，次のようである。

・人から聞いた話が本当かどうかを後で確かめることはない（逆転項目）
・人の噂をすぐ信じるほうだ（逆転項目）
・新聞やテレビで言われることをすぐ信じるほうである（逆転項目）
・テレビで知ったことを後から本などで確認することがある
・手に入れた情報が古くなっていないかどうかに注意している
・対立する意見があるときはいつも両方の言い分を聞いてそれぞれの良し悪しを判断するようにしている
・噂を聞いたときにはそれがどのくらい根拠があるかを確認している
・たくさんの資料から必要な情報を見つけ出すのは苦手である（逆転項目）

　この種の研究としては，信頼性・妥当性についての検討を行っている数少ない研究の 1 つといってよい。同様な主観的な自己の評価尺度は多数存在する。例えばメディアの難しさの認知（鬼頭，2004a，2004b），メディア・リテラシー入門評価のための項目（小池，2004），メディア評価能力（宮田，2001）などである。調査に参考となる例を見つけ，検討することが必要である。
　さて，パフォーマンス課題について検討していく。メディア・リテラシーの能力測定を行う，批判的思考の尺度は，例えば，カリフォルニア批判的思考

態度尺度，Watson-Glaserテストなど多数存在する。これを実際にメディア・リテラシー教育実践の前後で測定し，評価に利用した例もある（Ruminski & Hanks, 1997）。Watson-Glaserテストは久原ら（1983, p.133）によって日本語化されており，尺度作成の参考になる。

(3) 尺度の作成

　後藤（2006）のマスメディアに対する傾向性尺度の作成をみていく。予備調査は新潟市内の高校生401名を対象とした。調査時期は2004年 6 月である。

　先行研究を参考に，具体的には「新聞記者はたくさんの情報を集めるけれども新聞記事になるのはその一部の情報である」といった21項目について，「そう思う」から「そう思わない」の 5 つのうち 1 つだけを選択してもらい，「そう思う」を 5 点，「そう思わない」を 1 点として得点化した（ただし逆転項目は「そう思わない」が 5 点）。

　21項目で確認的因子分析を行い尺度の構造を確認した。結果として次の 3 因子を抽出した。第 1 因子は「メディアの構成に関する因子」，第 2 因子は「メディアの社会への影響因子」，第 3 因子は「メディアの誇大表現への防御因子」とした。他の項目については因子負荷量も小さく，このまま分析を進めることは難しいと思われたので検討から除外した。以後，採用した10項目のみを分析対象とした。

　項目分析は，「思う（そう思う）＋（ややそう思う）」「そう思わない（そう思わない）＋（あまりそう思わない）」のいずれかが.20に満たないか.80を超えるかを基準としてみていった。

　I-T相関分析（下位尺度の得点と項目の得点と相関係数により項目の妥当性を検討するもの），GP分析（下位尺度全体で高い得点を得ている者は各項目でも高い得点を得ていると考え，例えば下位尺度得点の上位25％を上位群，下位25％を下位群とし，項目ごとに平均値の差の検定を検討するもの）も参考した。

　信頼性係数について，これは尺度の内的一貫性を示すものであるが，クロンバックの α 係数を算出した。

　妥当性の検討について，メディアに対する知覚を測定した。「インターネット」「本」「新聞」「テレビ」の 4 つについて「情報が新しいと思う順番」「情報が正

しいと思う順番」「好きな順番」「簡単に情報が得られると思う順番」の順位を
つけてもらうもので，批判的思考が低いほどテレビを好み，情報が正確である
と知覚する傾向があった。ここではマスメディアに対する傾向性尺度が低い者
ほどテレビに依存し，テレビを信用している傾向が見て取れる。このことは尺
度の妥当性を直接保証するものではないが，これまでの研究知見の蓄積を支持
し，日常的経験から得られる感覚とも合致する。

　さて，マスメディアに対する傾向性尺度の事例から検討してきた。調査であ
れば表2-1に示したすべての項目を使うことも可能ではある。しかし，項目

表2-1　作成した項目

カテゴリー	項目
1. 情報を鵜呑みに しない姿勢	ホームページを見ていて，いつだれが作ったものかは特に気にならない
	あとでテレビの情報を信じすぎていたと思うことがある
	ホームページに書いてあることでもすぐには信じないほうだ
	テレビの情報でも，おかしいと思ったらそのまま信じるよりも他のテレビ局や新聞，インターネットで確かめた方がよい
2. 制作者の意図	コマーシャルは本物以上によいイメージを作りすぎていると思う
	テレビをみていて，大げさな表現をしていると思うときがある
	テレビや新聞をみていて，伝え方が公平ではないと思うことがある
	本に書いてあったことでおおげさだと思ったことがある
	新聞記者が集めた情報は全て記事になる（逆転項目）
	ニュースを作る人は見る人を楽しませることは考えていない（逆転項目）
3. オーディエンス	コマーシャルには子ども向けや大人向けの区別はない（逆転項目）
	同じ番組なので，だれが見ても同じように理解される（逆転項目）
4. 社会的・政治的 意味	テレビや新聞でどう情報を伝えるかによって，人々のものの考え方は大きく変わる
	テレビで放送されたことが新しい流行になることがある
5. 商業的意味	コマーシャルでは，よく売れるように商品のイメージを強調している
	テレビの情報でもそのまま信じるよりも他のテレビや新聞，インターネットで確かめた方がよい
6. デジタル・ メディアの特性	インターネットでは本名を出さなくてもいいので，だましが起こりやすい
	インターネットの情報を出すにはチェックする機関があり，合格しないと情報が出せない（逆転項目）
	作った人の連絡先がかかれているインターネットの情報は信頼できる
7. メディアの 技法・様式	テレビの同じ場面で，音楽（BGM）が変わっても受ける感じはそれほど変わらない（逆転項目）
	テレビ・カメラは上から撮るか，下から撮るかによって見る方の受ける印象はちがう

分析，信頼性，妥当性など尺度の作成で，せっかく作った項目が使えないこともある。例えば予備調査をもう一度行ってみることも考えられる。

(4) パフォーマンス課題

　パフォーマンス課題について，メディアに対する批判的思考を測定しうる 8問を選択し400名程度の高校生に対する予備調査を実施した。

　まずはWatson-Glaserテストを日本語化した久原ら（1983）の一般的な批判的思考能力テストの問題を，メディアからの情報を判断する場面に置き換えた。

　例えば「テレビのニュースを見ていたら『今日，A市で交通事故が起き，けがをした人のうち10人は近くの病院に運ばれた』と放送され，映像が流されました。しばらくしてからインターネットを見ていたら，あるホームページに『今日，A市で起きた交通事故で20人がけがをした』と書いてありました」という問題を提示する。

　次に，「インターネットは正しい情報を流している」のは①正しい，②おそらく正しい，③おそらく正しくない，④正しくない，⑤判断するには情報が足りない，のどれが最も当てはまるか選択させるというものである。

　しかし，この種の問題は厳密に作り込んでいけば論理的思考をみるのと変わりなくなり，一般的な批判的思考の問題をそのまま使うのと同じになることがわかってきた。

　そこで，ここから発展したのが，ある情報がメディアで提示されたときにそれが信頼できるかどうか確かめる方法を自由記述させる方法である。実際に子どもが直面すると予想される事態にどう対応できるかを求めたともいえる。例えば，「紛争地域での戦闘で多くの子どもたちが巻き添えになったという情報が流れた。紛争当事国のA国とB国のそれぞれのテレビ局はまったく別の情報を流している。A国のテレビ局は自国の多くの子どもたちが戦闘の巻き添えになり傷ついたと報道し，B国はそんな事実はないと伝えている」という状況で，その信頼性を確かめるにはどうすればよいか聞いた。

　このような問題を40題ほど作成し，大学生，小学校教員，高校教員，大学教員の意見を聴取・検討した。その中からメディアに対する批判的思考を測定しうる 8問を選択し400名程度の高校生に対する予備調査を実施した。その中

で，2 問に絞り，現職教員，大学生，成人を対象に実施し，ほぼ期待される記述が時間内に得られることが確認された。

パフォーマンス課題では，下記の情報が信頼できるかどうか確かめるために「必要だと思われる情報（内容）」や「調べ方（方法）」を回答する。

　　あるホームページでダイエット食品が紹介されていた。ホームページでは，ある医学者の紹介文として「この食品は非常に手の込んだ方法で作られているため高価だが，効果もある」と書いてあった。さらに実際にこの食品でダイエットに成功した 3 人の体験談も載せられていた。

ルーブリックでは，「得点 4　適切な方法と内容が記述できる」「得点 3　方法と内容の両方が記述できる」「得点 2　方法は記述できる　または　内容は記述できる」「得点 1　記述できない」とした（後藤ら，2013）。

さて，メディアに対する批判的思考を測定した研究について検討してきた。ルーブリック（表 2 - 2，表 2 - 3）は教師間の一致度や教師と生徒の一致度についても検討してきた。

パフォーマンス課題では，ダイエット食品という事例が適当かどうかも課題となる。説得される側の領域固有知識に依存して説得情報の処理過程が変わるとされる（Petty & Cacioppo, 1986）。後藤（2014）では，領域固有知識（ダイエット食品），領域固有知識なし課題の構造を残したまま各人が自ら詳しいと考える領域への置き換えを行って自問自答する形で行った。

　　あるホームページで①＿＿＿＿＿＿＿＿が紹介されていた。ホームページでは，ある②＿＿＿＿＿＿の紹介文として「この食品は非常に手の込んだ方法で作られているため高価だが，③＿＿＿＿＿＿」と書いてあった。さらに④＿＿＿＿＿＿＿＿3 人の体験談ものせられていた。

オリジナルと構造を変えないために，①具体的な商品やサービスが記載されていること，②権威者からの情報であること，③商品やサービスの利点が記載されていること，④利用者からの情報であることが満たされる必要があった。

表2-2　内容のルーブリック

得点	基準	例
4	内容と，それで何を知りたいかが具体的にわかり，信じられるかどうか確かめる工夫がある	「医学者がこれまでどんな研究をしていて，ダイエットに本当にくわしいか」「その会社がそれまでどのような製品を販売していて，トラブルがないか」「何人試したうちで3人なのか」など
3	内容と，それで何を知りたいかが具体的にわかる	「ダイエットに有効な成分が含まれているか」「どんな会社か」，「どんな医学者か」など
2	内容は書いてあるが，それで何を知りたいかが読み取れない	「ダイエットについて」「医者について」など
1	内容について書いていない	（なし）

表2-3　方法のルーブリック

得点	基準	例
4	必要な情報が手に入る具体的な方法を，いくつか組み合わせている	「評判の書いてあるホームページを探したり，かかりつけのお医者さんに聞いたりする」「評判の書いてあるホームページを，いくつかくらべる」「かかりつけのお医者さんに聞いたり，いつも行っている薬局の薬剤師の人に聞く」など
3	必要な情報が手に入る具体的な方法が書いてある	「評判の書いてあるホームページを探す」「かかりつけのお医者さんに聞く」など
2	方法は書いてあるが，必要な情報が手に入りそうではなかったり，無理なことだったりする	必要な情報が手に入りそうではない例「インターネットで調べる」「家の人に話を聞く」など　無理な例「試した人に話を聞く」「買って試す」「会社に直接聞く」など
1	方法について書いていない	（なし）

　この結果は，領域固有知識がない場合に比べて領域固有知識を有する場合のほうが内容の得点が高くなると解釈することがわかった。

　後藤（2006）を例に，メディア・リテラシーを測定するための研究の意義について，「尺度の作成」と「パフォーマンス課題」を例に検討した。後藤ら（2017）のラジオ局による高校生を対象としたメディア・リテラシー育成プログラムの評価や，佐藤ら（2018）のメディア・リテラシー教育実践の継続や教員経験が小学校教員のメディア・リテラシーの研究では，後藤（2006）の尺度を採用してメディア・リテラシーの「ものさし」を作っている。

3. 今後の研究課題

　今後の研究課題を 3 つ提示する。

(1) 新しい尺度

　まずは新しい尺度を作っていくことが必要である。メディアは環境が大きく変わる中で，構成要素も変わっていくだろう。例えばすでにメディア・リテラシーの新しい尺度の取り組みも進んでいる（小寺，2017）。研究者や実践者が新しい尺度を検討していくことが必要である。メタ分析も必要である。

(2) パフォーマンス課題とルーブリックの活用

　パフォーマンス課題では，ルーブリックの活用も必要である。後藤ら（2017）は，批判的思考ルーブリックとトゥールミンモデルを組み合わせることで育成できる批判的思考力を検討した。これは，「自分の意見と反する資料も平等に評価した」「必要なら判断を保留した」「送り手の意図を考慮した」「別の立場の情報源を思い浮かべた」「情報の矛盾や情報不足を考慮した」などについて自己評価を求めるものである。資料の批判的読み解きにおいて，学習者は複数視点を組み合わせる必要性や偏りのないデータ収集の必要性に気づくことができた。

(3) コミュニケーション

　メディア・リテラシーに関する実践研究を行う際には，すでに研究者が作っている尺度をどのように活用すればよいのか，コミュニケーションを図ることも重要である。例えば学会でシンポジウムやセミナーを行うことで，メディア・リテラシーの尺度についての理解を広め，実践の幅を広げることも必要であろう。そのとき，実践のねらいによってメディア・リテラシー尺度をカスタマイズしていくことが必要であろう。

第3章
諸外国の取り組みに
関する研究

1．本章の趣旨

　本章では，タイトルの通り諸外国におけるメディア・リテラシーの取り組み
に関する研究を整理することを目的とする。しかしながら，「諸外国における
メディア・リテラシーの取り組みに関する研究」の幅は広い。本書では，メディ
ア・リテラシーの概念や構成要素，各学校種における取り組み，能力測定，教
員養成などの多彩なテーマを各章において取り扱っているが，諸外国では当然
ながらこれらすべての分野に関する研究がより進んでいる。例えば，メディア・
リテラシーの概念や構成要素の研究に関していえば，本書第1章でも整理され
ているが，マスターマン（Masterman, 1985）やバッキンガム（Buckingham,
2003）といった日本でもたびたび引用されるイギリスの先行研究のほか，近
年ではイギリスでオラシー（口承の文化）とメディア・リテラシー研究を組み
合わせたバーン（Burn, 2009）の論考，アメリカのホッブス（Hobbs, 2011）
やジェンキンス（Jenkins, 2006）の研究などのように，世界各地でメディア・
リテラシー能力そのものに関する先行研究がある。そして，日本の学校におい
て実践研究が多数存在しているのと同様に，様々な国や地域で様々なメディア・
リテラシー教育実践が行われている。他方，ユネスコのような国際機関がメディ
ア・リテラシーの定義をある程度定め，賛同する国や地域で概念と実践を普及
させる動きも進んでいる。
　これらすべての先行研究を本章ですべて扱うことには困難があるため，本章
では次のように進めていきたい。まず，日本教育工学会において，諸外国を事
例として取り扱った先行研究がどの程度あるのかを整理する（序章図序-1は
国内外の先行研究を整理したものであり，諸外国のみを対象とした本章の数値

とは差異があることを了承されたい)。次に，諸外国における教育工学分野でのメディア・リテラシー教育の先行研究を概観する。最後に今後取り組まれるべき研究について言及したい。なお，諸外国のメディア・リテラシーの歴史と現状についてはホッブズとミハイリディス (Hobbs & Mihailidis, 2019) に詳しいので，興味のある方はそちらを参照されたい。

2. 日本の教育工学分野における諸外国についての先行研究

(1) 論文等の紙媒体による研究資料

　J-STAGEに掲載されている『日本教育工学会論文誌』1976年発刊 1 巻〜2018年発刊42巻 3 号までの，ショートレターを含む先行研究を検討した。表 3 - 1 のように論文 2 件，資料11件（うち 1 件は特集号で10本の論考を掲載），増刊号 6 件の合計19件が確認された。表 3 - 1 （次頁）からわかるように，メディア教育，メディア・リテラシーに関する諸外国の研究は資料および増刊号の論考として掲載されており，「論文」として掲載された先行研究は現状においてない。

(2) 学会発表による資料

　日本教育工学会会員専用サイトから「メディア・リテラシー」および「メディア」で検索し，本書の趣旨に合致する諸外国の研究を洗い出すと1986〜2018年の間で合計44件が該当した。紙幅の都合上すべてを示すことはできないが，大別すると「カリキュラム」「授業の様子」「現況・実態」のいずれかとなっている。なお，日本教育工学会大会発表で初めて「メディア・リテラシー」の題目を付した発表は2002年（第18回大会）に可越が行った「メディアリテラシーの授業に関する比較研究―カナダ・香港・日本の事例から」であった。可は学校の国語カリキュラムで取り組みが進んでいたカナダ，民間組織主導で教材開発と学校での実践が進む香港，そして当時は総合的な学習の時間など一部の科目で取り組まれていた日本を対象に，3つの国・地域で同じテーマ，同じ学年（中学生）を対象とした45分の授業を教師に行わせ，その様子をビデオ撮影して分析した。異文化間で同じ年齢集団，同じ授業テーマで授業を行い，比較研究するという手法は2020年 7 月時点でもほとんどみられず，汎用的なメディア・

表 3 - 1　『日本教育工学会論文誌』（ショートレター含む）掲載資料（年代順）

No.	巻号・分類	題目	著者
1	4 巻 2 号（1979）資料	教育工学のカリキュラム―カナダのコンコルディア大学を事例として―	西之園晴夫
2	13巻2/3号（1989）資料　※特集	コンピュータ教育のための教員研修（諸外国，アメリカ，カナダ，イギリス，フランス，西ドイツ，イタリア，オランダ，ベルギー，オセアニア）	坂元 昂ほか 9 名
3	16巻 2 号（1992）資料	学習メディアに対する先有知覚の機能に関する研究―韓国の児童・生徒の事例―	白 南権
4	17巻 1 号（1993）資料	ドイツにおける情報技術教育カリキュラムをめぐる争点と課題	小柳和喜雄
5	21巻増刊号（1997）	オーストラリア・ビクトリア州の特殊教育におけるコンピュータ教育の課題の分析	小孫康平
6	21巻増刊号（1997）	タイ国における情報教育の現況と課題	大作 勝
7	21巻 3 号（1997）資料	米国の経営系学部・学科における情報リテラシーに関するカリキュラムについて	奥田隆史
8	26巻 2 号（2002）資料	図書館関連団体文書にみる米国における「インフォメーション・リテラシー」の変遷	中村百合子
9	32巻 1 号（2008）論文	途上国における学校建築と設備整備による教育的インパクト―インドネシアの事例に見る成果と課題―	戸井敦子・牟田博光
10	33巻 2 号（2009）資料	西オーストラリア州におけるメディア・リテラシー教育の現状と課題	中村純子
11	35巻増刊号（2011）	ボリビアにおける授業研究の実践と教師の意識変容	西尾三津子・久保田賢一
12	35巻 2 号（2011）論文	教育開発プロジェクトにおける葛藤と介入―パレスチナ難民の学校における授業研究の活動システム分析より―	今野貴之・岸 磨貴子・久保田賢一
13	38巻 2 号（2014）資料	教師たちのICT活用に対する熱意に影響を及ぼす要因のモデル化―日英の教師たちの実践史の比較分析を通じて―	木原俊之ほか
14	38巻 3 号（2014）資料	韓国の公立小学校における 1 人 1 台の情報端末の導入初期段階でのICT活用および授業過程・授業形態の特徴に関する事例分析	高橋 純ほか
15	40 巻 3 号（2016）資料	諸外国のプログラミング教育を含む情報教育カリキュラムに関する調査	太田 剛・森本容介・加藤 浩
16	40巻 3 号（2016）資料	豪州のICT Literacy調査の方法に関する研究	小柳和喜雄
17	40巻 Suppl.号（2017）	中国における思考力育成に対する教師の意識の検討	三宅貴久子・岸 磨貴子・久保田賢一・李 克東
18	41巻 Suppl.号（2018）	バングラデシュ国の思考力を育成する授業実践に関する事例研究	上舘（山口）美緒里・久保田賢一
19	42巻 Suppl.号（2018）	中国における大規模語学教育プラットフォーム「沪江」の教授機能分析	梁 琳娟・田口真奈

（各巻号の掲載内容をもとに作成）

リテラシー教育カリキュラムの開発につなげようとしたことは興味深い。次に継続的に成果報告を行っている他の研究（者）をいくつか取り上げたい。

　第1章でも言及された上杉嘉見は，カナダ・オンタリオ州のメディア・リテラシー教育に関して教科書分析や教員養成，州統一カリキュラムへの導入の経緯に関する政策など，多様な観点から研究を行っている。それらの研究に，バッキンガム（2003）に対する先行研究批判も加え，書籍として刊行した（上杉，2008）。また同じく第1章で言及された小平（2000）は，イギリス・カナダ・アメリカ・オーストラリアのメディア・リテラシー教育と放送局の取り組みについて紹介ており，その後には，イギリスを中心に放送教材を中心としたメディア・リテラシー教育のあり方（小平，2004）や，ヨーロッパ全体の政策や動向について時系列に整理したうえでイギリスやフィンランドなどを個別に分析した論考（小平，2012）もある。また，図3-1の学会発表に含まれている研究として，西オーストラリア州を対象とした中村（「西オーストラリア州におけるメディア・リテラシー教育カリキュラムと学習者の意識調査　2008年」「西オーストラリア州におけるメディア・リテラシー育成カリキュラムと指導方法　2016年」など）の研究がある。また中村の他の論考（中村，2007）では，メディア分析と制作を有機的につなげたカリキュラムの検討もなされている。

　他方，教育工学分野だけでなく取り組みの動向を幅広く調査した報告書とし

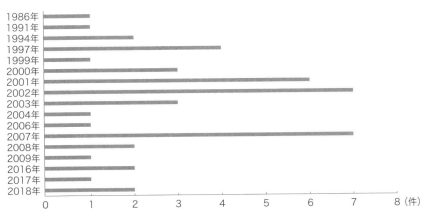

図3-1　学会発表件数（年代順）（各大会の『日本教育工学会講演論文集』をもとに作成）

て，国立教育政策研究所（2002）の研究がある。これはカナダやタイ，ブラジルなど10か国と，EU，国際機関（ユネスコとOECD）のメディア・リテラシー教育の政策や実態についての調査報告である。国によってメディア・リテラシー教育に対する考え方や取り組み方への違いが多様であることを浮き彫りにしている。一方，2016年日本教育工学会第32回大会において「メディア・リテラシー教育の布置関係構築への試み―歴史的・国際的視点から」と題してメディア・リテラシー教育の世界的な動向を俯瞰しようとした森本洋介の研究もある。森本によれば，メディア・リテラシー教育の波及について，マスターマン（1985）の『Teaching the Media』，ユネスコのグリュンバルト宣言（1982年）などがあった1980年代が1つの転換点であるという。オーストラリア，カナダ，アメリカの一部やフィンランド，スロベニアはイギリスのカルチュラル・スタディーズ由来のメディア・リテラシー教育の影響を受けているが，ロシア，ナイジェリア，トルコ，フランスは一時的な流行にとどまり，日本，中国，韓国，メキシコ，アメリカの一部地域などは自国の教育事情の文脈の中で独自のメディア・リテラシー教育を築いていったとされる。

　日本教育工学会全国大会における1大会あたりの発表件数が450～500件程度であることを考えると，そもそも日本教育工学会において諸外国を対象とした研究が全体の発表の件数に比してかなり少ない（約30年間で44件の発表）ことがわかる。

　以上のように，日本教育工学会における諸外国を対象としたメディア・リテラシーおよびメディア教育研究が一定の蓄積をみせているにもかかわらず，件数としてはかなり少ないのはなぜだろうか。理由として，日本の実態にあったシステム開発や教材開発，学習成果の評価といった研究が多い日本教育工学会において，諸外国を対象とした研究は日本にそのまま適用できるわけではないため，着目されにくいことが考えられる。そのため大会発表では事例研究や現状の紹介がその内容であることが多い。一方，論文誌では日本にも示唆を与えうる定量的な研究内容（意識変容，要因分析など）を丁寧に行った論考が比較的多いが，カリキュラム研究や事例分析も数件みられる。また，発展途上国の事例が近年みられるようになっているのは，おそらく日本の教育コンテンツの輸出の動きも関係していると推測される。しかし，研究の数自体が少ないのは

明らかであり，諸外国を研究対象とすることで得られる研究上の示唆や意義が
どの程度あるのか，という問いを研究者に突きつけているようにもみえる。

　それでは，諸外国における教育工学分野でのメディア・リテラシー教育の先
行研究にはどのような研究があるのかを次節で検討する。

3. 諸外国における教育工学分野での先行研究

　2020年3月26日に検索サイトであるERIC（Educational Resources Information
Center）で「media literacy」をキーワードに検索した後，「educational technology」
でフィルタリングしたところ，2001年以降の論文が913件ヒットした。また同
日にWiley Online Libraryで「educational technology」と「media literacy」のキー
ワードが，論文のkey wordsに含まれている文献を検索したところ，2000年か
ら2019年の資料が45件ヒットした。これらすべての資料を紹介することはで
きないため，日本の教育工学研究でも取り上げられているテーマに関連する先
行研究を以下に検討する。

(1) メディア・リテラシー教育の研究動向や，概念の再構成に関する研究

　まず，SNSを教育学分野において活用している研究に関する世界的な動向を
分析したAkçayır & Akçayır（2016）の研究がある。この研究によれば，2015
年の時点までで，社会科学分野の教育学においてSNSを取り扱った論文が247
本ある。それらの論文を学習者のタイプ，SNSの使われ方，国，分野などで分
類している。結果として，9つのトピック（学習成果，指導の方法，教育への
寄与，配置，人口動態，インタラクション，比較，支援，その他）に分類できた。
これらのトピックはさらに関連したサブトピックに分かれる。この研究が明ら
かにしたのは，SNSの教育利用に関する研究が年々増加しているということと，
高等教育を対象とした研究において有意に増加しているということである。「学
習成果」のトピックに関しても研究が盛んになっていることが報告されている。
この研究からは，日本と同様に世界的にも教育工学分野でSNSに関する教育研
究が増加傾向にあることがわかる。

　次に，メディア・リテラシー研究をコンピュータ・メカニズムの視点から

捉え直すことを提案するバルトネンら（Valtonen et al., 2019）の研究がある。この数十年でメディア環境は大きく変化し，利用者の行動追跡やデータマイニング，プロファイリング，コンピューテーショナルラーニングやマシンラーニングも，行動科学やターゲット・オーディエンス分析，誤情報や偽情報の拡散といったことを分析するために用いられるようになっている。このような環境において，メディア・リテラシー教育の分野では，アルゴリズムに主導されたメディアを理解する必要性が生じていると彼らは主張する。

　AIによってなされるビッグデータ解析が，例えば「子ども向けのコード」のようなプログラムを導出し，そのプログラムに基づいてテクストが生まれるという事態が起こっている。このように今日のメディア消費の構造を理解しようと思えば，今日のメディアのメカニズムを理解する必要があると彼らは主張する。具体的には「トラッキング（追跡）」「『おすすめ』機能と最適化」「ダイナミックコンテンツジェネレーション（コンテンツの自動生成）」「深層学習」「補強学習」「利用者の注意を惹く機能」「フィルタリング／キュレーション」の7つである。彼らの主張からは，メディア・リテラシー研究で扱われてきた「リプレゼンテーション」の概念が，人間どうしのコミュニケーションだけでなく，AIも含めて（AIに情報を提供しているのは人間であるが），生み出されたリプレゼンテーションを理解することも今日のメディア・リテラシー教育に含める必要性がうかがえる。メディア・リテラシーの基本概念における「生産・制作」概念の拡張ないしアップデートと考えることができる。

　メディア・リテラシーの概念の捉え直しに関してはダルトン（Dalton, 2017）も，学びのためのユニバーサルデザイン（UDL）の視点をメディア・リテラシー教育に活用できると述べている。学習に困難を抱える子どもや，障がいをもつ学習者なども含めて多様なニーズをもつ学習者に機能する方法がUDLである。一方でメディア・リテラシーは，子どもが文化や社会，民主的なプロセスについて自らの経験とつなげながらよりよい理解をしていく能力である。ダルトンは特別支援学校の教員であり，テクノロジーとUDLを用いて，多様なカリキュラムを開発することで，多様な学習者に対応したデジタル・メディア・リテラシーを公平に提供できると述べる。UDLとメディア・リテラシー教育は構成主義の概念を用いていることでも共通しており，親和性の高い概念

を融合させ，新たな取り組みにつなげる提案を行っている。

(2) 能力測定に関する研究

　メディア・リテラシー教育における能力測定の研究，すなわちメディア・リテラシー教育を通してどのような能力をどの程度獲得したのか，ということに関しては第2章で述べられているように日本でも多くの知見がある。諸外国では，例えばチャンら（Chang et al., 2011）によると，中等教育の生徒に向けたメディア技術の使用に関する姿勢の尺度は多様に開発されているが，小学生向けのメディア・リテラシーの能力を評価するための尺度の開発があまりないということである。チャンらは小学生対象の「メディア・リテラシー自己評価尺度」を作成し，台湾の594名（最初の実験では300名，次の実験では294名を対象）の12〜13歳の児童を対象に実験を行い，妥当性を検査した。この尺度は「私は異なるタイプのメディア（映像メディアや音声メディアなど）とその特徴を理解している」や「メディアが流す情報について他人と議論できる」「私はメディアの使い方について正確に理解している」など13の項目から構成され，「まったくそう思わない」から「強くそう思う」の5段階で評価する。

　またハラ（Hallaq, 2016）は，メディア・リテラシーを「人々がメディアを知的に利用し，メディアの内容を識別し，評価し，メディアの様式を批判的に分析し，メディアの効果と使われ方を精査し，オルタナティブメディアを構築する手助けをする」能力であるとともに，「多様なメディア様式においてコミュニケーションにアクセス，分析，評価，制作」する力であると定義し，大学の学部生を対象に，デジタル・オンラインメディア・リテラシー（DOML）レベルを，量的データをもとに特定した。ハラによれば，近年のアメリカにおけるメディア・リテラシー教育は高等教育を対象にしているものが多いこと，メディア・リテラシーの重要性は数多く論文化されてきているが，メディア・リテラシー能力を測定することについては未だ手探りの段階にあるとされる。ハラの研究の特徴は，DOMLの構成要素を，主要なメディア・リテラシー教育研究者の研究内容から「メディアへの気づき」「メディアへのアクセス」「倫理的な気づき」「メディアへの評価」「メディア制作」の5つに大別したことである。この5つの分類に基づいた質問項目を50項目，6件法で作成し量的調査

を実施した。

　次にバクサとクリスト（Baxa & Christ, 2017）は，都市部の学校で教える
テイラー先生（仮名）が，メディア・リテラシー教育の初心者として授業を
行い始めてから，熟達していくまでの支援について報告している。その支援
段階で，バクサとクリストが開発したメディア・リテラシーの能力枠組みを
示したルーブリックを用いてテイラー先生の授業を分析し，指導を行ってい
る。バクサとクリストが主張する能力枠組みはコープとカランツィス（Cope
& Kalantzis, 2000）が提唱するマルチリテラシーの教育の枠組みに依拠して
いる。バクサとクリストが開発したルーブリックは，教材の選定のルーブリッ
クと，授業への導入についてのルーブリックの2種類（表3-2参照）があり，
ともに0，1，2の3段階で評価される。

　そしてウィレムら（Willem et al., 2006）は，バルセロナ大学において，ゼノフォ
ビア（外国人恐怖症，外国人嫌い）と人種差別に対してメディア・スタディー
ズコースの大学院生（女性4名と男性3名で，いずれも20〜25歳）が分析し，
作った動画の評価について検討している。この研究ではメディア・リテラシー
の能力概念のマトリクスを作成し，達成されるスタンダードを示している。そ
してそのスタンダードを，プロジェクトを通じてどの程度参加した院生が獲得
したのかを，インタビュー内容とアンケート調査から質的に分析している。実
験の結果，すべての学生は少なくともメディア・リテラシーの第2段階（気づ
き・分析）にはいたっていた。また第3段階（評価）までたどり着いていた学
生もいたということである。

表3-2　2種類のルーブリックにおける項目内容（Baxa & Christ, 2017, 706-707より作成）

教材の 選定	・教えたいリテラシーの内容が教材に含まれるか ・質 ・直観（教材に含まれる問いが明確か，使うのが容易か，教師が主導しなくても子ども 　が自発的に教材に取り組もうとしているか，など） ・双方向的（子どもが自分で教材に手を加えることができるか，直接それを用いてア 　クションを起こせるか，など）
授業への 導入	・リテラシーのスキルや方略を育成できるか ・リテラシーのスキルや方略の活用へと導けるか ・デジタルアフォーダンス（身近にある，意味のある情報）の活用を育成できるか ・デジタルアフォーダンスを自分のものにできているか

(3) 教材研究

　日本でも「ポスト・トゥルース」やフェイクニュースを扱ったメディア・リテラシー教育実践がみられるが，アルヴェルマン（Alvermann, 2017）はFacebookやTwitterなどといったソーシャルメディアサイト（SMSs）に関する研究について言及し，クリティカルに探究する能力の育成について示唆している。ヨーロッパにおける研究では，SMSsを利用した子どもが事実とフェイクをどのように認識するようになるかという実証研究がなされており，アメリカでもSMSsに政治的なバイアスのかかった情報を流した際に，それが利用者にどのような影響を与えるのかといった研究がスタンフォード歴史教育研究グループ（Stanford History Education Group）によってなされているとアルヴェルマンは述べる。例えばWikipediaのような出典の不明確な資料の利用は授業において教師から避けられる傾向にあるが，むしろこのようなSMSsのテクストを画像や文章，音や身振りといった要素において分析する方法を教えることが，クリティカルに探究する能力の育成につながるとアルヴェルマンは結んでいる。

　またカッペッロ（Cappello, 2017）は，メディア・リテラシー教育において視覚テクストを扱うことの重要性を主張する。ただし視覚テクストであればどれでもよい，というわけではなく，慎重に，目的と照らし合わせて選ばれる必要があるとする。この点は先述したバクサとクリスト（2017）と同様である。カッペッロは，視覚的なテクストについて考える際に，作者の意図，テクストの意味と目的，構造，決まり・約束事，前提となる知識，などといった要素について，相互作用的に検討しなければならないと述べている。視覚的なテクストは文字のテクストとは明らかに異なっており，その複雑さを考えながら，指導対象となる子どもと，指導内容に適したテクストを選ぶ必要がある。

　同様にダルトン（2012）は，メディア・リテラシー教育や，テクノロジーの授業への導入について，テクノロジーの知識，教育学の知識，教科内容の知識の3つのカテゴリーを重ね合わせることを意識して授業作りをすることが重要であると主張する。例えばNASAの宇宙の写真を用いてビジュアル・ポエムの授業を行う場合，「絵を描くこととパワーポイントの利用を含める（テクノロジー）」「NASAの美しい写真がサイトで利用可能であること（テクノロ

ジー）」「自分の教える子どもの学習を効果的にするためにどのような教授モデルを使うか（教育学）」「ポエムのジャンルと比喩の言語（教科内容）」をすべて含むように授業を作る，といったことである。また，言葉，画像，音声，身振り，といったマルチモーダルな要素を含むライティング（制作）活動を組み込むことが重要であるとして，作文と同様に映画や音楽，絵画，グラフィックにおいても，それら「かく」ための語彙やメタ言語を教える必要があるとする。カッペッロ（2017）もそうだが，クレス（G. Kress）やヴァン・ルーヴェン（T. van Leeuwen）といった言語学分野の研究と，教育工学を組み合わせて実践研究を行っていることが特徴である。

4.　今後の研究課題

　本書が刊行された後の展開として期待されるのは，メディア・リテラシー教育と他の学問分野との連携や融合である。第 1 章の「概念・構成要素に関する研究」で述べられているように，元々メディア・リテラシー自体が学際的な性質を内包している。しかし今後求められるのは，現在世界のトレンドになっているSNSのような新しいメディア様式やテクノロジーに関する研究，高等教育を対象とした実践研究の充実に加え，AIとメディアがどのように関係しているのかといったことや，インクルーシブ教育システムとメディア・リテラシー教育，のように，新たに生じている他の分野の研究テーマとメディア・リテラシーとを連携・融合させたテーマであると考えられる。

　本章では検討できなかった先行研究は，ほかにも教員養成に関する事例研究や，クリティカルリテラシー理論を用いて学部生がTwitterのニュース記事を分析した成果に関する研究など，多数ある。諸外国では測定モデルの開発が理論的枠組みを根拠に進められ，またメディア・リテラシー教育を行うことによって得られる成果についての事例研究についても能力概念や構成要素の学術的議論を前提として実証的に検討されている。このように，参考になる先行研究はまだまだ存在する。個人的な見解ではあるが，日本で行われているメディア・リテラシー教育の実践研究は，第 2 部でみていくように一定の蓄積があるものの，理論的な枠組みとしては，日本国内で積み重ねられてきた枠組みが多いよ

うに思われる。しかし本章第3節で概観してきたように，諸外国の研究では言語学や社会文化理論（生涯学習分野では正統的周辺参加のような）を理論的枠組みに含めてメディア・リテラシーの概念を捉えていることが，教育工学分野であっても一般的であるようである。

　ホッチェスマンとポインツ(Hoechsmann & Poyntz, 2012, p.5)は，インターネット上の双方向的なコミュニケーションによって集合知が生み出されていることにより，メディア・リテラシーのあり方が変化してきているというジェンキンス（Jenkins, 2006）の主張を根拠に，Web2.0以降のメディア・リテラシーのあり方を「メディア・リテラシー2.0」と呼称している。「メディア・リテラシー2.0」という捉え方にも賛否があるものの，このことは，メディア・リテラシーやメディア・リテラシー教育の捉え方に大きな変化が起こりうる（もしくはすでに起こっている）ことを示唆している。日本国内の研究にしか目を向けていなければ，例えば他の国や地域で隆盛となっているメディア・コンテンツとメディア・リテラシー教育との関係になかなか目が向かないだろう。国や地域が異なれば教育やメディアに対する考え方，注目されるメディアやテクノロジーが異なるのは当然である。学問的な視点としては，文化や考え方の差異を認めつつも，メディア・リテラシー，もしくはメディア教育という共通概念を軸に，日本のメディア・リテラシー教育研究を相対化する研究が求められるのではないだろうか。

第4章

教材開発に関する研究

1.「メディア・リテラシー教育」のための教材の分類

　本章では，メディア・リテラシー教育用の教材開発に関する研究が，どのように取り組まれてきたのかを整理する。まず教材を「印刷教材」「視聴覚教材」「マルチメディア教材」の3つに分類，教材の制作主体も検討しながらその特徴をみる。

　次に教材の対象を「幼稚園から小学校低学年」「小学校中・高学年」「中学校・高校」「大学」「教員」「一般」の6つに整理する。そのうえで教材の対象と形式を組み合わせたマトリクスで，日本教育工学会の論文誌に掲載された論文を分類する。そしてそれぞれの対象ごとに，日本教育工学会の大会講演論文集や研究報告集に掲載の論考や，日本教育メディア学会など関連する学会の論考も含めて，どのような研究が積み重ねられてきたかを概観する。

　最後に今後，取り組まれるべきメディア・リテラシー教育の教材に関する研究の方向性を考える。

　メディア・リテラシー教育の実践を支える教材開発に関する研究は，メディア・リテラシー教育を実践可能なものにするために重要な役割を果たしてきた。これまでの成果を確認することで今後の研究課題を示したい。

(1) 教材の形式

　一般に教材は，文章や写真などからなる「印刷教材」，映像や音声からなる「視聴覚教材」，そして複数の教材をコンピュータで統合的に扱い，インタラクティブ性のある「マルチメディア教材」に分類される。また教材には公的機関が作成して無償で使えることが多いものと，企業や研究者が独自に開発したもので，

表4-1　教材の形式による分類

1. 印刷教材	a 教科書（文部科学省検定済教科書）
	b 教科書以外の図書
2. 視聴覚教材	a 放送番組
	b DVD等の教材
3. マルチメディア教材	a Webサイト等の教材（公的機関など）
	b Webサイト等の教材（研究者など）

購入が必要であったり利用者が限定されたりするものとがある。

　メディア・リテラシー教育で利用されている教材を，主として学校教育での利用を考えて，この分類を当てはめたのが表4-1である。

(2) 印刷教材

　表4-1の1.aは教科書（文部科学省検定済教科書）でメディア・リテラシーについて取り上げているものである。2020年度の時点でメディア・リテラシー教育は学習指導要領に位置づけられていないが，小・中学校の国語や社会，高校の情報などの教科書で扱っているものがある。

　例えば国語の教科書で「メディア・リテラシー」を扱った題材として，光村図書の小学校4年国語の教科書に2005年度から掲載されている中谷日出（元NHK解説委員）の「アップとルーズで伝える」がある。また同じ光村図書の5年国語には下村健一（元TBSキャスター）の「想像力のスイッチを入れよう」，そして中学2年国語には池上彰（ジャーナリスト）の「メディアと上手に付き合うために」が掲載されている。ただし，これらはメディア・リテラシーを扱うことが主たるねらいではなく，「アップとルーズで伝える」では段落を対比して読み取ることが主題となっている。

　表4-1の1.bの「教科書以外の図書」としては，鈴木（2013）や長谷川・村田（2015）がある。鈴木（2013）では，「メディアとは？　学ぶ楽しさの発見」など計19のテーマについて，導入と活動の組み立て，「こんなこともやってみよう」という発展が示されている。例えば，「私のメディア史」というワークシートを記入して持ち寄り，グループで話し合う中から，メディアが社会とのかかわりでどんな役割を果たしてきたかを学べるようになっている。

　また長谷川・村田（2015）は，「テレビを考える① —映像が伝えるもの，伝えないもの」など計19のテーマを「基礎」「応用」「発展」編として整理し，本文を読んで学習をした後に「基礎」「応用」編についてはトレーニングシートで課題を解く形式となっている。例えば，映像がどこからどのように撮られたものか，映像に映っていないものは何かなどを考えることで，映像が伝えているのはその場所や出来事のすべてではないことを学べるようになっている。

(3) 視聴覚教材

　表4 - 1の2. aの「放送番組」としては，NHKの取り組みと，日本民間放送連盟（民放連）の取り組みがある。特に1999年11月に郵政省が設置した「放送分野における青少年とメディア・リテラシーに関する調査研究会」が，2000年6月発行の報告書で「学校教育におけるメディア・リテラシー教育の促進」を提示したことで活発化する。

　NHKでは，社会科などの教科番組の中でメディア・リテラシーに関わる内容を放送してきたが，2001年度に初のメディア・リテラシー教育の定時番組『体験！　メディアのABC』（15分×20本）の放送を始める。新聞や雑誌，広告など幅広いメディアを扱っているが，特に放送については，撮影，照明，音声，音響効果，編集などの番組制作の手法を具体的に扱った。2012年度からは，子どもの身近なメディアへの疑問を入口に，中学生のタレントが実際にメディアを体験したりジャーナリストの池上彰の解説を聞いたりしながら，メディアとの上手なつきあい方を学んでいく『メディアのめ』（15分×20本）が放送される。

　そして2017年度からは『メディアタイムズ』（10分×20本）が始まる。番組は様々なメディアを取材する架空の映像制作会社「メディアタイムズ」を舞台とするドラマパートでテーマが提示され，新聞やテレビ，ネットニュースなどのメディアの現場を取材するドキュメントパートがあり，最後のドラマパートで「メディアとの向き合い方を考える問い」が示され，教室内での活発な議論へといざなう構成となっている。新聞や写真などのメディアだけでなく，動画クリエイターやネットニュース，さらに著作権や統計調査なども扱っている。

　民放連もメディア・リテラシー教育の教材として，『てれびキッズ探偵団—テレビとの上手なつきあい方』（10分× 5 本）を，1999年と2000年に全国の民

放テレビで放送した。番組は6人の子どもたちが「てれびキッズ探偵団」となっ
て，様々なテレビ番組の制作現場を訪れ，どのように番組が作られるかを学ん
だり，番組作りを体験したりするものである。

　表4-1の2.bの「DVD等の教材」としては総務省が教材開発を行い，貸し
出しを行っている「放送分野におけるメディアリテラシー」がある。貸出教材
は総務省情報流通行政局放送政策課「リテラシー教材担当」から借りることが
できる。小学校低学年向け（3種），小学校高学年向け（6種），中学生向け（3
種），高校教師向け（1種）の計13種類があり，ガイドブックやワークシート
を活用することで，メディアについて学んでいくことができる。

　またカナダで制作されたビデオパッケージ『スキャニング・テレビジョン』
日本語版は，「メディアと構成された『現実』」「イメージと価値観の販売」「環
境化するメディア」「地球市民」「ニューテクノロジー」の5テーマ，18編の
ビデオ・テクストとティーチング・ガイドのセットで販売された。

（4）マルチメディア教材

　表4-1の3.aの「Webサイト等の教材（公的機関など）」としては，2.bで
あげた総務省の「放送分野におけるメディアリテラシー」のWebサイトに，「テ
レビの見方を学ぼう」として，新人記者になって「自分のニュース」を作る「放
送記者坂井マヤ ―ストーリーをさがせ」がある。実際に記者になったつもりで，
火事の現場ではどこを撮影したらよいかを考え，さらにどういう順番で編集し
たらよいのか試行錯誤しながら，同じ出来事でも様々な伝え方がなされるとい
うニュースの特性を，体験を通して学べるようになっている。また総務省の「伸
ばそうICTメディアリテラシー」のWebサイトには，インターネット補助教材
として，「ICTシミュレーター」と「解説用コンテンツ」が公開されている。

　このほかにNHKでは，NHKアーカイブスの番組や，番組素材から切り出し
た映像や音声を，視聴者の表現・創作活動の「創作用素材」としてインターネッ
トを通じて提供する「NHKクリエイティブ・ライブラリー」というサービス
を行っている。コンテンツ創作を通じて，子どもたちの「創造性」「映像リテ
ラシー」「著作権意識」などの向上に寄与することをめざしているものである。

　表4-1の3.bの「Webサイト等の教材（研究者など）」は，研究者や教育機

関が独自に制作したもので，教材の実践評価を行い論文などで発表されている
ものが多い。

　以上，表 4 - 1 の 1. a から 3. b までに該当する教材をみてきたが，このほか
にも，教室の授業で利用できる教材ではないが，メディア・リテラシーについ
て体験できる施設もある。例えば，「NHKスタジオパーク」(東京都渋谷区)では，
ニュースキャスターやリポーター，お天気キャスターとしての体験や，アニメ
番組のアフレコ体験ができる。「NHK放送博物館」(東京都港区) や「放送ラ
イブラリー」(神奈川県横浜市)，「skipシティ　映像ミュージアム」(埼玉県川
口市) でも同様な常設のコーナーがあり，こうした体験を通してメディア・リ
テラシーについて学べるプログラムも用意されている。

2. 教材の対象と形式による分類

　前節で教材を形式で分類したが，それぞれの教材は対象とする年代を設定し
ていることが多い。そこで，教材を対象と形式でマトリクスに分類してみる。

(1) 教材の対象と形式による分類の考え方

　表 4 - 1 に示した教材のうち，例えば 1. a の教科書は校種や学年で分かれて
おり， 2. a で示した放送番組やまた 2. b で示した総務省の貸出DVD等の教材
も対象を示している。本章ではこうした分類を参考に，教材の対象を年代別で
分けたうえで，授業を行う教員と一般の社会人を対象に加えて，「幼稚園から
小学校低学年」「小学校中・高学年」「中学校・高校」「大学」「教員」「一般」
の 6 つに分類する。

(2) 教材の対象と形式による先行研究の分類

　表 4 - 2 は，教材を形式と対象でマトリクスにしたものに，日本教育工学会
論文誌で「メディア・リテラシー (またはメディアリテラシー)」と「教材」
を含む論文をデータベースで検索した結果，該当した27本を当てはめたもので
ある。「メディア・リテラシー (またはメディアリテラシー)」と「教材」を含
む論文には，個別の形式の教材についてではなく，教材全体を扱ったものがあ

表4-2　教材の形式と対象による分類

教材の形式	幼小	小	中高	大学	教員	一般	合計
1. 印刷教材	0	1	0	0	2	0	3
2. 視聴覚教材	1	1	0	0	0	0	2
3. マルチメディア教材	1	0	1	4	2	2	10
4. その他	0	3	0	3	5	1	12
合計	2	5	1	7	9	3	27

るため，形式の4として「その他」を追加した。複数の要素を含む場合は，記述の中心があると考えられるほうに分類している。

　教材の形式では「3. マルチメディア教材」と「4. その他」が多い。「1. 印刷教材」や「2. 視聴覚教材」なども教材としては広く利用されていると考えられるが，論考としてまとめるにあたっては，複合的な教材である「3. マルチメディア教材」や教材全般について扱う「4. その他」で，トータルに「メディア・リテラシー」を扱う傾向があるためであると考えられる。

　また，教材の対象としては「教員」と「大学」が多い。これは，日本教育工学会の論文の執筆者に教員養成や高等教育に関わる人がもともと多いためであると考えられる。

3. 教材の対象ごとにみる先行研究の概要

　ここからは，表4-2で示した分類をもとに，教材の対象ごとに先行研究を概観する。日本教育工学会の論文について概要を示していくが，対象となる論文数が十分でないため，大会講演論文集や研究報告集に掲載の論文や，日本教育メディア学会など関連する学会の論文も加えながらみていく。なお，「一般」に関しては，教材がメディア・リテラシーを主たるねらいとしたものではなかったり，全般を扱ったものであったりしたため，紹介を割愛する。

(1) 幼稚園から小学校低学年向けの教材

　まず「幼稚園から小学校低学年」を対象として，ビデオを中心とした教材を扱った駒谷・無藤（2006）をみる。教材は小学校低学年を対象として，「テレ

ビの中の空想と現実の理解」に特化したメディア・リテラシー教育入門教材
『うっきーちゃんのテレビふしぎたんけん』（ビデオ・ガイドブック）である。
大学の研究者・現場の小学校教員・映像制作者の協業によるプロジェクトチー
ムが企画制作したもので，前述の「放送分野におけるメディア・リテラシー」
のWebサイトで貸し出しが行われている。プレポストデザインの統制群法によ
る授業実験を公立小学校1学年2学級で実施した結果，「テレビの現実性理解
度」について実験群が統制群より有意に上昇し，教材の効果が認められたとし
ている。教材活用により児童はメディア・リテラシー教育への「気づき」と「や
る気」を示すとともに，教材を使用しても児童の一般的なファンタジーは維持
されたとした。

　長谷（2012）は2つの「メディア遊び」ワークショップの報告である。子
どものための博物館「キッズプラザ大阪」の，映像を体験的に学べるスタジオで，
小学生を中心に幼児も参加できる形で実施された。映像に対する音の要素に着
目しその効果を体験するプログラムと，映像の制作現場を「演じる」遊びに着
目したプログラムを行った結果，参加者の反応から，「メディア・リテラシー」
で実践されたものと同じ学びを含んでいることと，「メディア遊び」は遊びと
して設計されていることから，参加者の自発的な意思が重要となっているとし
た。

　一般に幼稚園や小学校低学年向けの教材は，発達段階にあわせたキャラク
ターを設定したり，遊びなどを通して直接体験したりしながら学んでいくこと
が大事だとされるが，メディア・リテラシー教育の教材も同様であることが確
認できる。また駒谷・無藤（2006）が指摘しているように，特にこの時期の
子どもに対しては，ファンタジーを楽しむことを維持することも教材制作の観
点として必要であると考えられる。

（2）小学校中・高学年向けの教材

　小学校中・高学年を対象とした教材は幼稚園から小学校低学年向けの教材よ
りも多くみられ，研究も多い。この年代になると保護者を介さずに自分からメ
ディアに接して情報を受け取る機会が多くなるとともに，自分から発信する機
会も出てくるためと考えられる。

　後藤・丸山（2009）は小学生を対象としたメディアに対する批判的思考を
育成する教材パッケージを開発，小学生35名を対象とした授業を実施したも
のである。教材パッケージは，①メディア・リテラシーに関する理論，②すぐ
に使える実践事例・印刷教材，③授業実践事例ビデオ，からなっており，印刷
物，DVD，Webで構成されている。4時間の授業は1つのトピックを伝える
複数のメディアの比較（共時的分析）と，同じメディアが時期によって報道の
態度を変えることの比較（通時的分析）によって送り手の意図を検討するもの
で，教材として新聞の地方紙と全国紙が利用された。授業実施群と統制群の事
後テストの分析から，教材パッケージの利用によりメディアからの情報が偏る
理由と，偏った結果，隠されているかもしれない情報を指摘できるようになっ
たことが示唆されたとしている。

　山口（2017）は小学校4年生を対象に，CM制作を通じたメディア・リテラ
シー学習プログラムを開発したものである。学習プログラムはメディア・リテ
ラシー育成を目的としたNHK学校放送番組『メディアのめ』の視聴と，3～
4名のグループでタブレット端末と映像制作アプリ・ロイロノートを活用した
協働学習で構成された。メディア・リテラシー評価尺度調査の平均点による事
前・事後・保持調査の比較から，この学習プログラムは，目的意識・相手意識
をもって表現を工夫すること，自他の考えを統合して新たな価値を創造するこ
と，情報の送り手としての責任を理解することといった「考えをメディアで表
現する能力」の育成に有用であることが示唆されたとしている。

　日本教育メディア学会では，駒谷（2005）でNHKの学校放送番組『体験！
メディアのABC』を教材とした授業実践の効果の報告がある。小学校5年生
を対象に『体験！メディアのABC』の「キャッチコピー」の回を教材として
行われた。実験群1は番組視聴を含む4時間の授業を実践，実験群2は授業を
行わずビデオのみを1度視聴，統制群は授業もビデオ視聴も行わなかった。事
前テストと，1週間後の事後テストを3群同時期に実施した結果から，実験群
1は実験群2と統制群よりメディア・リテラシー理解度が有意に上昇し，肯定
的反応と高い学習意欲と発展活動のきざしもみられたとしている。また，実験
群1の教師を対象とした実践後のアンケートと自由記述から，教師も実践の手
ごたえを感じ，番組の意義を認めており，番組がメディア・リテラシー教育の

教材として，子どもたちのメディアとの上手なつきあい方を学ぶのに適切な教材であることが示唆されたとしている。

このほかにも小学校で行われた放送番組を利用した実践の報告として，民放連制作メディア・リテラシー教育番組『てれびキッズ探偵団』の教育効果に関するものなどがある（村野井ら，2001）。

小学校中・高学年向けを対象とした教材としては，新聞や放送番組などのメディアを利用することで効果が得られたというものが多い。幼稚園から小学校低学年と比べると，テレビで番組を見たり新聞を読んだりする機会が増えるので，くらしの中で身近なメディアを教材として扱いながら，メディアとの上手なつきあい方を学んでいくことを考慮した教材制作が行われていることがわかる。またこの年代になると情報の送り手になる機会も増えるので，山口（2017）にあるように「考えをメディアで表現する能力」の育成に資する教材の研究はさらに必要であろう。

（3）中学校・高校向けの教材

中学校・高校を対象とした教材についての研究は，小学校を対象としたものに比べると少ない。これは，放送番組などの教材が主として小学生を対象として制作されていることや，高校の場合には教科情報の授業で教科書を中心にメディア・リテラシーについて扱うため，新規に教材開発をする機会が少ないことが考えられる。

中橋ら（2012）は高校の教科「情報」の授業で利用するメディアの意味と特徴を学ぶメディア教育用のデジタル教材を開発し，実証授業を通じて，学習者が①メディアの特徴をどの程度理解できるか，②教材と授業にどのような印象をもつのかを明らかにすることを目的としたものである。開発した教材は「メディアを学ぼう【教科情報】」で，教材の設計思想と概要については，中橋（2010）に説明されている。研究ではメディアの意味と特徴についてイラストと文章で学ぶ教材と，映像の特徴を理解するために未完成の「カレールーのCM」にBGM，キャッチコピー，テロップの色を選択肢の中から選択してCMを完成させる教材が利用された。事前と事後の客観テストと質問紙調査の結果から，①インタラクティブ性をもつデジタル教材においてメディアの特徴を理

解することに一定の効果があること，②デジタル教材を用いた学習に好意的な印象をもつ学習者が多いことが明らかになったとしている。

　中学生や高校生になると，小学生までに比べて普段の生活で様々なメディアに接する機会が多くなり，発信の機会も増える。実際に自分自身でメディアを制作したり，疑似的に制作を体験したりする中でメディアについてを学んでいく教材が有効ではないかと考えられる。

(4) 大学向けの教材

　中橋ら（2006）は，デジタルメディア表現能力を高めるために模倣学習を行うWeb動画教材の開発と評価・改善プロセスについての報告である。Web動画教材では，名刺ロゴマーク，ポストカードデザインの完成作品が複数提示される。学習者が気に入ったものを選択すると15分程度の動画で制作プロセスを見ることができる。学習者は，そのプロセスを実際のソフトウェアで模倣し，そのソフトウェアで可能な「表現形式」，作品に込められた「表現意図」と，それを実現させる「操作技能」を自分の中に取り入れ，創造的な表現への基礎を築いていく。実験環境での3回の調査で改善した教材を，実際の授業で活用した結果，11名の学習者全員が，Web動画教材での模倣学習を1人で完遂させることができたが，学習者の個人差に配慮するべきいくつかの課題は残されたとしている。

　和田（2009）はメディア・リテラシーの学習の1つとして，ビデオゲーム学習についての国内外の実践を紹介したものである。その中に教員養成大学の教科「情報」免許科目受講者の大学2・3年生80名を対象に，鈴木（2003）が監修・監訳したビデオパッケージ教材から「バットマン—マスク・オブ・ファンタズム」の解説を参考にして，グループでゲームの学習教材を2週間で作るという実践がある。実践の結果，大学生が作成したビデオゲームの教材は，6教材のうち5教材が知識の再認を目的としていた。教科書の知識の記銘保持，再生のプロセスを繰り返すことが学習であると思っているためであると考えられ，メディア・リテラシーの学習を成り立たせるためには，同質集団の大学生ではなく，海外の学生も含めた異質集団のグループを組織することが必要であるとしている。

　大学向けの教材研究では，実際にメディアを制作する中からメディア・リテラシーを学んでいくものがみられた。その際には対象者を意識して制作していくこと，「異質集団のグループを組織すること」（和田，2009）などを考慮した教材の設計が必要であることが示唆されている。

(5) 教員向けの教材

　酒井（2007）は教員がメディア・リテラシーの実践的知識を獲得することを支援するオンライン学習プログラムを開発し，評価を行った研究である。メディア・リテラシーの授業のデザインには，その概念的特性がもたらす諸課題に対処するための実践的知識が求められる。そこでメディア・リテラシーの概念的特性に配慮し，授業をデザインできるベテラン実践者との相互作用が可能な，オンライン学習プログラムを開発した。学習プログラムは 3 か月間で，テレビ会議 4 回と各テレビ会議後のウェブログでの議論，最終の対面での議論 1 回の計 5 ユニットからなり，参加者は全国各地の小学校から高校に勤務する教員11名であった。評価項目として（A）時代に即した幅広い教材選択，（B）メディア・リテラシーに固有な視点，（C）メディア・リテラシーの授業を実践する際のリスクの類推と回避を設定し知識獲得について評価した。その結果，教員たちがメディア・リテラシーに関する実践的知識のうち，メディアと社会との関係性から自らの立ち位置を捉え，さらに自ら関係性をも再構築していくという視点が得られたこと，そしてメディアの社会的経済的背景に関する知識が不足していたり，教員が自身の先入観に対して無自覚であったりする場合には，ステレオタイプの教え込みにつながりかねない，というようなリスクの類推と回避に関する知識を獲得したことが確認されたとしている。

　このほかに教員向けのプログラムの研究としては，佐藤ら（2015, 2016）がある。専門書の学習，学習指導案の作成，授業の実施などからなる教員向けのメディア・リテラシーを育成するためのトレーニングプログラムの結果，初心者でもベテラン教員でもメディア・リテラシーに関する意識に変容がみられたとしている。

　教員向けの教材の研究は，個別の教材についてではなく，一定期間かけて学ぶことを考えて制作された，学習プログラムの研究がみられた。メディア・リ

テラシーについて理解するだけでなく，教員として授業で伝えていくことまでを学ぶためには，教材も単独のものではなく，長期的，複合的になる必要があるためであると考えられる。

4. 今後の研究課題

　本章では，メディア・リテラシー教育用の教材について，教材の形式と対象で分類をしたうえで，どのような研究が行われてきたのかを概観した。「幼稚園から小学校低学年向け」ではビデオ教材やワークショップから参加者の理解度を測る研究，「小学校中・高学年向け」では新聞や放送番組を教材として理解度を測る研究，「中学校・高校向け」と「大学向け」ではメディア制作を通した学習者の変化や制作されたメディアの評価，「教員向け」では学習プログラムによる意識の変化の分析などが行われていた。

　こうした先行研究を分析した結果と，これから必要と考えられる研究の方向性について 4 点にまとめたい。

　1 点目は，各学校種に対応した教材開発の研究があまりみられなかったことである。ただし本章執筆に当たっては「教材」というキーワードで検索を行ったため，本書で扱われている各学校種の実践研究に関する論文の中には教材開発に関する成果もあると考えられる。教材開発の研究とあわせて実践研究を丁寧にみていくことで，各学校種に対応した教材のあり方が明快になっていくことが考えられる。

　2 点目は教材開発を複合的に捉えた研究が多いことである。一般に授業では様々な教材が扱われるので複合的に捉えざるをえないことが多いと考えられるが，メディア・リテラシー教育については印刷教材，視聴覚教材，マルチメディア教材それぞれのメディア特性を整理した研究も必要であると考える。

　3 点目は教材開発の制作主体について考慮した論考があまりみられなかったことである。教材開発の制作は公的機関であったり，メディアであったり，研究者であったり立場が異なる。メディア・リテラシー教育の教材自体もメディアであり，異なる制作主体が意図をもって教材を編集・構成しているという点も考慮した検討も必要ではないだろうか。

　4点目は教員向けの教材以外は，特定の単元に対応した教材開発に関する研究が多いことである。研究者が自身で教材を開発して評価する場合，すべての単元を網羅して制作することは難しいが，公開されている教材に関しては年間を通した長期的な視点で教材を研究することもできる。メディア・リテラシーを育成するための教材について，対象となる年代ごとにどのようなものが必要かを整理したり，年間を通した体系的な教材の利用のあり方について考えたりしていく必要があると考える。

　教材開発の研究を通してメディア・リテラシー教育を実践可能なものにする営みは，新たなメディアが次々に生まれる中，ますます必要であり，今後も研究の対象を広げるとともに先行研究から得られた知見を深めていく必要があると考える。

第 2 部

教育実践研究の展開

第5章
小学校を対象とした
教育実践研究

1. 小学校段階からのメディア・リテラシーの育成とその背景

　技術は技術的制約によってメディアの枠組みに影響を与え，メディアは置かれている社会的状況により，情報のあり方に影響を与える（山内，2003）。情報通信技術が発達するたびにこのサイクルは繰り返され，より高度化していく。高度情報通信社会を迎えた現在，子どもたちは情報を得たいときに手に入れたり，不特定多数に向けて発信したりしている。青少年のインターネット利用環境実態調査（内閣府，2020）によると，青少年の93.2%がインターネットを利用している。情報や情報手段を主体的に選択し活用していくために必要なメディア・リテラシーの育成は急務である。

　平成29年告示の学習指導要領（文部科学省，2017）では，情報活用能力（情報モラルを含む）が学習の基盤となる資質・能力として位置づけられた。中橋（2014）は，情報モラルとメディア・リテラシーは接近する領域にあると述べ，堀田・佐藤（2019）は，現在はメディアを活用した情報の発信に関する責任やコミュニケーションの方法も学習の範囲とされることが多く，メディア・リテラシー教育と情報モラル教育との距離は近づいていると述べている。学校教育において，メディア・リテラシーという用語は使われてはいないものの，メディア・リテラシーは現代社会やこれからを生きていく子どもたちの基盤となる資質・能力であるといえる。

　小学校段階ではこれまで数多くのメディア・リテラシーに関する教育が実践され，研究されてきた。例えば，日本教育工学会で初めて小学校のメディア・リテラシーに関する教育実践が発表されたのは1993年のことである（山口ら，1993）。その後，1995年の「松本サリン事件」（長野県松本市）で起きた冤罪

報道，インターネット上の掲示板でのトラブルを発端に小学校6年生が教室内で同級生をカッターナイフで切りつけた2004年の「佐世保事件」（長崎県佐世保市），オペレーティングシステム「Windows95」や「Windows98」の登場によるインターネットの台頭，NTTドコモによる携帯電話インターネットサービス「i-mode」やスマートフォンの登場，小学校段階からのICT活用授業を踏まえて，時にメディア・リテラシーは「情報活用能力」や「情報モラル教育」と名前を変えたり，これらと近接した領域で実践されてきた。しかし，これまでの小学校の教育実践研究に関する成果は整理されていない。小学校におけるメディア・リテラシーの教育実践研究は，時代によって重要性や求められる学習内容が少しずつ変化してきた。小学生段階からメディア・リテラシーを学習し，鍛え，時に緊急時にはその力を子どもたちが発揮できるようになるためには，教員にメディア・リテラシーの指針が必要となる。その指針はこれまでの研究成果の整理から示唆されるものだろう。

　そこで本章では，小学校におけるメディア・リテラシー教育の教育実践研究が数多く発表されてきた日本教育工学会（以下JSET）や日本教育メディア学会（以下JAEMS）を分析対象として，小学校段階のメディア・リテラシーに関する教育実践研究を整理した。そのうえで特徴的な教育実践を取り上げて解説した。

　中橋（2015）は，メディア・リテラシーに関する研究を，研究テーマに基づき６つのカテゴリーに整理し，「実践研究」を「メディア・リテラシーを育むことを目的とした学習プログラムの開発・評価など，授業に関する実証的な研究」と定義している。本章では，中橋の「実践研究」に依拠して教育実践研究の整理・分析を試みた。

2. 小学校の教育実践研究の整理

　これまでの小学校の教育実践研究の傾向を把握するために，歴史的にも長く数多く発表されてきたJSETとJAEMSにおける教育実践研究の整理を試みた。例えば，あるカテゴリーで「研究が多い」ということは「研究がしやすい」，あるいは「着想しやすい」といえる。逆に少ない場合も「研究のしづらさ」を

考察するうえで意義がある。

　また，両学会で発表されてきた研究の著者がそれぞれ何本の論文を発表しているかについても調べた。より多く発信している研究者を調べることは，小学校の教育実践研究を調べようとする人にとっては有益な参考情報となると考えた。

(1) JSETの分析

　JSETからは，1985年から2019年までの34年間にJSETの論文誌，大会講演論文集，研究報告集に掲載されたもので，タイトルに「メディア・リテラシー」「メディアリテラシー」と含まれるものを学会のデータベース，CiNii（国立情報学研究所学術情報データベース），J-STAGEを利用して抽出した。そのうえで，小学校のメディア・リテラシーの教育実践を対象とした研究，教育実践がされている研究を抽出した。本分析では，すべての原稿が手に入らなかったため，著者，タイトルから読み取ることができた「校種」「発表年」から整理した。原稿が確認できた2000年以降の研究に関しては，研究内容の詳細も確認した。そのうえで発表数の推移から小学校の教育実践研究の傾向を読み取るとともに，タイトルや抄録，原稿から研究内容を読み解いたうえで「研究領域」の整理を試みた。

　その結果，中橋（2015）が調査した1985〜2014年の112件（2014年は，論文9件，大会講演論文集85件，研究報告集18件）から5年間で47件増加し，159件だった。内訳は論文15件，大会講演論文集112件，研究報告集32件だった（図5-1）。

　発表件数の全体から分析した結果，小学校の教育実践研究を対象に抽出されたのは28件だった。JSETのメディア・リテラシー研究の約18％が小学校の教育実践研究だった。28件の内訳は論文誌4件，大会講演論文集22件，研究報告集2件だった（図5-1折れ線グラフ参照）。2001〜2008年までは，年に1件から3件ずつ継続して発表され，2005年にピークを迎えているが，2009〜2011年までは0件だった。

　28件の研究について，関連性のある研究を整理し，研究領域を整理した結果，①単元・学習プログラム・カリキュラムの開発（13件），②学習効果（8件），

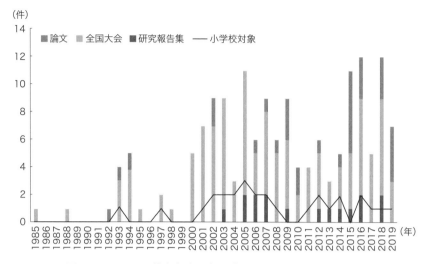

図5-1　JSETの教育実践研究の論文・口頭発表件数の推移

③教材開発（6件），④評価，達成目標（1件）という4つのカテゴリーに分類できた。

「①単元・学習プログラム・カリキュラムの開発」では，総合的な学習の時間，国語科，社会科等でクロスカリキュラムとして，地域連携，ニュース番組制作，テレビゲーム，CM制作，SNSを題材としていた。

「②学習効果」では，社会科の地図学習を題材にしたもの，学校放送番組を活用した授業実践，長期的な学習プログラム，歴史認識の交換による学習効果，メディア・リテラシーを育む実践における対話の分析があげられる。

「③教材開発」では，企業との連携による教材開発，学年を限定した教材開発，教材や専門書の分析，ニュースサイトを事例としたUGMの教材開発があげられる。

「④評価，達成目標」では，達成目標に関する研究があげられる。

単元・学習プログラム・カリキュラムの開発，学習効果，教材開発が多い理由として，著者の中には小学校の教員や経験者も多いことが考えられる。そのため，学習指導要領とメディア・リテラシーを結びつけて教育実践を考えることが可能だったと考えられる。しかし，評価，達成目標に関する研究はほとん

どない。学習プログラム・カリキュラムの開発に該当する研究では，それぞれ
の著者がそれぞれの評価方法を考えて実践を評価している。もちろん実践に対
して妥当な評価方法なのだが，共通の評価方法が小学校の教育実践研究にはな
いことが課題であるといえる。そして，このことが小学校でメディア・リテラ
シー教育が実践されにくい要因の 1 つとなっていると考えられる。

　他方，JSETで小学校の教育実践研究を多く発表している著者は，件数順に中橋
雄が 6 件，藤川大祐が 5 件，佐藤和紀・高橋伸明・堀田龍也が各 4 件，山口眞希
が 3 件，浅井和行・阿部学・駒谷真美・塩田真吾・無藤隆が各 2 件であった。こ
れらの著者が出版している書籍や発表している論文等を調べることで，教育工学
分野における小学校の教育実践研究を参照することができることを示している。

　中橋の著書には『メディア・リテラシー論―ソーシャルメディア時代のメディ
ア教育』（北樹出版 2014年），『メディア・リテラシー教育―ソーシャルメディ
ア時代の実践と学び』（北樹出版 2017年）や本書がある。藤川と塩田には『楽
しく学ぶメディアリテラシー授業―ネット・ケータイ，ゲーム，テレビとの正
しいつきあい方』（学事出版 2008年）などがある。堀田には『メディアとのつ
きあい方学習―「情報」と共に生きる子どもたちのために』（ジャストシステ
ム 2004年）や，その実践編である『メディアとのつきあい方学習―実践編』（ジャ
ストシステム 2006年）がある。

　まずはメディア・リテラシーの教育実践に取り組んできた研究者の著書から
具体的な教育実践を学んだうえで，JSETの教育実践研究を参照すると，教育
工学でどのように教育実践研究が行われてきたのかをよく理解できる。

（2）JAEMSの分析

　次にJAEMSの分析をした。1995年から2018年までの『年次大会発表論文集』
と『教育メディア研究』については，国内の研究者に協力を得てすべて収集し
た。『研究会論集』はすべて入手することができなかったので分析の対象から
除外した。収集した論文はJSET同様に，タイトルに「メディア・リテラシー」「メ
ディアリテラシー」と含まれるものをCiNii，J-STAGEを利用して確認し，そ
のうえで小学校のメディア・リテラシーの教育実践研究を抽出した。また，学
会の前身である日本放送教育学会と日本視聴覚教育学会の論文誌についても検

索した。

　その結果，『年次大会発表論文集』には100件，『教育メディア研究』には22件の合計122件が確認できた（前身の 2 学会の 1 論文，2 発表を含む，1986-1994年）。

　発表件数の全体から，小学校の教育実践研究を抽出した結果，51件だった（図5 - 2，折れ線グラフ参照）。JAEMSのメディア・リテラシー研究の約42％が小学校の教育実践研究だった。51件の内訳は論文誌10件，年次大会発表論文集41件だった。JSETと比較するとメディア・リテラシー研究も小学校の教育実践研究もJAEMSのほうが多く発表されてきたことが確認できた。メディア・リテラシー研究全体から小学校の教育実践研究の割合を算出した結果をみても，JAEMSのほうが全体の件数も小学校の教育実践研究も多い。このことを踏まえると，教育工学分野で小学校の教育実践研究を参照したい場合は，JSETのみならず，JAEMSも調べることで，より詳しく小学校の教育実践研究を参照できるだろう。

　また，51件の研究について，佐藤ら（2019）の教育実践研究のカテゴリーに分類した結果，①単元・学習プログラム・カリキュラムの開発（22件），②学習効果（21件），③教材開発（ 2 件），④評価，達成目標（ 2 件），⑤その他（ 4

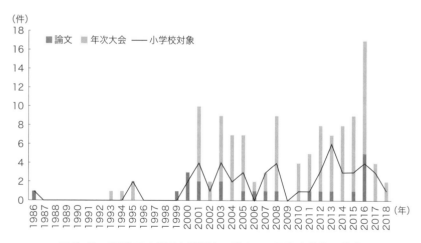

図 5 - 2　JAEMSの教育実践研究の論文・口頭発表件数の推移

件）だった。

　他方，JAEMSで小学校の教育実践研究を多く発表している著者は，件数順に中橋雄が18件，浅井和行が15件，佐藤和紀が10件，岡部昌樹が７件，堀田龍也が５件，村井万寿夫・大久保紀一朗・山川拓が各４件，黒上晴夫・山口眞希・丸山裕輔・中川一史が各３件であった（2020年４月時点）。

　浅井和行は，小学校の教員時代から学校放送番組の活用やICTの活用を通して児童のメディア・リテラシーを育成するための実践に取り組んできた。研究者へ転身後は，幼稚園から高等学校を見通したメディア・リテラシーカリキュラムの開発に取り組んできた。また，京都教育大学附属桃山小学校の校長時代には山川などとともに，2013年から文部科学省研究開発学校，その後は教育課程特例校として新教科「メディア・コミュニケーション科」を開発し，日常的な授業実践を通して，学習指導要領と同様のフォーマットで附属桃山小独自の学習指導要領を作成した。その指導助言には中橋雄や堀田龍也も関わっている。日本の小学校において系統的にメディア・リテラシーが取り組まれた重要な教育実践であった。メディア・リテラシーを小学校の教育課程へどう組み込み，どのように位置づけ，どのような方法で取り組み評価したのか，その知見を得ることができるだろう。

3.　日本教育メディア学会の教育実践研究と構成要素との関係

　発表論文をすべて入手できたJAEMSで発表されてきた教育実践研究を，中橋（2014）が示す「ソーシャルメディア時代のメディア・リテラシーの構成要素」で整理した。教育実践と構成要素の関係を調べることによって，メディア・リテラシーの教育実践と目標設定の関係を把握できると考えた。

　中橋・水越（2003）が構成要素（６要素）をJSETの論文で発表して以降，メディア・リテラシーの教育実践研究の多くで引用されている。手塚ら（2019）によると「教育メディア研究」に掲載された論文のうち，中橋・水越（2003）の被引用件数は2019年２月時点で６，Google Scholarでは2020年４月時点で15だった。主に授業実践が構成要素のどの部分に焦点を当てているのかを共通認識するために引用されている（手塚ら，2019）。特に，実践者や研究者が多様

な要素で構成されるメディア・リテラシーのどこを目的にして教育実践に取り組むかについての指標となっている。

　一方，中橋は，2014年に発行した『メディア・リテラシー論』の中で「ソーシャルメディア時代のメディア・リテラシーの構成要素」を以下の7項目（A：メディアを使いこなす能力，B：メディアの特性を理解する能力，C：メディアを読解，解釈，鑑賞する能力，D：メディアを批判的に捉える能力，E：考えをメディアで表現する能力，F：メディアによる対話とコミュニケーション能力，G：メディアのあり方を提案する能力）に整理している。中橋・水越（2003）は，「メディア・リテラシーの構成要素」を観点にして，メディア・リテラシーと関連がある教育実践事例において，ねらいとされているものに「1」，その中で特に力点が置かれているものに「2」というように数値を割り振り，構成要素のバランスを検討している。そこで，122件の学校教育を対象としたメディア・リテラシー教育の教育実践研究についても，中橋・水越（2003）の手法に依拠し，「ソーシャルメディア時代のメディア・リテラシーの構成要素」（中橋，2014）で整理することにした。

　その結果，総数は381で，小学校は172，中学校は12，高等学校は50，大学は120，その他は27だった（表5-1）。教育実践研究を取り扱った研究自体は122件であるが，1つの教育実践研究に対して複数のねらい（構成要素）を含んでいるため，122より数値が高くなっている。

　小学校の教育実践研究の中で目標としている構成要素を確認したところ，多く確認できた順に「E：考えをメディアで表現する能力」が50，「D：メディアを批判的に捉える能力」が29，「A：メディアを使いこなす能力」と「B：メディアの特性を理解する能力」がそれぞれ23，「F：メディアによる対話とコミュニケーション能力」が21，「C：メディアを読解，解釈，鑑賞する能力」が17，「G：メディアのあり方を提案する能力」が9だった。

　佐藤ら（2012）が開発した学習プログラムでは，小学校5年生から6年生の2年間を通した学習プログラムが開発されている。この研究では，「E：考えをメディアで表現する能力」と「F：メディアによる対話とコミュニケーション能力」を基盤としてカリキュラムが作成されていた。もちろん副次的な効果として他の構成要素についても学習されているが，中心となる構成要素を設定

表 5 - 1　JAEMSの教育実践研究でみられたメディア・リテラシーの構成要素
（中橋，2014を参考に作成）

	小学校	中学校	高等学校	大学	その他	合計
A. メディアを使いこなす能力	23	2	5	25	4	59
B. メディアの特性を理解する能力	23	0	17	16	4	60
C. メディアを読解，解釈，鑑賞する能力	17	2	3	6	5	33
D. メディアを批判的に捉える能力	29	2	7	18	4	60
E. 考えをメディアで表現する能力	50	4	12	34	4	104
F. メディアによる対話とコミュニケーション能力	21	2	4	21	6	54
G. メディアのあり方を提案する能力	9	0	2	0	0	11
合計	172	12	50	120	27	381

することの効果として，カリキュラムのコンセプトがはっきりすることや，児童がいつでも学習目標を見失わないで学習活動に取り組める点があげられる。

　また，佐藤・中橋（2014）はタブレット端末を活用して児童に映像を制作させる実践において，YouTubeに映像を公開する前提で考慮すべき点を議論し，編集作業を行う学習プログラムを開発している。この研究では，「C：メディアを読解，解釈，鑑賞する能力」「D：メディアを批判的に捉える能力」「E：考えをメディアで表現する能力」の3つが学習目標として設定され，学習の達成を評価する指標として利用していた。構成要素は，多くの教育実践研究において単一で指標や学習目標とされるのではなく，重複して設定されている。

　「G：メディアのあり方を提案する能力」が少ない理由として，ソーシャルメディアの登場と，中橋が2014年に提案して以降に実践が考案され始めたことが関係していると考えられる。中橋ら（2017）はSNSの交流で生じた現象を題材として教育実践に取り組んでいる。ここではすべての構成要素を1時間ごとに配列し，最後に「SNSを楽しい場にする方法を提案できる」ことを目標にして子どもたちはこのことを議論している。これまでもこのように議論してメディアとのあり方を提案する実践がなかったわけではない。しかし，教師が構成要素を意識してカリキュラム化し，児童へ授業目標として提示することで，より意識して議論できる点に，構成要素に基づくことの意義がある。

　本節では，中橋の構成要素に基づいて，複数のねらいが設定されている点にメディア・リテラシーの教育実践としての特徴があげられることを明らかにす

ることができた。メディア・リテラシーの資質・能力を，複合的でバランスよ
く育成していくためにカリキュラムを設計することに役立つだろう。

4.　小学校で活用されてきた教育メディアの分析

　メディア・リテラシーの教育実践研究においては，テクノロジーの発展とと
もにメディアも発達してきた。1990年代の教育実践研究では，テレビや新聞と
いったマスメディアからの情報を批判的に読み解くことに主眼が置かれてきた。
一方，1990年代後半にデジタルカメラやインターネットが登場し，そのことに
よって2000年代に入ってからは，メディアからの情報を批判的に読み解くこと
のみならず，メディアによる表現活動やコミュニケーション活動も含むように
なってきた。時代の移り変わりの中で，教師が児童に教えるための「教授メディ
ア」と，児童がメディア・リテラシーを学ぶことや，その他の学習活動で活用
するための「学習メディア」も変化してきた。メディア・リテラシーの教育実
践研究で用いられてきた「教育メディア」を分析することには，普遍的にメディ
ア・リテラシーの教育実践で必要とされるメディアと，時代の要求や流行によっ
て必要とされてきたメディアを捉えることができるという意義がある。そこで，
これまでの小学校の教育実践研究から年代ごとに用いられてきた「教授メディ
ア」と「学習メディア」が，どのように変化してきたかを明らかにした。

　分析の対象は，すべての資料が入手できたJAEMSの「年次大会発表論文集」
と論文誌「教育メディア研究」に掲載されてきたメディア・リテラシー教育の
教育実践研究である。具体的には，前節で示した「年次大会発表論文集」100
件と，「教育メディア研究」22件の合計122件を小学校の教育実践研究として
分析の対象とした。

　この122件から，使用されてきた教育メディアの移り変わりを確認するため，
①対象，②実践時期，③学習メディア（児童生徒がメディア・リテラシーの学
習を進めるうえで対象・活用としたメディア），④教授メディア（教師がメディ
ア・リテラシーの学習を進めるうえで対象とした，または活用したメディア）
の4項目を抽出することとした。そして，本文に記載されている実践時期に基
づいて年別に分類した。実践時期が数年にわたるものは，実践が開始された年

に分類した。

　分析の結果，122件から59の学習メディアと21の教授メディアを確認することができた。

　学習メディアは1993年から確認できた。確認された学習メディアのうち主に使用してきたICT機器の種類別推移を図5-3に示す。2000年から2007年にかけて，デジタルビデオカメラを活用した映像制作の実践が多く確認できる。水越・中橋（2003）は，デジタルビデオカメラは，いつでも，どこでも，容易に映像を撮ることができ，静止画にもなるし，編集もできるため，学校教育での活用も盛んになり始めており，映像制作の実践が容易になったことを指摘している。

　デジタルビデオカメラの普及が映像制作の教育実践に寄与してきたことが示唆される。またコンピュータは時代を問わず活用されていることや，2013年以降は教育の情報化にともない，タブレット端末の活用が増加していた。タブレット端末の活用では，タブレット端末のカメラ機能を用いて，意図する表現のために静止画や動画を撮影・編集したり，発表し，インターネット上に発信

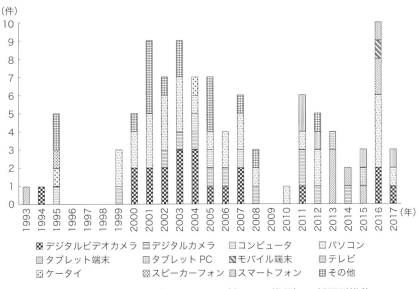

図5-3　使用される学習メディア（主にICT機器）の種類別推移

したりする教育実践がみられた。パソコンの活用では，デジタルカメラやビデオカメラに接続したり，インターネットやSNS上でのコミュニケーションの学習活動が展開されたりしていた。その他では，新聞，ポスター，広告，パンフレット，雑誌などの紙媒体のメディアを活用した教育実践がみられ，2000年代には多かったが，2010年以降では発表数が少ない。

　タブレット端末の登場によって，デジタルカメラやデジタルビデオカメラの活用，紙媒体のメディアを活用した教育実践は以前より減少している。しかし，メディアは情報を意図的に構成していることを体験し，発信することを通して体験的に理解していく学習活動は，以前から変わらず実践され，これからも実践されていくだろう。メディア・リテラシーの教育実践の準備として「紙媒体」学習メディアと「撮影する」「編集する」「発信する」ことができる学習メディアが必要であるといえる。

　教授メディアは1986年から確認できた（図5-4）。ほとんどが映像を用いた教材だった。1986年から現在まで，NHK学校放送番組を活用した実践が，その他の映像教材や静止画像，教師の自作教材を活用した実践より多く確認で

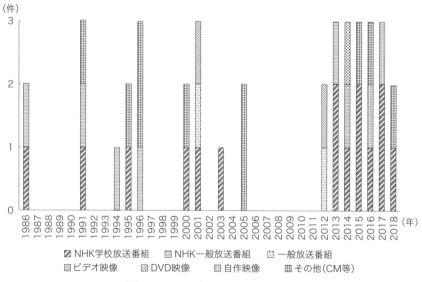

図5-4　教授メディア（映像教材）の種類別経年変化

きた。活用されていた学校放送番組では,『おこめ』『たったひとつの地球』『このまちだいすき』『お伝と伝じろう』『昔話法廷』『体験！メディアのABC』『メディアのめ』『メディアタイムズ』（放送年順）だった。

　大久保ら（2016）は,マンガを読解・解釈・鑑賞する活動を通して,小学校 5 学年を対象としたメディア・リテラシーを育成する学習プログラムを開発し,その有効性を検証した。学習メディアとして「マンガ」に焦点を当てた点が特徴である。授業実践では,国語科の教科書において漫画家を題材にした説明文の学習を通して,マンガの表現技法を学んだうえで,漫画家の作品を読み込み,マンガレポートや本の帯,ポップを作成する活動を行っていた。この授業実践では教授メディアの 1 つとして,学校放送番組『メディアのめ』が活用された。山口（2017）は全 8 時間構成の学習プログラムの中で学校放送番組『メディアのめ』を 4 回活用していた。

　教授メディアは年代を問わず,映像や学校放送番組が多く活用されていた。また,学習プログラムの中の一部で活用されていたり,1 回きりの授業で 1 つの番組を活用して教育実践が取り組まれたりしていた。小学校のメディア・リテラシーに関する教育実践に取り組もうとする場合は,まずは現在放送されているメディア・リテラシーの学校放送番組を視聴することで学習活動の着想を得ることができる。

5. 今後の研究課題

　小学校の教育実践研究を推進していくためには「小学校のメディア・リテラシーの教育実践の評価」を確立していくことが極めて重要な課題となる。教員は授業を行えば,必ず児童の学習活動や成果物に対して評価しなければならない。児童は,教員からの評価や自己評価によって,自分には何がどのくらい身につき,何がまだまだ足りないのかを振り返り,次の学習活動や他の学習活動に活かしていくことで,資質・能力の向上や学習への態度を形成していく。しかし,メディア・リテラシーの多様な資質・能力とそれにともなう多様な学習活動はどのように評価するのかが確立されていない。きっと教育実践に尻込みする教員もいることだろう。

　教育工学分野では，後藤康志によって，質問紙評価の研究は先進的に取り組まれてきたが，過去の教育実践研究からもわかるように，評価の研究はきわめて少ない。今後は，これまでの教育実践とその評価を整理し，学習目標・学習活動・評価を整理していく研究が必要である。

第6章

中学校を対象とした
教育実践研究

1. メディア・リテラシー教育の4つの系譜

　中学校教育にメディア・リテラシーが導入され始めたのは1990年代である。最初に大きな影響を与えたのは，1989年に刊行されたカナダ・オンタリオ州教育省（編）の『メディア・リテラシー—マスメディアを読み解く』である。オンタリオ州では，1987年から「メディア・スタディーズ」というメディア・リテラシーの専門教科が導入されていた（中村，2008）。そして，鈴木（1997）や水越（1999）によって，メディア・リテラシーの概念が紹介され，菅谷（2000）による海外の授業紹介を契機に，中学校教育ではメディア・リテラシーの授業作りのムーブメントが展開した。

　同時期，日本では教育工学の領域で，水越ら（1998-2001）によるマルチメディア活用に関するメディア・リテラシー研究が行われていた。中学校では放送教育，視聴覚教育，情報教育の系譜から授業開発が取り組まれた。教育テレビ番組の視聴効果，映像視聴能力や制作能力の研究，ICTを適切に活用する方略についての研究である。

　このように，中学校教育においては教科としての「理論を主軸とする系譜」と，教材・教具としての「メディア活用を主軸とする系譜」からメディア・リテラシー研究が展開していった。さらに，メディア活用から映像を中心に発展した「映像教育を主軸とする系譜」が登場した。さらに，これらの3つの系譜を統合し，リテラシーのスキル向上に焦点を当てた「国語科教育を主軸とする系譜」が展開している。

　そこで，本章では日本における20世紀末から21世紀初頭にかけての中学校におけるメディア・リテラシーの実践を4つの系譜に分けて分析し，今後の課

題と方向性を考えていく。

2．理論を主軸とする系譜

　日本国内で最初のメディア・リテラシーの特集が組まれたのは，『授業づく
りネットワーク』1994年10月号である。「特集　メディアを読み解く授業」に
中学校での実践が掲載された。東京都立中学校教諭である永田（1994）はオ
ンタリオ州のメディア・リテラシーの基本概念から，「いずれのメディアも現
実を様々にコード化し，現実をつくりだしていて，どのメディアも中立ではあ
りえない」という定義を紹介した。そして，国語科のCM分析の実践例を用い
て，「問いかけのアプローチ」「クリティカルな思考方法のアプローチ」「創造
的体験のアプローチ」を提示した。また，同誌では，禁煙教育を進める会の
中野（1994）によるたばこのテレビCMに関する中学校での授業が掲載された。
消費者保護のためにたばこの害をあえて明記したCMを作ることから，CMの
送り手による情報操作の問題点に気づかせる実践である。このように，メディ
ア・リテラシーの理論に基づき，権力をもつマスメディアに対する批判的な分
析からメディア・リテラシー実践は始まった。
　2001年に『メディア・リテラシーの現在と未来』（鈴木，2001）が出版され，
マスターマン（Masterman，1990）の『メディアを教える』の抄訳が翻訳され
た。これにより，カナダ・オンタリオ州教育省が提唱するメディア・リテラシー
の基本概念の背景が明らかにされた。しかし，岩佐（2006）はこの抄訳でイ
デオロギーに関する第6章が訳出されていないことを指摘している。そのため，
日本におけるメディア・リテラシーでは，メディア表象を本質的に批判する
グラムシ（A. Gramsci）が提唱するヘゲモニーの概念や，バルト（R. Barthes）
の神話の概念が欠けたまま展開したというのである。これは，戦後から日本の
学校教育ではイデオロギーに関する内容を積極的に扱わない傾向にあったこと
が影響していたと考えられる。
　当初，社会科ではイデオロギーや政治に関するメディア・リテラシーの実践
が試みられた。児玉（2001）はナチスの独裁を招いたワイマール憲法と日本
国憲法の改正論を比較する授業を行った。皆川（2001）は少年法の改正に関

する世論について新聞の読み比べを行った。吉田（2011）は，バッキンガム（D. Buckingham）の理論を援用し，明治政府の日露戦争までの新聞に対する弾圧など政策論の是非を問う授業を提案した。しかし，実践にはいたっていない。この点において，中学校の実践ではイデオロギーやコンテクストの扱い方に大きな課題が残っている。

　メディア・リテラシー教育の理論の核を築いたマスターマンの翻訳本は2010年に，その後継者となったバッキンガム（Buckingham, 2003）の翻訳本は2006年に出版された。

　向田ら（2007）は，彼らの理論に基づき，小中学生への意識調査を行った。その結果，メディアの商業主義は対象者の約半数が理解しているものの，対象者の約1〜2割は「メディアが現実を構成する」ことの理解が十分でないことがわかった。制作技法に関する知識は小学生よりも中学生のほうが高いこと，小学生から中学生にかけてメディア・リテラシーが高まる傾向にあることを明らかにした。この後，メディア・リテラシー理論に基づく実践開発は国語科教育の系譜で展開していく。

3. メディア活用を主軸とする系譜

　マルチメディア活用と情報発信を主軸とするメディア・リテラシーの研究は，1990年代から活発に取り組まれていた。山口（1995）は愛媛大学教育学部附属中学校で北海道開拓事業に関するプレゼンテーションで複数のメディアを活用する社会科の授業を行った。永田（1995）は滋賀大学附属中学校でマルチメディアの活用を促す体系的カリキュラムを開発した。

　この系譜のメディア・リテラシーは「情報の受け手としての理解力・洞察力」「情報の使い手としての探索力・発信力」「情報の送り手としての操作力・創作力」の3つの柱で定義されている。メディア・リテラシーの導入により，教師の教材提示ツールであったメディアが，生徒が主体的に活用するツールへと移行したのである。情報に対するクリティカルな視点は，「情報の受け手としての洞察力」に込められているが，社会的な文脈に関わる批判は前面に出さず，情報の内容の整合性や質に対する吟味分析に重点が置かれていた。

　また，教科教育にメディア・リテラシーを位置づける試みとして，カリキュラム開発が行われた。浅井・小笠原（2005）は幼稚園・保育所から高校までのカリキュラムを開発し，中学校では技術分野と総合的な学習の時間にメディア・リテラシーを位置づけた。生田・後藤（2008）は，それまでに開発されたメディア・リテラシーのカリキュラムがメディア操作ばかりに傾いていた点を指摘し，高等学校の情報科，中学校の国語科でのカリキュラム開発の可能性に期待を寄せた。中学校国語科の学習指導要領では複数の資料を比較して評価する言語活動例があり，批判的リテラシーの基礎となると考えていた。

　さらに，この系譜では，中学生のメディアからの影響を調査するために「尺度」が開発されていた。山本ら（2000）は東京学芸大学附属世田谷中学校で「健康情報の批判的思考尺度」を開発し，保健体育科の授業で調査活動を2018年まで続けた。2018年にはメディア・リテラシーから「ヘルス・リテラシー」と名称を変えて，中学生の保健知識および生活習慣とメディア情報との関連の深さを明らかにした（山本・渡邉, 2018）。後藤（2006）はメディア・リテラシー教育のカリキュラム開発の基礎的データを採取するため，「メディア操作スキル」「批判的思考」「主体的態度」の3つを下位尺度とする「メディア・リテラシー尺度」を開発した。中西ら（2012）は中学生を対象に「食に関するメディア・リテラシー尺度」を作成し，2011年に，東京都および埼玉県の公立中学校の生徒2064名を対象に質問紙調査を行い，中学生の食行動へのテレビCMの影響を明らかにした。

　中学生のメディア活用の実態調査としては，妹尾ら（2005）による家庭科の授業での消費者金融やクレジットカードのCMの影響分析や，宋ら（2018）による保健体育科の授業でのインターネット上の性的描写に対する中学生への意識調査があげられる。いずれも，生徒に対する予防プログラムの開発につなげられている。

4. 映像教育を主軸とする系譜

　1990年代は映像の教材内容に関する学習者の理解度に焦点を当てた映像視聴能力の研究が盛んに取り組まれていた。木原ら（1996）は小学校高学年，

中学生，大学生を対象に映画「裸の島」を使って映像視聴能力の実験を行った。技法理解や先読みについては中学校2年生と大学生の間の能力差が激しいことなど，映像視聴能力の発達的側面を明らかにした。生田ら（1999）は同様の研究手法を用いて，小学校3年生から中学校2年生までの子どもの映像視聴能力の発達差を明らかにした。

　20世紀末に映像視聴能力の研究から始まったこの系譜は，21世紀にはデジタル技術の進展にともない，映像制作能力の研究へとシフトしていく。林・南部（2001）は映像メディア・リテラシーを育成するカリキュラムを開発した。森阪（2006）は，技術科の情報教育として，映像制作の経験から，作る側の視点に立ってメディア情報の意図や加工に気づかせる授業を開発した。

　西岡ら（2007）は中学生を対象とした映画制作ワークショップを実践し，大貫ら（2009）とともに，メディア・リテラシーの学習効果を調査した。この研究は2014年まで継続して行われた。しかし，学習指導要領の中に映像を扱う教科がないため，分析の対象とする映像表現の実践例は学校の教室外でのワークショップが中心となっている。大貫ら（2014）は，①映像表現学習の20時間以下のカリキュラム開発と映像制作の一部分（例えば撮影や編集だけ）のプログラムの開発，②映像表現を学ぶための教材の開発，③現職教員を中心に指導者育成のための取り組みを推進すべきと提言している。

5. 国語科教育を主軸とする系譜

(1) メディア・リテラシー導入期

　国語科の授業開発はテレビCMの分析から始まった。テレビCMは作品の時間が短く，授業で繰り返し視聴ができ，学習者にとって身近で親しみやすいという教材としてのメリットがある。石川（1998）は時間帯によるテレビCMの分析からターゲットオーディエンスの違いに気づかせていた。池田（1998）は清涼飲料水のCM分析からイメージ戦略についての気づきを促していた。佐藤・左近（2000）はカナダ・オンタリオ州のメディア分析モデルに基づき，「テクスト，オーディアンス，生産・制作」の観点から，テレビCMについてのアンケート調査を行い，実践への活かし方の観点を探っていた。

　中村（1999）は「オーディアンスの一員としてメディアについて何を知っ
ているかを自分に問いかけるべき」という鈴木（1997）の提言をもとに,「メディ
ア自分史で自己紹介」というワークショップを開発した。中学生に，メディア
によって形成されたアイデンティティーを客観的に捉えさせ，さらにメディア
についての概念の再構築を促す実践である。

　中村（2000）は総務省のメディア・リテラシー教材開発の委託研究で,「メ
ディア・リテラシーを育む中学校・国語科年間カリキュラムおよび指導実践例」
を開発した。中村はカナダ・オンタリオ州教育省のメディア・リテラシーの基
本概念をもとに,「メディアと自分との関わりを認識する」「メディアの構成・
演出の技法を知る」「メディアを批判的に読み解く」「メディアの意味の多様性
を理解し，表現活動を行う」という4つの指導項目を設定した。中学生の発達
段階に合わせて各項目の難易度を上げ，3年間で12の授業を行うことでメディ
ア・リテラシーの育成をめざした。12本の実践のうち，7本は映像を活用し
た授業であった。

　このように，国語科ではメディア・リテラシーの理論やメディア活用，映像
教育の系譜を組み合わせ，リテラシーの育成に重点を置いた実践開発が始まっ
た。メディア・リテラシーを取り入れることによって，読解力，表現力に多様
性が生まれ，言語活動が活性化する。これが中学校国語科でメディア・リテラ
シーの受容が広まった大きな要因である。次項から「理論」「メディア活用」「映
像教育」の3つの系譜に分け，国語科における実践研究の展開を分析していく。

(2) 理論を取り入れた国語科実践

　中村（2004）はグレイザー（E. M. Glazer）の批判的思考の定義，マスター
マンやエニス（R. H. Ennis）のメディア分析のチェックリストを踏まえ，新聞
の一面記事の写真を選ぶ活動からメディアが現実を構成していることに気づ
かせる授業を開発した。上松（2010）はシルバーブラットら（Silverblatt et al.,
2001）の理論から，文学教材をメディア情報として「視点」「表象」「制作」「読
者」の観点から読み解く実践を提案した。木戸（2012）は中学校の国語科教
科書に掲載された水越伸の説明文「メディア社会を生きる」（『国語3』光村図書）
からメディア社会の課題を考察させる授業で，カナダ・オンタリオ州教育省の

概念を用いた評価規準を活用した。遠藤 (2018) はバッキンガムの理論から「制作」「言語」「表象」「オーディエンス」の概念を活用し，魯迅『故郷』を歴史的コンテクストから読み解く授業を提案した。伊藤 (2019) は説明文の読解で，「表象」の概念を用いて「送り手の意図」「視点」「ステレオタイプ・バイアス」の3つの観点で分析を行うことを提唱した。

　このように，国語科では第2章で取り上げたカナダ・オンタリオ州教育省 (1989)，バッキンガム (2003)，マスターマン (1990) などの理論からメディア・リテラシーの概念を取り入れ，新たな授業を開発する試みが続いている。

(3) メディア活用を取り入れた国語科実践

　国語科では「話すこと」「書くこと」の表現活動としてのメディア活用はメディア・リテラシー導入以前から取り組まれてきた。特に，写真を用いた作文や新聞制作は言語活動を活性化させる定番教材であった。それらにメディア・リテラシーが加わり，学習者に情報の送り手としての意識が生まれ，自己の作品をクリティカルに分析する視点をもたせることができるようになった。

　木村 (2002) はニュース番組の分析を行ってから，教室をスタジオに見立てたニュース番組制作に取り組ませ，テレビ局見学へとつなげていった。桑田・法土 (2009) は書店でも広告として使われるPOP制作を学校図書館司書と協力して実践し，情報を批判的に読み取るメディア・リテラシーの育成を図った。上田 (2014) は中学生の電子掲示板への参加意識を分析し，ネットワーク・コミュニケーションを効果的に行う足場架けとなる指導を検討した。渡邉 (2015) は，戦争体験者のインタビュー記事を編集する授業で，雑誌というメディアの特性や読者層，コストなどを分析させ，プロの編集者からの助言を踏まえて，編集技術の向上に努めさせた。

　これらの実践に共通するのは，教室の枠組みの外側からの観点を設定している点である。それにより，学習者が自身の言語活動を客観的に捉え，批判的に分析できるようになっていく。実社会へと開かれたリアリティのある学習によって，生徒が意欲をもって活動することができるようになるのも，メディア・リテラシーの効果といえよう。

(4) 映像教育を取り入れた国語科実践

　中村 (2002) は2001年の段階で国語科教科書には，映像に関する説明文や写真を活用した作文課題などが掲載されていたことを指摘した。そして，国語科でも映像文法の理解を促す必要性を説き，絵カード教材を開発した。2003年に出版された『国語科メディア教育への挑戦』(全4巻　明治図書) では，掲載された39本の実践中，30本が映像を扱っている。このように，国語科では映像と言語を往還させる実践開発が盛んに行われていた (中村，2008)。国語科で映像を扱うことの効果は，二田 (2008) が色彩の効果に着目したCM制作の授業で立証した。その授業を受けた中学生は，色彩表現の効果を理解して，文学の読解力や，色彩を取り入れた短歌創作の表現力が格段に伸びたのである。

　中村 (2010) は総務省「放送分野におけるメディア・リテラシー向上のための教材の在り方等に関する調査研究」において，放送分野におけるメディア・リテラシー向上を目的とした教材として，映像読解に重点を置いたテキスト教材『情報娯楽番組 (インフォテイメント)』とWeb教材『情報娯楽番組「ケータイ情報局！オープニング分析』を開発した。

　このように，メディア・リテラシーによって，国語科で扱うリテラシーには「話すこと・聞くこと，書くこと，読むこと」だけではなく，「見ること・見せること」のビジュアル・リテラシーも含まれることが認識されていった。

6. 今後の研究課題

　メディア・リテラシーの導入によって，中学校の実践開発では，大きな変化が3点あった。第1に，教科書中心主義からの脱却である。日常のメディア情報が教材として扱えることに気づかされたのである。これは平成29年版学習指導要領改訂の趣旨にもある「社会に開かれた教育課程」の実現につながるものであった。第2に，学習者の主体的・対話的で深い学びを促す授業の実現である。メディア・リテラシーは座学よりも学習者が体験を通してこそ理解が深まる。これを前提にワークショップ型の授業が開発されてきた。アクティブ・ラーニングの先駆けである。第3の変化は，クリティカルな観点の導入である。メディア論からの「オーディエンス」「ステレオタイプ」，映像理論からの「アップ」

「ルーズ」といった用語が授業で活用できるようになった。それにより，メディア情報をクリティカルに分析する観点が確立した。平成29年版中学校国語科学習指導要領では，第3学年「知識及び技能」の情報の扱い方に関する事項で，「イ　情報の信頼性の確かめ方を理解し使うこと」が加わった。情報をクリティカルに分析する実践研究が進んでいくことが期待できる。

　ただし，中学校でのメディア・リテラシー実践開発には2つの課題がある。1点目は教科教育としての体系化ができていないこと，2点目は社会的文脈に照らした実践が少ないことである。これは，国語科教育における2010年代の実践・研究の動向を分析した砂川（2020）が指摘しているとおりである。

　まず，1点目の課題は，中学校で技術科の中に情報分野が設定されたときに，コンピュータ教育の領域に比べ，メディア・リテラシー教育の領域の比率が少なかった点に起因すると考えられる。さらに，プログラミング教育の導入により，いっそう比率が少なくなっている。また，学習指導要領では教科が改訂されないため，中学校では国語科，社会科，美術科，情報科，家庭科などで，散発的にメディア・リテラシーが実践されてきた。この解決策として，国語科を主軸とするカリキュラム・マネジメントが考えられる。平成29年版学習指導要領では国語科の指導項目「知識及び技能」に「情報の扱い方に関する事項」が設定された。また，小中高の国語科教科書では，メディア・リテラシー教材が定番化している。筆者の調査によれば，平成30年版の高等学校の国語科では，メディア・リテラシーについての用語解説が掲載された教科書が14冊あった。高等学校の国語科教科書ではメディアに関する評論文が多く掲載され，メディア・リテラシーは読解のための重要なキーワードとなっている。これを活用して，国語科を中心に小中高と系統立てた教科横断的カリキュラム開発が可能となろう。その中で，中学校教育の果たすべき役割は，ICTを活用した体験型の実践開発に力を入れることである。抽象的思考の発達段階からみて，中学生は体験に基づく気づきからメディア・リテラシーの理解を育むことが効果的と考えられるからである。

　2点目の社会的文脈に照らした実践が少ないという課題は，第2章で述べたように，メディア・リテラシー理論の導入段階でイデオロギーに関する理論が割愛されていたことからも当然といえよう。この解決策としては，国際バカ

ロレア（以下，IB）のプログラムから社会的文脈の扱い方を参照できると考えられる。IBとは海外の大学入学資格を取得できる総合的な教育プログラムである。国際的な視野をもつ人材育成をめざし，文部科学省が全国への導入を進めている。IBでは教科を横断した学際的な学習スキルとしてメディア・リテラシーを位置づけている。さらに，Middle Years Programmeでは，「グローバルな文脈」という概念を用いて，全教科の学習内容を現代社会の課題と結びつける単元設計を取り入れている（中村，2017）。これをヒントに社会的文脈に照らした実践開発が可能となるであろう。

　メディア・リテラシーを通して，中学校教育では，海外の21世紀型教育改革の一端を先駆けて取り入れていたことがわかる。だが，2010年代はメディアのパラダイムシフトが進む中で，SNSやインターネット情報の捉え方を模索し，実践開発が足踏みをしていた時期であった。しかし，メディア・リテラシー教育の本質はすでに実践の中に根づいている。中学校でのメディア・リテラシーの実践研究は2020年代から新たなフェーズに入り，盛んになることが予測される。

第7章
高等学校を対象とした
教育実践研究

1. 高等学校における教育実践研究の状況

　本章では，これまでに行われてきた高等学校におけるメディア・リテラシー教育に関する教育実践研究の動向を整理し，今後の研究課題について考察することを目的とする。

　メディア・リテラシーに関する教育実践の特徴として，高等学校では大学進学に向けての学習が多くなることから，メディア・リテラシー教育の時間がとりづらい学校が増え，実践事例が小学校や中学校に比べて少なくなっていることがあげられる（石村，2015）。そのため，このような状況の中で行われてきた高等学校における教育実践研究の現状，動向を整理し，今後の教育のあり方を検討していくことは，高等学校での実践を蓄積し，普及させていくうえで重要であると考えられる。

　そこで，CiNii，国立国会図書館サーチ等により，「高校（生）」「メディア・リテラシー」をキーワードとして検索した28件を対象とし，その代表的なものを中心に，先行研究の実践動向を教科ごと，育成する力ごとに整理した。そして，今後取り組まれていくべき研究について考察した。

2. 教科による分類

　教科別にみてみると，情報科で行われた実践が10件と最も多く確認された。高等学校では教科「情報」が必修となっている。学習指導要領および学習指導要領解説にメディア・リテラシーの文言はみられないが，例えば「社会と情報」の学習指導要領「2内容(1)情報の活用と表現」の「ア　情報とメディアの特徴」

では「情報機器や情報通信ネットワークなどを適切に活用するために，情報の特徴とメディアの意味を理解させる」など，メディア・リテラシーに関係のある記述がみられている。

　また，平成29年度版の教科書では「社会と情報」において全10冊中10冊,「情報の科学」では全6冊中4冊においてメディア・リテラシーが用語として掲載されている。これらの教科では，例えばメディア・リテラシーの取り上げ方,定義（説明）は教科書によって様々であるが,これは平成25年度版の教科書（社会と情報：全8冊中6冊，情報の科学：全5冊中1冊）と比較して増加傾向にある。このような背景がみられることが，教科別にみたときに情報科での実践が最も多く確認された理由の1つとして考えられる（鶴田・中橋，2019）。

　また，教科「情報」の目的の1つに「情報社会に参画する態度」を育成することがある。現代社会で生活するために求められるのは，たんなるコンピュータの仕組みの理解や，問題解決での機器活用能力だけではない。メディアの意味と特性を理解する力，情報を読み解く力，送り手として情報を表現・発信する力，メディアのあり方を考え，行動する力を育てるために，この教科を中心にメディア・リテラシー育成を考えていく重要性が意識されていることもその理由として考えられる（鶴田，2020）。

　次に多くみられた教科は社会科の6件であった。その理由として社会科では,国内外で生じた政治，経済，文化，社会，環境問題など，生徒にとって身近な事例とメディアとの関わりを取り上げやすいことが考えられる。例えば，金子（2002）の歴史教科書問題を題材にメディア・リテラシーを考えさせる実践,松浦（2004）のイラク戦争報道を題材とした実践，川口（2012）の原発を題材とした実践，山澤・金（2014）の日本の社会科での実践を分析し，メディア・リテラシー育成をめざす社会科授業モデルを開発した研究などがある。詳しくはこれらの実践報告を見てもらいたいが，このように社会科では，授業の内容と時事問題，それに関わる報道などを関連させることでメディア・リテラシーの育成を試みやすいと考えられる。

　また情報科，社会科以外の教科では，国語科での実践が1件（情報科と連携した実践），総合的な学習の時間での実践が2件，部活動での実践が2件，その他・不明が8件であった。

3.　育成する力による分類

　ここでは，中橋（2014）が示しているソーシャルメディア時代のメディア・リテラシーの 7 つの構成要素（①メディアを使いこなす能力，②メディアの特性を理解する能力，③メディアを読解，解釈，鑑賞する能力，④メディアを批判的に捉える能力，⑤考えをメディアで表現する能力，⑥メディアによる対話とコミュニケーション能力，⑦メディアのあり方を提案する能力）を参考に，本章で取り上げた先行研究において育成の有効性が示唆されている力を整理した。

　以下では代表的な先行実践研究10件の概要と，7 つの構成要素の中で育成の有効性が示唆されている力について整理する。

(1)　ラジオ番組制作を中心としたプログラムの開発

　1 つめは，高校生のメディア・リテラシーを育成するための，ラジオ番組制作を中心としたプログラムを開発し，授業実践を行い，その学習効果を明らかにしたものである（後藤ら，2017）。このプログラムでは，生徒に番組制作に関わるメディア・リテラシーを必要とする活動を複数体験させたうえで，取材リポートを制作させている。そしてこのプログラムに参加した高校生の感想の記述と出演番組での発話を質的に分析している。本実践は，「メディアを批判的に捉える能力」「考えをメディアで表現する能力」の育成に有効であると考えられる。

(2)　ラジオ局だからこそ取り組み可能なプログラムの開発

　2 つめは，(1) の後藤ら（2017）によって開発，実践されたプログラムにおいてみられた課題（長期間にわたる多種多様な活動が含まれていることから，多くの時間的，人的資源を要する）を踏まえて再検討し，時間的，人的資源を要せず，かつラジオ局だからこそ取り組むことが可能なプログラムを開発，実践し，その有効性を検討することを試みた（後藤ら，2019）。その結果，約半分の時間（3 か月・約13時間）で実施可能なプログラムを開発した。そして生徒への質問紙調査の分析から，本実践は「メディアの特性を理解する能力」，

「メディアを批判的に捉える能力」，「考えをメディアで表現する能力」の育成
に有効であると考えられる。

(3) 新聞の分析と制作を通した教育実践研究

　3つめは，高等学校共通教科情報科におけるメディア・リテラシー教育の
一環として，18歳選挙権に関する新聞の分析と制作を行い，どのような活動
のときにどのような学びがなされるのかを検討したものである（高橋・和田，
2017）。高校生7名が編集長・取材班・調査班・論説班に分かれて新聞を制作し，
Web上で公開した。そして生徒が学期末に作成した振り返りシートを，SCAT
という分析方法を用いて質的分析している。その結果を踏まえ，「メディアの
特性を理解する能力」，「メディアを批判的に捉える能力」，「考えをメディアで
表現する力」が，また新聞制作が「メディアを批判的に捉える能力」，「メディ
アによる対話とコミュニケーション能力」の育成に有効であると考えられる。

(4) 高校放送部の映像制作活動を題材とした実践

　4つめは，高校放送部において映像制作活動の参与観察を行い，次に北海道
全域の高校放送部で映像作品の制作に関わったことのある放送部員にアンケー
ト調査を行ったものである（妹尾，2013）。その結果を踏まえ，学校放送部が，
学内の活動のみならず，自分たちの住む地域に目を向けて映像作品を制作する
ことが「メディアを使いこなす能力」「メディアを読解，解釈，鑑賞する能力」「メ
ディアを批判的に捉える能力」「考えをメディアで表現する能力」「メディアに
よる対話とコミュニケーション能力」の育成に有効であると考えられる。

(5) R-PDCAサイクルの活動を用いたインターネット依存の予防教育

　5つめは，インターネット依存に関わる予防教育の実践において，自己の生
活のあり方を自律的に改善する力を育てることを目的とするR-PDCAサイクル
の活動，インターネット依存によって及ぼされる悪影響や依存してしまう要因
について調査研究する活動などを取り入れた学習単元を開発し，実践したもの
である（鶴田，2012）。学習に対する自己評価，インターネット利用に関わる
意識，行動の変化などに関する生徒への質問紙調査の結果，「メディアを使い

こなす能力」「メディアの特性を理解する能力」「メディアのあり方を提案する
能力」の育成に有効であると考えられた。

(6) １年間を通したインターネット依存改善のための実践

　6 つめは，１年間の情報科教育を通して高校生のインターネット依存状況を
改善することを目的とした単元を開発し，実践を行ったものである（鶴田・野
嶋，2015）。学習者のインターネット依存の状態を事前に測定したうえで授業
設計をしている点，日常生活の利便性を高めるインターネットの有効な利用の
大切さについての意識をもたせることなどを教育目標としている点に特色があ
る実践である。また，実践校のカリキュラムの中にインターネット依存を改善
するための教育を計画的に位置づけて，１年間にわたって継続的な実践を行っ
たことも特徴的な点である。生徒への質問紙調査の結果，「メディアを使いこ
なす能力」「考えをメディアで表現する能力」「メディアによる対話とコミュニ
ケーション能力」「メディアのあり方を提案する能力」の育成に有効であると
考えられた。

(7) 複数のメディアから発信された情報を分析する授業実践

　7 つめは，メディアを批判的に読み解くうえでの基本となる「メディアは構
成されている」という概念の理解を目的として，「地球温暖化」に関して複数
のメディアから発信された情報を分析する授業を開発し，高校 3 年生を対象に
実施したものである（八巻ら，2014）。授業後に行った自由記述アンケートの
分析を踏まえ，「メディアの特性を理解する能力」「メディアを批判的に捉える
能力」の育成に有効であると考えられる。

(8) 情報を批判的に読み取る力の重要性の認識を促す実践

　8 つめは，１年間のメディア・リテラシー教育のカリキュラムを，①情報メ
ディア調査（情報メディアや情報機器に関する調査を通し，生活とメディアと
の関わりを探る），②メディアによる価値情報の差（様々なメディアから得た
データの価値について考えさせる），③Webページに対する批判的リテラシー
育成（メディアから得た情報を批判的に読むことの大切さに気づかせる），④

メディアの特性（CM研究を通してメディアの特性に気づかせる），⑤成果発表（年間の学習を通して学んだことをプレゼンテーションする）の5つの課題で実施したものである（田邊, 2000）。生徒がまとめたレポートなどから，「メディアを使いこなす能力」「メディアの特性を理解する能力」「メディアを批判的に捉える能力」の育成に有効であると考えられる。

（9）教科横断的な学習によるインターネット依存改善のための実践

　9つめは，他の教科の観点からもインターネット依存の構造や予防方法などについて生徒が幅広く考えることができるようになることを目的に，教科横断的な学習を取り入れた高校生のインターネット依存を改善することを目的とした単元を開発し，実施したものである（鶴田・石川, 2019）。情報，保健，理科，家庭，国語科とホームルームを横断させた実践を行っている。生徒への質問紙調査の結果，「メディアを使いこなす能力」「メディアの特性を理解する能力」「メディアによる対話とコミュニケーション能力」「メディアのあり方を提案する能力」の育成に有効であると考えられた。

（10）公民科教育において新聞を活用した実践

　最後は，公民科教育におけるメディア・リテラシーの実践事例として，生徒が新聞を読むことを習慣とすることを目的とした「新聞小テスト」，新聞を読み取る練習である「新聞比較」「新聞ノート」，さらにそれを発展させ，生徒が新聞から選んだテーマに沿って授業をするという「生徒授業」を実施したものである（前田, 2013）。その結果，どれかを単独で行うよりも並行して行うことで効果を発揮し，「メディアの特性を理解する力」「メディアを批判的に捉える力」の育成に有効であると考えられる。

　以上で取り上げた10の実践について，表7-1のようにそれぞれの実践と育成の有効性が示唆されている力について整理した。先述の（1），（2）……が表7-1の（1），（2）……に対応している。

　本章で取り上げた実践で扱われていた内容，題材は，ラジオ，新聞，映像制作活動，インターネット依存など，多様であった。一方，紙幅の都合上，林

表 7-1　メディア・リテラシー教育実践において育成の有効性が示唆されている力

	(1)	(2)	(3)	(4)	(5)	(6)	(7)	(8)	(9)	(10)
メディアを使いこなす能力				○	○	○		○	○	
メディアの特性を理解する能力		○	○		○		○	○	○	○
メディアを読解，解釈，鑑賞する能力				○						
メディアを批判的に捉える能力	○	○	○				○	○		○
考えをメディアで表現する能力	○	○	○	○		○				
メディアによる対話とコミュニケーション能力			○			○			○	
メディアのあり方を提案する能力					○	○			○	

(2000)，宮本（2001），森棟ら（2007），石田（2013），鶴田・野嶋（2018）など，本章で詳しく取り上げることができなかった実践もある。そのような中で，今回取り上げた10事例中 7 つの実践においては「メディアの特性を理解する能力」および「メディアを批判的に捉える能力」，5 つの実践では「メディアを使いこなす能力」および「考えをメディアで表現する能力」，4 つの実践では「メディアによる対話とコミュニケーション能力」，3 つの実践では「メディアのあり方を提案する能力」の育成が有効であることが示唆されていた。高等学校でのメディア・リテラシー教育の実践は多いとはいえないが，これらの力の育成については実践が蓄積されてきているといえる。したがって今後は，教育方法の精度を高め，教育現場での実践的妥当性を向上させ，高等学校での実践を広く普及させていくことにつながる実践研究が必要と考えられる。

　一方で，「メディアを読解，解釈，鑑賞する能力」の実践事例は 1 つと少なかった。この点については，本章で取り上げた実践に加えて，すでに取り上げられている小学校や中学校での実践も参考にしつつ，高等学校で実施可能な教育内容，学習単元，教育方法などを検討することが今後の課題として考えられる。そして実践を蓄積させつつ，これらの精度，質を高めていくことが求められる。

4. 今後の研究課題

　メディア・リテラシーについて学習指導要領には明記されていないため，制度的に一貫した取り組みはなされておらず，高等学校の現場に普及しているとは言い難い（花豊，2010）。そして大学進学に向けての学習が多くなり，授業時間数の確保が難しい状況を考慮すると，高等学校でメディア・リテラシー教育を実施していくためには，導入として，基本的な内容の理解を 1 ，2 時間の短時間でできる授業プログラムが必要であると考えられる。特に 2 時間であれば，複数のメディアを読み解き比較して，生徒が自分の考えをまとめるのに余裕があるのではないかと考えられている。しかし，メディア・リテラシー教育の導入として短時間での実施が可能な授業プログラムは少ない（八巻ら，2014）。

　今後取り組まれるべき研究として，まず2022年度から全面実施となる高等学校での次期学習指導要領への対応があげられる。例えば情報科は，現行の学習指導要領では「社会と情報」「情報の科学」の 2 科目で構成され，選択必修となっている。しかし次期学習指導要領では，必修の「情報Ⅰ」と選択の「情報Ⅱ」に再編され，前者ではプログラミングや情報モラルなどの基礎を，後者でビッグデータなどインターネットにおける情報の扱い方や情報化社会の進展など発展的な内容を学ぶこととなっている。また，他の教科においても様々な見直しが検討されている。社会の要請等も踏まえつつ，新しい時代，教育に対応したメディア・リテラシー教育が広がるよう実践や研究を蓄積させていくことが求められる。

　2 点目として，前節末尾において述べたように，「メディアを読解，解釈，鑑賞する能力」の実践事例が少ないことから，これらの力の育成をめざした教育内容，学習単元，教育方法などを検討し，実践し，事例を蓄積させていくことが求められる。また「メディアを批判的に捉える能力」「メディアの特性を理解する能力」「メディアを使いこなす能力」「考えをメディアで表現する能力」「メディアによる対話とコミュニケーション能力」「メディアのあり方を提案する能力」の育成については，より教育方法の精度を高め，教育現場での実践的妥当性を向上させ，高等学校での実践を広く普及させることにつながる研

究が必要と考えられる。そこで，そのための一案として，情報科，社会科，国語科，家庭科などの教科や総合的な学習の時間を中心とした教科横断的な教育プログラムの検討を提案したい。高等学校での実践は先述のように情報科，社会科で行われているものが多い。一方，小学校や中学校では国語科においても文字を中心とした情報メディアの読解と表現を中心に，批判的な読みや創造的表現に関する多くの実践が蓄積されている。家庭科では，中山（2008）の高校生を対象にした商品開発のシミュレーションから消費者教育を体験的に学ぶことができるメディア・リテラシーの授業実践や，先述した鶴田・石川（2019）の，家庭科も含めた教科横断的な実践などがあげられる。また登丸（2003a, 2003b）のように，総合的な学習の時間において行われたワークショップ形式の実践も報告されている。今後，高等学校においてより一層実践事例を蓄積し，それを広げていくためにも，このように様々な教科を連携させ，メディア・リテラシーの基本概念と関連づけながら実践のあり方を検討していくことが効果的ではないかと考える。また，それを実践にとどめるのではなく，実践の成果と課題を科学的に分析し，それを踏まえて実践のあり方を再検討し，さらに実践を行っていくというように，実証的な研究を充実させていくことが重要であり，意義があると考える。そのためには，高等学校に比べて実践事例が数多く蓄積されている小学校（第5章）や中学校（第6章）での先行研究の知見も大いに参考となるであろう。

　3点目として，小学校から高等学校まで体系的にメディア・リテラシーについて学ぶことができるカリキュラムの開発が必要と考えられる。現在の学校教育現場では，高等学校だけでなく小学校や中学校においても，メディア・リテラシーを学ぶことができるかどうか，またどのような内容を学習できるのかということは，児童生徒が通う学校や授業を担当する教員次第となってしまう。このような状況では，生徒が高等学校に進学してくるまでに，小学校や中学校で教育を受けた経験やその内容に差が生まれることとなる。そして高校生になったときには，メディア・リテラシーに関する知識や理解に生徒間で差がみられる可能性が高い。このような知識や理解などの実態に差がある生徒に対して，数少ない授業時数の中で実施可能な教育内容や教育方法を検討し，授業実践を行っていくことは非常に難しいといえる。そこで，例えば浅井・小笠原

(2005) は，幼稚園・保育所から高校までの学習者を対象としたメディア・リテラシー教育のためのカリキュラムを開発している。このカリキュラムは，例えば高校では国語科において映画批評をさせたり，情報科において社会に参画する態度を学ばせたりしながら，実践力を養うということについて考えさせ，また，英語による国際的なコミュニケーションを体験させたり，メディアの芸術性を鑑賞させたりして，自分らしく表現するということも体験させる点に特色がある。このようなカリキュラム開発に関する研究を参考に，第5章や第6章などで取り上げられた小学校や中学校での先行実践研究の知見も踏まえながら，現代の子どもたちが体系的に学ぶことができるようなカリキュラム開発に関する実証的な実践研究を蓄積させていくことが必要と考える。またそれを実現させるためには，これも小学校や中学校に比べて蓄積が少ない高等学校の教員への教師教育や，そこをめざして日々勉学に励んでいる学生を対象とした教員養成に関する実践，研究も積み重ねていく必要があるだろう。

　最後に，メディア・リテラシーの考え方について，生徒が共通認識をもつことができるようにすることが必要と考えられる。これは高等学校に限ったことではないが，メディア・リテラシーが学習指導要領に掲載されていない，また明確な定義がないことにより，生徒への理解に影響が生じるおそれがあると考える。それについて，例えば教科書に関することがあげられる。鶴田・中橋 (2019) によると，各教科書会社から出版されている情報科の教科書におけるメディア・リテラシーの定義について，「『発信者の意図を理解した上でメディアから発信される情報を批判的に読み解く力 (A)』を含めている点はいずれの教科書も共通していたが，それ以外の力（『読み取った情報をメディアにアクセスして活用する力(B)』『メディアを用いて効果的に情報を発信する力(C)』『メディアのあり方を考え，行動していくことができる力 (D)』）の含め方において違いがある」と述べている。そして各教科書間での定義は，「①A・B・Cが含まれている教科書（11冊）」「②A・Bが含まれている教科書（5冊）」「③A・C・Dが含まれている教科書（3冊）」「④A・Cが含まれる教科書（2冊）」の4つに分類されるとしている。

　①の定義の例としては「このように情報を批判的に読み取る能力（A）をメディアリテラシーといいます。近年では，メディアリテラシーを「メディアを

使いこなす力」と位置づけ，読み取る能力だけでなく，読み取った情報を利用したり（B）発信したりする（C）能力も含めるようになっています」（東京書籍『新編　社会と情報』〈社情309〉）がある。②の例としては「情報の発信者は，何らかの意図をもって情報を発信している。そのため，発信者の意図を理解（A）したうえで，情報を適切に利用すること（B）が必要である。このような能力をメディアリテラシーとよぶ」（第一学習社『高等学校　社会と情報』〈社情308〉）がある。③の例としては「メディア・リテラシーとは，メディアの意味と特性を理解したうえで，受け手として情報を読み解き（A），送り手として情報を表現・発信する（C）とともに，メディアのあり方を考えながら行動していくことができる能力（D）のことである」（日本文教出版『新・社会と情報』〈社情316〉）がある。最後に④の例としては「メディアで報じられた情報を客観的に評価（A）したり，メディアを用いて効果的に情報を発信したりする能力（C）をメディアリテラシー（media literacy）という」（数研出版『改訂版　高等学校　社会と情報』〈社情314〉）がある。

　このように，採択される教科書によってメディア・リテラシーに対する学習者の理解や認識が大きく異なるようになってしまうと，国民が身につけるべき能力に偏りが生じることとなり問題である。そのため，このような課題を改善していくための研究も求められるだろう。

第8章

大学を対象とした
教育実践研究

1．創造的な試行錯誤を振り返る

　本章では大学において「実践」を手法として取り組んできたメディア・リテラシー教育研究がどのように日本で展開されてきたかを振り返る。メディア・リテラシーの歴史は，それを必要と考える教員や研究者，実践者らによって，世界中で草の根的，主体的に取り組まれ，展開されてきた（土屋，2015）。本章で対象とする教育実践には，この草の根的，主体的という特徴が顕著に表れているといえよう。実践者一人ひとりが，目の前の子どもたちとともに，教育現場の状況や新しいメディアの普及などの社会の変動に応じて，創意工夫を重ねながら取り組んできた試みである。どのような学習が必要なのか，どうすればそれを身につけることができるのか，教育者の試行錯誤に基づくアイディアは，学びのあり様を日々刷新し，メディア・リテラシーという学びの輪郭を描き直してきた創造的な試みであるといえる。

　特に大学を対象とした教育実践研究では，メディア論や国語・日本語教育，言語学，文化人類学，デザインなど多様な分野の専門家が，それぞれの学問の教授との関連から取り組んでおり，対象とするメディアやメディアの捉え方，学びの目的や方法なども実に多様である。それはメディア・リテラシー教育に広がりや多様性をもたらしてきた一方で，断片的，散逸的に取り組まれてきたともいえる。

　大学を対象としたメディア・リテラシー教育実践研究をレビューするにあたって留意したいことが2つある。1つめは，対象領域の境界の曖昧さである。メディア・リテラシー教育の周辺には，ITリテラシー，情報モラルなどの多くの専門分野があり，言葉を使用していなくてもその教育内容は重なっていた

り，逆にメディア・リテラシーという語が，その定義は曖昧なままに用いられていたりする。2つめは，今回取り上げるのが「研究」であるという点である。自治体と協働する紹介動画やコミュニティ・ラジオの制作，アプリの開発など，大学におけるメディア教育実践は，授業やゼミ活動のみならず，大学生による社会連携やオープンキャンパスの活動などで，様々に行われている実態がある。ここで取り上げる実践「研究」をどこまで見ていくのかは明確にしておく必要があるだろう。

　この2点を踏まえ，今回のレビューについては，検索ツールを用いるなどして抽出した論文を対象とすることにした。CiNii（国立情報学研究所学術情報データベース）などを使用して，「メディア・リテラシー」を基本的な検索語に，「大学生」「高等教育」などの語を掛け合わせて抽出した論文の中から「実践」，すなわち講義を聴くような受動的な学びとは異なる，実作業を通じて能動的に学ぶアプローチを取っている教育について拾い上げた。これらの論文では，発表者がメディア・リテラシーという語を用い，その研究であることを自認しているといえる。どこまでを対象とするのかという1つめの留意点への対応として，論文発表者がこのように自らの実践をメディア・リテラシー研究と捉えているということを基準とした。また，留意点の2つめの「研究」であることの担保として，「論文」としてアーカイブされているということを基準とした。なお抽出した論文の中には，研究ノートや学会の口頭発表の報告要旨なども含まれている。

　日本において視聴覚メディアの教育は20世紀初期に始まる映画学習など長い歴史があるものの，メディア・リテラシーという語を用いた活動は，2000年頃に盛んになった（土屋，2015）。本章で取り上げる高等教育におけるメディア・リテラシー教育の実践的な研究についても，1990年代の半ばから学会でいくつかの発表が行われるようになっていく。本章では，1990年代から順を追って，どのような発表が行われてきたかを振り返り，実践研究がどう展開してきたのかを浮かび上がらせていく。

2. 1990年代の実践研究：多様なメディアを使ってみる

　1994年に三宅は「文化系短期大学生の情報活用能力育成について―メディアリテラシーを中心に」を発表し、学生たちの情報活用能力を育むためには「自由にメディアを活用できる場を設定」する必要があるとし、授業で学生たちが自ら「受け手」「使い手」「作り手」の立場を体験できるよう、多様なメディアを使用する実践の報告を行っている（三宅，1994，p.199）。準備されたメディアは、ワープロ、表計算、作画などのコンピュータソフトから、インスタントカメラ、35ミリカメラ、ビデオカメラ、テープレコーダー、写真、OHP、模造紙、アルバムまで、多岐にわたっている。

　こうした多様なメディアに学生が触れ、活用する授業実践は1996年に教員をめざす大学生を対象とした米川・古城の報告「教授過程3-PE9大学生のメディア・リテラシー教育（2）メディア操作体験と自己表現」もある。インスタントカメラやフィルムカメラも用いるなど、すでに使用していたアナログのメディアと新しいデジタルのメディアを交えながら主体的に使ってみる実践教育が試みられている。

　また、機器の使用ではなく社会的なメディアを学ぶ取り組みとして、1995年に園屋は「大学生に対するメディア教育の課題（2）『新聞』への関心を高める手だてについて」を報告している。大学の「視聴覚教育」の授業に「日常生活に必要なメディアリテラシーを習得する」という観点を導入し、新聞を取り上げ、全国紙、地方紙、スポーツ紙を比較し分析する中で、新聞メディアへの関心を高めるという実践を行っている（園屋，1995，p.519）。

3. 2000年代前半の実践研究：インターネットと映像への着目

(1) インターネットを知る実践

　90年代の発表は数件であったが、2000年代に入ると論文本数も増え、インターネットの普及などメディア環境の変化にともなう実践が報告された。園屋は2002年「大学生に対するメディア教育の試み（5）『情報メディア論』等の授業実践を通して」を発表している。「情報メディア論Ⅰ」において、急速に

普及しているインターネットを情報検索の課題として用い，検索エンジンの使い分けやキーワードの工夫など情報の収集能力を身につけるための取り組みを報告した。

　また，黒島は2003年「四日市大学におけるメディア・リテラシー開発：その1」において，新たなメディア環境の中で「現実のメディアの特性を検証できる能力を，何よりも先に学生自身に持たせる必要がある」という問題意識に基づき，3年間にわたって取り組んだ「出版メディア論2」の中での実践を報告している（黒島，2003，p.70）。授業ではメール・マガジンの評価や，新聞紙面とWebサイトのニュース・コンテンツの比較，地方紙Webサイトの評価，自分の未来のためのインターネット活用の考察の課題を出している。

(2) 映像をめぐる実践：映像「を」学ぶ

　映像を対象とした実践についても複数の発表が行われた。映像自体を学ぶことについては，近藤が2001年，映像構成能力を育成するための絵カードの教材開発の基礎研究として「大学生の映像構成能力を育成するための一試案」を発表している。近藤はモンタージュという場面を組み合わせて作る制作の手法に着目し，「視聴覚教育」の授業において，絵カードを並べる作業からストーリー構成を学ぶ実践を試みている。参加したテレビ局などの映像ディレクターの構成との比較から大学生の映像構成の特徴を見いだし，時間軸に沿わない並列や回想のストーリーにおいては意味を成さない構成があるなどと指摘した。

　映像を視聴する力については2002年，浦野・南部が「映像教材の構造に着目した分析的視聴方法の研究開発」を発表している。浦野・南部は，教師の映像視聴能力の育成を目的として，学校放送番組を題材に，映像の構造を分析する方法を提案している。教員養成大学の受講者たちは映像を視聴し，各シーンの関連性に着目した「関連構造図」を描くという実践に取り組んだ。

　制作については，2003年に伊藤による年間を通じた映像コンテンツ制作授業の報告「情報文化学科映像表現論Ⅱおよび同演習における映像制作教育の成果と課題」がある。「映像表現論Ⅱおよび同演習」では，学生たちは前期に映像表現の原理を理解するための写真を用いた基礎的な演習と短編ビデオドラマを制作する規定課題に取り組み，後期にはグループによる自由制作を行っ

た。教育目標は，映像番組制作の基礎的な体験により「現代人に必要な教養としてのメディア・リテラシー育成」の一助とすることがあげられている（伊藤，2003，pp.75-76）。

　授業内で終わるのではなく，パブリック・アクセスとして地域のCATVで放送する番組制作に取り組む実践報告もあった。鎌本・白川は2004年に「短期大学生よるCATV番組の制作についてⅡ」，翌年の2005年に「短期大学生よるCATV番組制作についてⅢ」を発表している。この取り組みを鎌本・白川は，消費者としてのメディア分析ではなく，生産者の立場としてのメディア・リテラシー教育と位置づけている。

　また，番組視聴を通じた学びの分析を試みた発表もある。岩﨑・久保田は2005年，「メディアリテラシーを学ぶ学生の学習過程からみたメディアに対する概念の変容―電子掲示板の質的な分析から―」を発表した。岩﨑・久保田は「AVメディア制作論」の中で視聴したテレビ番組などに対する意見や感想を書き込む電子掲示板と小論文をデータとして，学生がメディア・リテラシーを獲得していく過程の分析を行っている。論文では，裏づけのないまま思い込んでいる「素朴概念」を新しい概念に再構成していくことを学習と捉え，学生の「素朴概念」に対して「問題提起をし，矛盾点を指摘する」ことがメディア・リテラシー育成のための有効な教育手法と結論づけている（岩﨑・久保田，2005，pp.63-64）。

(3) 映像をめぐる実践：映像「で」学ぶ

　映像「を」学ぶだけではなく，映像「で」学ぶ試みも行われた。2003年に芳野は「メディア・リテラシーを高める文章・口頭表現法」を発表し，「文章表現法」「口頭表現法」の授業に，放送番組やビデオ作品の視聴などを導入した報告を行っている。芳野は時事的な映像を活用することは，学生の関心を喚起し，社会の問題に注意を向けさせるとし，文章表現法ではドキュメンタリー番組を視聴してレポートを書くなどの実践を行った。また，敬語の使い方やインタビュー番組などを活用した口頭表現法においては，発声・姿勢・視線などの内容以外の要素も重要であるという理解を促すことができた，と報告している。

　メディア・コミュニケーションの可能性を批判的かつ創造的に検討するアク

ション・リサーチ的な実践も行われた。2005年に崔らは，「地域理解のための
メディア・リテラシー実践—異文化交流とオルタナティブなコミュニケーショ
ン回路構築—」を発表している。崔らは，東京一極集中のマスメディア環境に
おいてステレオタイプなイメージが定着しやすいローカル表象について問題意
識をもち，新潟，名古屋，札幌，群馬の大学のゼミなどの授業で，映像制作を
通した草の根的な地域文化交流実践を行った。「イメージマップ」という学び
のツールを用い，交流相手の地域イメージを交換するワークショップを行った
うえで，「他者」からの眼差しを踏まえて自分の地域のミニクイズ映像を制作
するプログラムをデザインした。

(4) 記号学に基づく広告の読み解き

　映像以外にも広告を対象とする読み解きの実践が行われた。斎藤・大岩は
2004年，論文「情報教育の観点から見たメディア・リテラシーの必要性とそ
の教育内容」において，インターネットの普及にともなう情報受容状況の変
化の中で，情報教育における「新たな教育内容の提案」として，情報を読む
力としてメディア・リテラシーを導入することを主張している（斎藤・大岩，
2004，p.2865）。斎藤・大岩は授業「情報教育論」において，「記号概念の理解」
「送り手とメディアテクストの関係に注目した読解」「読み手とメディアテクス
トの関係に注目した読解」「読み手としての自己の価値観の相対化」という学
習段階を設け，コンピュータの雑誌広告を題材とした記号学に基づくメディア
テクストの読み解きの実践を行った（斎藤・大岩，2004，pp.2860-2861）。また，
4年間の実践の知見として，学習者が自己とメディアの関係を再発見すること，
教員自身が情報技術の社会的コンテクストに目を向けること，批判的な思考を
学習者自身にも向けること，という3点について「情報の価値や信頼性」を吟
味する教育では重要であるとした（斎藤・大岩，2004，pp.2865-2866）。

4. 2000年代後半の実践研究：映像実践の拡張と学びの分析

(1) 映像をめぐる実践：国語・日本語教育での展開

　2000年代後半においても，映像実践は様々な分野の教育者によって取り組

まれた。特に国語や日本語教育の中で実施された報告があった。2006年に発表された寺田の「大学教養教育科目におけるメディアリテラシー教育の実践―『父と娘 Father and Daughter』のナレーション作りの考察を中心に―」では，映像を「読む」という行為がどのような営みであるかの検討と国語教育としてのメディア・リテラシー教育のカリキュラムの提案を行っている。寺田は「メディアリテラシー」講義の中で実施された，言葉のないアニメーション映像のナレーション制作の試みを取り上げ，映像を言葉にする意味づけの行為により，「読む」主体の「私」の存在が立ち上がること，また，それが文章を読むことと類似すると指摘している。

　韓国の大学で日本語教育に携わる近藤は2010年，「メディア・リテラシー育成を目指した日本語授業―YouTube映像を利用して―」を発表した。近藤は，日本語教育で求められる「応対力」や「実践力」を身につけるためにメディア・リテラシー教育の導入を試みており，「メディア日本語」という授業の中で，嘘やステレオタイプの誇張などが含まれた「日本の形『寿司』」というYouTube映像を視聴し，グループでの検証作業や振り返りの作文執筆に取り組んだ。また，実践を通じ，学生たちが主体的にメディアに接しようとする態度を獲得するなどの自己変容する可能性を指摘した。

（2）映像をめぐる実践：活動の継続と学習プロセスの分析

　2000年代前半から継続する実践報告もあった。2010年に土屋・川上による「他者と自己による広島イメージ―メディアリテラシー実践『ローカルの不思議』からの一考察―」の報告がある。この実践は2005年に崔らが提案したワークショップをベースに取り組んだものである。ゼミ科目において実施され，交流実践パートナーである札幌と新潟の大学生が提示した広島イメージの考察と，学生たちが新たに立ち上げた地域イメージの提示についてまとめている。

　実践の報告にとどまらず，その学習プロセスに着目した学びの分析も行われた。2006年の岡野・久保田の「電子掲示板に見る大学生のメディアに対する意識変容の過程とその要因の分析」では，「AVメディア制作論」の中で取り組まれたテレビ番組視聴を取り上げ，掲示板への書き込みの分析と学生への半構造化インタビューを行い，「気付き－振り返り－概念の変容」という学びのサ

イクルについて考察した。

　学びの分析の研究には，辻が2007年に発表した「高等教育における映像制作活動への関係論的アプローチ—京都大学全学共通科目の授業実践を事例として—」もあげられる。辻は，映像制作の実習形式の授業が，たんなる技術習得ではなく学習者たちの「人間関係力」の育成に有益であることに着目し，「学習者が道具を使いこなせるようになることと，他者と人間関係を構築することは，映像制作過程でどのように連関的に展開」するかという問いを立て，検証した（辻，2007，p.34）。学習者が記述したリフレクション・シートやキー・インフォーマントへのインタビューをデータとして分析する中で，道具使用についての問題を学習者が自覚し，作品完成のために徹夜で共同作業するなど「それを共同で乗り越えていく経験」が学習者らの人間関係力の獲得と関連していると指摘した（辻，2007，p.40）。

(3) 学ぶ手法の開拓

　映像以外の教育実践では，学ぶ手法をさらに検討する実践研究がみられた。学生の主体的な気づきを促すワークショップの手法に着目した土屋は2010年，写真を用いた実践「イメージを撮る，語る，共有する—オルタナティブ表現のためのメディアリテラシー・ワークショップ—」を報告している。演習やアクティブ・ラーニング型の授業の中で行われ，見る世界を枠づけて記録する写真メディアの特性を活かして，自らの眼差しを可視化し，日常の風景を異化しつつ多様な視点，表現を探っていくワークショップである。メディア・リテラシー教育では各メディアの特性を学ぶことを求めるが，この実践ではその特性を活用して自らのものの見方を刷新し，地域の理解や表現力を高めていくことをめざしている。

5. 2010年代前半の実践研究：学際的，社会的，身体的アプローチ

(1) 映像をめぐる実践：学際的アプローチ

　2010年代前半も，多くの映像実践が取り組まれ，日本語教育やスポーツ，文化人類学などの多分野の実践者による学際的な研究アプローチがとられた。

中国の大学で日本語教育の「日語視聴説」を担当する李・宮﨑は2013年,「視聴覚授業の新たな形態の模索—日中のテレビ番組を用いたメディア・リテラシー向上の試み—」を発表している。李・宮﨑は,物事を多角的に捉える能力とメディア・リテラシーの向上をめざし,共通のテーマを扱った日本と中国のテレビ番組を学生が見て,２つの番組の観点や見解の違い,番組の背景を考える実践を考案した。

　大橋・西村は2014年,「スポーツにおけるメディア・リテラシー教育の実践報告」を発表し,過度なエンターテインメント化など近年のメディア・スポーツ批判を踏まえて,授業「メディアとスポーツ」において取り組んだ映像分析実践の報告を行った。受講生たちはFIFAワールドカップ開催中のCMの分析や,中継と情報番組におけるダイジェスト映像の比較などについてディスカッションと発表を行った。大橋・西村は,学習成果や意識変容について質問紙調査を行い,「グループでの活動」や「対話」による教育効果が大きいなどの考察を行っている。

　文化人類学者の南出は2013年,「映像を介した異文化理解教育の可能性—映像人類学の見地から—」において,担当している国際教養学部の「専修基礎演習」「映像メディア論」「映像制作実習」「演習３・４」の中で取り組んできた映像教育の報告を行っている。南出はメディア・リテラシーを「国際的な教養」を取得するための回路と捉えており,他者と自己に関する異文化理解に向けて,映像を見ることと作ることを両輪にアプローチしている。特に「民族誌映画を系統立って見る」ことと「映像制作を体験する」ことによって,「被写体」「制作者」「視聴者」の関係を意識した映像理解を促した（南出,2013,p.91）。

(2) 映像をめぐる実践：社会的アプローチ

　社会的な映像実践の発表も行われた。2012年にペクは「メディア・リテラシーと異文化理解のための国際教育プログラム実践研究」を発表し,タイ,フィリピン,中国などの大学と2004年から継続している「d'CATCH国際共同映像制作プロジェクト」の報告をした。各国の参加学生たちは,同じテーマで５分のドキュメンタリーを制作したうえで,作品どうしをつなぐ部分について協働で映像を制作した。プロジェクト活動を通じて,学生たちはメディアの知識・技

術の習得とともに異文化への知識やイメージを変容させていった。

　地域に目を向けたアクション・リサーチ型の映像実践も継続的に取り組まれた。2012年に宮田は「メディアリテラシー実践『ローカルの不思議』の情報デザインへの展開の可能性—札幌の地域イメージの交換の例から—」を発表した。2005年に崔ら，2010年に土屋・川上が報告した「ローカルの不思議」プロジェクトを継続しているもので，2011年度の映像実践報告が行われた。宮田は札幌に対するイメージマップを分析し，「マス・プロダクト的なデザインの枠組みの克服」と，「地域からのデザインの発信方法を検討していく」ための展開について論じた（宮田，2012）。

　また，2012年に和田は「ソーシャルメディアを利用した東日本大震災ニュース映像についての大学生のメディア・リテラシー学習」を発表した。「視聴覚教育メディア論」において，YouTube上の東日本大震災のニュース映像を対象としたクリティカル分析と1分間のニュース制作を行い，メディア・リテラシーについての概念変化や学習効果などの仮説に対する検証を行っている。

　地域連携の試みとしては，武市の2015年の発表「大学CM制作プロジェクト5年間の取り組み」がある。ゼミ活動として実践してきた大学のコマーシャル（CM）映像制作についてまとめたもので，身体を動かして行うメディア活動が「既存のメディア批判に終わらないメディア・リテラシーの有意義な学び」であり，「コミュニケーション能力」「協調性」「責任感や社会性」「構成能力」など多くの能力を高めることを引用しつつ，企画・立案，撮影準備，撮影，編集という作品作りを通し，メッセージや客観的視点の重要性など学生たちの制作者としての意識の高まりについて報告している（武市，2015，p.18）。作品はオープンキャンパスのCMとして東海テレビで放送され，デジタルサイネージでも放映した。

（3）身体的なメディア実践研究

　映像以外では，聴覚への着目やロールプレイングを取り入れた身体的な表現実践が試みれらた。2014年，林田は「音とラジオのメディア・リテラシー実践—身近な音でつづるストーリーづくり—」で，「月の音」や「八月の音」などをテーマに，身の回りの音を探して録音し，「音の経験」を共有するゼミでの実践について報告している。音を聴き合ったうえで，九州朝日放送と連携し

て身近な音からラジオのストーリーを考えるワークショップを行っている。大学生とラジオの送り手が協働的に行うワークショップを通じて，ラジオが生み出すコミュニケーションについて再検討する試みとして展開された。

　境は2015年，「メディアリテラシー教育におけるワークショップの可能性」において，「メディアリテラシー入門」，「メディアリテラシー論」の中で取り組んだワークショップについて報告している。ニュース編集長，広告デザイナー，取材記者になってみるというロールプレイングを軸に実践プログラムをデザインした境は，講義におけるワークショップの意義について，受け身な受講者が能動的行為者へと立場を転換しうること，学習者がメディアに対する批判的なシニシズムに陥らずに送り手としての当事者性をもちうること，メディアの新しい使い方や可能的様態を構想しうること，身体を使って楽しく学生のメディア表現をサポートしうることをあげた。

（4）批判的に学ぶことの難しさ

　批判的な意識や思考に焦点を当てた実践研究も行われた。上杉は2014年，「大学生とメディアリテラシー──商業宣伝への批判的視点の形成に向けた取り組みとその課題」において，カナダのオンタリオ州の教材を活用した広告分析の試みを「メディアリテラシー」科目で実施した報告を行っている。受講生たちが政治宣伝と商業宣伝を分析した発表資料と発表準備過程について記述した感想結果をデータとして，学生のメディア認識を探ったところ，商業宣伝に対しては，そのマーケティング戦略に関心は寄せても，批判的に捉える認識がみられなかった。メディア・リテラシーを批判的な世界認識の1つの手法と考える講義内容と学生の作業との関連づけなどの授業改善のポイントがあげられた。

　柳田は2014年に「メディア・リテラシー向上にむけての批判的談話分析（2）新聞コラムに対する学生の論述の分析をもとに」を発表した。大学の初年次必修科目の「キャリア・デザイン」の中で新聞のコラム記事を題材にして学生自身の見解をまとめるレポート作成の課題を対象に，言語学の知見に基づく批判的談話分析と，ホール（S. Hall）による1980年のエンコーディング／デコーディング・モデルを始めとしたカルチュラル・スタディーズにおけるオーディエンス研究を統合した手法を用いて分析し，学生のメディア・リテラシー向上のた

めの検討を試みている。柳田は，メディアの批判的分析に取り組むメディア・リテラシー実践にとって，新聞コラムを無批判に賛同する学生が多くいる中で，そうした優先的な読みを批判的な読みへと導いていくのが「一番の課題」とし，メディアは現実を映す鏡ではないという認識の定着や多様な観点と価値観を包含する知識・談話に触れる必要性を論じている（柳田，2014，pp.62-63）。

6．2010年代後半の実践研究：協働による創発

　2010年代後半には学習者のアイディア，感性，想像力をもとに協働することで創発を生み出していくような映像以外のメディア実践が取り組まれた。2016年に小牧は，「ゲーミフィケーションを活かした協働学習用ゲームアプリの開発—『まもって！十二支！』を事例に」を発表し，「授業実践開発演習Ⅰ（メディアリテラシー教育演習）」において，大学生とプロのエンジニアがアイディアを出し合いながらアプリを開発した実践報告を行っている。「能力差があるチームにおける協働学習ができるアプリ」を課題として，受講生はグリー株式会社と連携し，ハッカソンなどを通じて協働制作を行った。開発したゲームアプリは，小学校2年生のクラスで実証授業を行い，児童たちがゲームの進行に応じて，楽しみながら辞書を引いて学ぶ様子などが観察された。

　林田は2017年，「なつかしい『音の風景』実践—生活史を物語る音と記憶をめぐるメディア・リテラシー」において，大学のゼミで取り組んだサウンドスケープをめぐるメディア・リテラシー実践の報告を行っている。メディアの発展により日常の「音の経験」が複雑化する中で，音をめぐるコミュニケーションを見つめ直すアクション・リサーチ的な実践であり，福岡，広島，京都の大学生が参加してゼミの交流授業として取り組んだ。「なつかしい音」を共通テーマに各地域で録音した音を交換して聴き合い，感性や経験を他者と相対化しつつ，デジタルストーリーテリングという写真とナレーションで構成する短い動画を制作した。

　村井・堀田は2017年，「伝達経路を基に情報の信頼性を判断する思考を育成する学習プログラムの開発と評価」を発表し，ソーシャルメディアを経路とする情報の特性に着目したメディア・リテラシーの実践的な学習プログラムの開

発と大学の授業における実証結果をまとめている。ソーシャルメディアの情報の特性は伝達経路が多様化しているため，まず情報の伝達経路を想像し，経路の媒介者の信頼性を判断する思考が必要とされ，歴史的視点に着目し「タイムスリップ」して情報収集するプログラムがデザインされた。「幕末（1950年代）」「昭和末期（1980年代）」「現在（＝2016年）」にタイムスリップし，裕福な若い農民やサラリーマン家庭の大学生などの立場から，「地震の被害状況」の情報収集を行う設定が設けられ，その学習効果が測定された。

7. 今後の研究課題

　本章では大学を対象とした教育実践研究の展開について，日本語で発表された論文をレビューしながら，振り返ってきた。研究は主に日本教育メディア学会を中心に各大学の紀要で発表されてきたことが指摘できる。1990年代のデジタル化への移行にともなって多様化するメディアに触れる学習から始まった教育実践研究は，2010年代前半まで映像メディアを中心に取り組まれてきた。そこでは，構成文法など映像「を」学ぶものから，視聴や制作を通じて，社会の問題に気づき，自分の考えを深めていくような映像「で」学ぶ取り組みも行われた。映像制作実践では，その学びのプロセスにおいて学習者の人間関係力が育まれることも報告された。映像実践は，国語教育・日本語教育をはじめとした多様な分野で導入され，そのことで新しい教授法が生まれるなど学際的な教育研究として展開してきた。また，映像制作を通じた新しいメディア・コミュニケーションのあり方を問うアクション・リサーチ的なメディア実践も試みられた。映像以外のメディアを対象とした取り組みでは，記号学や批判的談話分析に基づく読み解きや，気づきを促すワークショップのデザイン，身体を活かした発見と理解，協働と対話による創発など多様な学びの手法が提案され，実践されてきた。

　多くのことがなされてきた一方，実践研究の発展に向けて考えられることをいくつかあげたいと思う。本章では，メディア・リテラシーとして発表している論文を対象に振り返ってきたが，いずれも発表者が自分自身の手がける実践を報告するものであった。実際には拾い上げられていない共有すべきもっと多

くの実践が行われている。第三者の研究者が実践を参与観察したり，聞き取り
調査をしたり，記述し，分析していくことが必要となろう。このように積み上
げられた知見が広く公表される中で，各実践者は自らの試みをさらに発展させ
ていくことができよう。

　また，今回は日本語の論文のみを対象としたが，英語論文をはじめ国外で取
り組まれている実践にも目を向ける必要がある。国際的な研究の中に日本や自
身の取り組みを位置づけることで，独自性や課題，新しい発想など，見えてく
ることがあるはずである。加えて，日本の実践を国際学会などで発表していく
ことは世界的なメディア・リテラシー研究の活性化においても重要なことであ
ろう。

　次にあげられるのが，共同研究の充実である。論文の中には学際的に取り組
まれたものもあったが，メディア研究者と教育研究者が協働で行った実践研究
は見当たらなかった。社会的に構成されるメディアを読み解くには，その歴史
的成り立ちや社会的特性などメディア論の知見は重要となろう。今回取り上げ
た論文では，批判的受容を教えることの難しさが指摘されたが，歴史や国外の
メディア状況などの知識をもつことで，学習者は日頃，無自覚に自分を取り巻
くメディア環境を相対的に捉える見方や社会的なメディア特性に対して高次で
メタ的視座を獲得することができる。メディア論の知識は批判的思考を支える
基盤となるだろう。メディア研究者により大学生に向けた実践プログラムをま
とめた書籍（例えば長谷川・村田，2015；酒井，2019；土屋，2019など）を
活用した公開型のワークショップや交流研究会の開催なども実践研究の展開の
契機になるかもしれない。他方，メディア研究者にとっては，実践の評価や考
察を深めるために教育研究者との協働が有効となろう。

　また，メディア・リテラシーの体系的で総合的な授業の発展も必要である。
今回の論文ではメディア・リテラシーという授業科目で取り組まれた実践報告
が少なかった。何かの授業での部分的な実践の導入では，メディア・リテラシー
の理論と実践の往還によって得られるような理解の深まりには結びつきづらい。
メディア・リテラシーの授業内で，または授業と連動させた実践がさらに取り
組まれていくべきであり，具体的には水越が250名の講義で実践したケータイ
のワークショップなどが参考になろう（水越，2011）。

　最後に，メディア・リテラシーを学ぶために，実践は重要であることを強調しておきたい。そもそもメディア・リテラシー教育は，学習者主体の批判的思考を「教える」という難しさを抱えている。身体を使ったり，グループでの共同作業をしたりすることで学習者の内発的な気づきを促す実践は大学でメディア・リテラシーを「教える」ことの困難を乗り越える有効な手法となるだろう。さらにはコミュニティラジオ放送局といった地域メディアの運営や，雑誌やWebサイトを新しくデザインするメディアづくりなどの社会的実践と結びつくことで，メディア・リテラシーは教室内にとどまらない生きた学びになっていくのである。

第9章

教員養成・
教師教育に関する研究

1. 学校の変化とメディア・リテラシー教育の必要性

　ここ数年，学校の内側と外側で行われている学習方法に乖離が生じている。学校内で行われる授業では，相変わらず教科書と資料集および紙と鉛筆による学習が中心であるのに対して，学校外ではWebサイトやSNS等を活用して学習することは珍しいことではなくなっている。例えば，新しいソフトの使い方をYouTubeの動画から学んだり，わからないことがあれば質問をSNSに投げかけて誰かに教えてもらったりといったことは日常的に行われている。その要因としては，技術的なスキルや必要な機器のハードルが限りなく下がってきていることがあげられるだろう。例えば，従来，ビデオ番組の制作を行うためには，ビデオカメラや三脚，それを編集するためのコンピュータ等が必要であったが，今ではスマートフォン1台あれば，撮影・編集はおろか，インターネット上へのアップロードまでできる。学校の外側では，誰もが情報の発信者や受信者となって学習が行えるような状況になっているのである。現代のように変化の激しい社会では，人々は継続して学び続ける必要があるにもかかわらず，学校だけが，「教師から児童・生徒が教えてもらう」という旧来の学びのスタイルから脱却していないといえるのではないだろうか。

　このような現状の問題点を踏まえて，文部科学省は，2019年にGIGAスクール構想を掲げた。これは，児童生徒に1人1台のタブレット端末を含む学習者用コンピュータと高速大容量の通信ネットワーク環境を整備して，誰一人取り残すことのない，個別最適化された学びの実現をめざすというものである。これが実現すれば，従来，コンピュータ室にわざわざ出向いて使用していたコンピュータの授業での位置づけがまるで違ったものになる。普通教室で，児童生徒は教科

書やノートと同じように情報端末を使って学習をするようになるのである。

　その具体例として熊本市の事例をあげてみよう。熊本市では，2018年９月から，熊本市内の小中学校134校の教育ICT環境を政令指定都市トップレベルに押し上げるために，LTE通信対応のiPadを３年間で２万3460台導入するという大規模な教育ICTプロジェクトを始動している。端末の数としては，３学級に１学級分の割合となるが，このような学習環境の変化によって，授業にも変化が生じ始めている。例えば，「ロイロノートスクール」や「MetaMoJi Note」といった学習支援ソフトを活用することができれば，協働的な学習が日常的に行えるようになる。これらのソフトは教科を越えて使用できるので様々な場面での応用が可能であり，電子上のカード交換で集めた情報や互いの考えをつなぎ合わせて新しい知識を構成することができるからである。また，児童生徒が映像を撮影・編集して動画を作ったり，録音した音声で朗読劇を作ったり，音楽ソフトで作曲をしたりするといったマルチメディア作品を制作する授業実践も増え始めている。

　このような協働的で創造的な学習においては，あらかじめ正解が決まっている問題を一緒に考えるということではなく，児童生徒それぞれのアイディアや収集した情報を組み合わせて新しい知識を構成するという社会構成主義的な学習観に基づく授業設計が教員に求められる。また，こうした１人１台のタブレット端末を含む学習者用コンピュータが導入された学校においては，児童生徒が簡単に情報の受信者となり発信者となりうるので，メディア・リテラシーの育成は必須の条件となる。そのためには，教師自身のメディア・リテラシーを高めることも喫緊の課題となっているともいえるだろう。つまり，学校の内側の学習方法を外側の学習方法に近づければ近づけるほど，メディア・リテラシー教育は必要不可欠のものとなっていくのである。

2.　教科書の内容の変化と教員の意識の差

　社会の変化にともない，教科書の内容にも，メディアを取り扱う単元が増えてきている。例えば，光村図書の小学校国語５年の教科書には「新聞を読もう」という単元があり，「桐生祥選手が日本人で初めて100m走を９秒で走った」と

いう陸上競技における事実について伝えてある全国紙と地方紙の２つの新聞記事を読み比べる学習を行う。同じ事実であっても、視点が異なれば伝わる内容も異なる。児童はその記事を比較しながら、表現の仕方を分析する活動を行うことになる。

また、光村図書の中学校国語２年の「魅力的な提案をしよう」という単元では、生徒が情報を集めて整理し、話の構成や提示資料を工夫しながら実際にプレゼンテーションをする学習を行う。その単元の一貫として、「メディアと上手に付き合うために」というジャーナリストの池上彰氏の論説文が掲載されており、生徒は、テレビ・新聞・インターネットのそれぞれの特性をよく理解して活用することの重要性を知る。さらに、情報コラムとして「いろいろなメディアから得た情報を比べよう」「著作権について知る」というコラムも加わっており、重点的にメディア・リテラシーを学ぶための単元構成となっている。

教育出版の中学校社会科地理の「身近な地域の調査」の単元では、地域に向けたまちづくりの提案についての発表活動を行う。具体的には、自分たちが生活するまちを野外観察して地形図で確認し、「地域の工業」「地域の商店街」といった調査テーマを決めて計画を立てる。そして、調査結果を生徒どうしで発表することによって共有し、まちを元気にするアイディアを考えて、地域の人々に情報を発信するという活動を行う。最後にはレポートにしてまとめる、という単元構成となっている。

東京書籍の中学校技術・家庭（技術分野）の教科書には「情報に関する技術」という大単元があり、小単元「コンピュータと情報通信ネットワーク」では、コンピュータや情報通信ネットワークの仕組みを学習したり、情報を安全に利用するためのインターネットの特性と情報モラルを学習したりする。また、小単元「ディジタル作品を設計・制作しよう」では、生徒がコンピュータ等を活用して、ディジタル絵本や部活動紹介CM、修学旅行を記録したWebページを制作するという活動を行う単元構成になっている。

しかし、このようなメディアに関する学習内容が増えているにもかかわらず、学習指導要領に「メディア・リテラシー」という言葉が記載されていないために、教員の意識には温度差があるといえよう。つまり、多くの教員は、メディア・リテラシーの必要性を漠然と感じてはいるものの、どのような授業設計を

すればよいのかを理解していないという現状にある。例えば，前述した小学校国語科の「新聞記事を比べよう」では，たんなる文章の比較に終始してしまい，全国紙と地方紙の役割や目的の違いといった文脈の違いまでは分析されない可能性もある。また，中学校技術科の「ディジタル作品を設計・制作しよう」では，制作した作品そのものの発表と評価で終わり，振り返りと自己評価が適切に行われない可能性もある。

佐藤ら（2018）は，教師がメディア・リテラシー教育を実践する場合，教員がメディア・リテラシーの意味を理解し，学習指導要領との関連性を見いだす必要があると述べている。学習指導要領の内容を踏まえて作成された教科書の内容をメディア・リテラシー教育の視点で授業として設計する能力が教員に求められているといえよう。また，急速に進化・発展していくメディアの世界を教員自身が体験し熟知していなければ，児童生徒に適切に指導することはできない。例えば，SNSの経験がない教員には，そのメリットやデメリットを生徒に考えさせる授業設計はできないであろう。進化・発展するメディアを学び続けるための，自己を成長させるための能力も教員には必要なのである。そこで次節では，授業設計の能力について，4節では自己を成長させる能力について述べたい。

3. 授業設計の能力の向上

メディア・リテラシー教育を充実させることのできる教員を養成するためには，そのための授業設計の能力を身につけさせる必要がある。それは，実際にメディアの制作ができるという技術的・技能的な能力だけではなく，学習課題の設定や展開，評価を含めて，児童生徒のメディア・リテラシーを形成的に評価して高めていく授業を設計するための能力である。

バッキンガム（Buckingham, 2003）は，メディア・リテラシー教育のための授業戦略を以下の6つの手法に整理している。

①テクスト分析：ここでいうテクストとは，写真，広告，テレビ番組といった「読まれる情報そのもの」を指しており，それらを深く分析する。児童

生徒は，見るもの・聞くものを記述する第1段階，テクストの意味を考える第2段階，テクスト全体についての判断を下す第3段階を経て学習を展開していく。

②文脈分析：テクストの制作者・発信者と受信者との関連を理解する。例えば，テレビ番組は，どんな相手に対してどのように提供されているのかという要素に注目したり，テクストがどのように売り込まれて供給されるかについての情報を集めたりするといった学習を行う。

③事例研究：児童生徒が自分が選んだメディア・トピックについて，自主的で綿密な研究と調査を行う。例えば，新しいテレビ番組や若者向けの雑誌といった，ある特定のメディアを取り上げ，その制作，マーケティング，消費に注目するといった調査研究を行うような学習活動となる。

④翻訳：原テクストがどのような形で翻訳されるのかを分析的，あるいは実践的にアプローチする手法である。例えば，小説が映画化された場合，小説の中の文字テクストがどのように扱われるのかを分析したりする。また，実際の1つのメディアから別のメディアに「翻訳する」という活動を行う。例えば，新聞記事をテレビニュースにしたりするといった学習活動である。

⑤シミュレーション：シミュレーションはロールプレイングの一形態であり，基本的には架空の方法となる。児童生徒をメディア制作者の立場に置くが，必ずしも制作そのものの段階まで進む必要はない。例えば，企画案を放送局に提出するテレビ番組制作者になって，子ども番組などの新シリーズを考えたりするといった学習である。

⑥制作：児童生徒が，実際に新聞記事やテレビ番組を制作する学習となる。ただ，メディア・リテラシーの文脈においては，制作はそれ自体が最終目標ではない。クリティカルな分析と，体系的な「振り返り」と自己評価を必ずともなっていなければならない。

　以上，掲げた6つの視点で教科書の単元を見直すと，授業設計は異なったものとなる。例えば，国語科の授業においては，テクスト分析だけではなく文脈分析を組み込むこともできるだろう。社会科の授業においては，シミュレーションの手法を取り入れて，地域を紹介するテレビ番組のプロデューサーになると

いった方法も考えられる。技術・家庭科においては，ルーブリック評価をもとにして，制作の各ステップごとに，体系的な振り返りと自己評価を組み込んで形成的な評価をしていくような授業設計にすることもできる。

　このような授業設計ができるようにするための教員養成・教師教育のあり方を検討することも重要な研究課題といえるだろう。

4. 自己を成長させる能力の向上

　メディアの変化は急激である。テレビや新聞といったマスメディアからWebサイトやSNSといったソーシャルメディアの特性までも理解しなければならない。教師には，社会の変化に柔軟に対応して新しいメディアについて学び続けられるよう自己を継続的に成長させていくための資質・能力が求められるといえるだろう。

　コルトハーヘン（Korthagen, 2001）は，省察（リフレクション）を教師教育の中心的な概念の1つとして考え，理論と実践をつなぐ主要な方法として捉えている。そして，その教師が経験を省察することで学び，成長し続けるサイクルをALACTモデルとして提案している（図 9 - 1）。

　コルトハーヘンは，「本質的な諸相への気づき」の段階まで到達するためには，学術的な知識と日常経験から形成した持論の結合が必要だと指摘している。このこと自体は教師が自己成長をしていくための汎用的なものではあるが，「行為の振り返り」については，メディアを活用すればより効率的に行うことも可能となる。例えば，授業を撮影して映像を分析したり，授業後の考察をブログで公開したりすることによって，成長し続ける力がつきやすくなる。あるいは，同じ研究をしている教員どうしがSNS上で実践を共有すれば，より高次の相互作用も生じる。実際に，メディア・リテラシー教育を推進している教員には，自分の実践記録を他者へ公開することで，評価を得ている者も少なくない。メディアを活用して自分の授業実践を共有することによって，新たな知識や技能を絶えず獲得せざるをえなくなる状況を作ることができるのである。

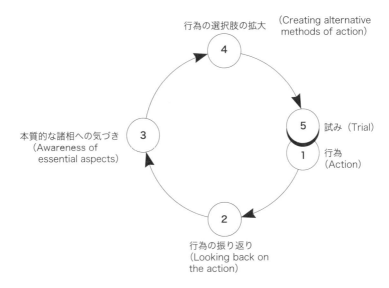

行為の選択肢の拡大　(Creating alternative methods of action)

本質的な諸相への気づき (Awareness of essential aspects)

試み（Trial）

行為 (Action)

行為の振り返り (Looking back on the action)

図9-1　ALACTモデル（Korthagen, 2001）

5. 教員養成・教師教育における先行研究

　本節では，これまで述べてきた背景を踏まえたうえで，メディア・リテラシー教育に関する教員養成・教師教育における先行研究を（1）オンライン学習・研修プログラム開発に関する研究，（2）研修後の教師のメディア・リテラシーに与える影響に関する研究，（3）メディア制作経験による研修プログラムの効果に関する研究，（4）省察を促す学習・研修プログラムに関する研究，（5）教員向け研修の普及課題についての調査研究，の5つのアプローチに分類して，それぞれの特徴について述べていく。

(1) オンライン学習・研修プログラム開発に関する研究
　対面ではなく，受講者がオンラインで学習・研修を行うためのプログラム開発を研究する。
　例えば，酒井ら（2006）は，メディア・リテラシーに取り組む教員の学習を支援するオンライン学習プログラムを開発し，その運用を行うWebサイト

を「Media Teacher Village」と名づけ，その評価を行った。酒井は，メディア・リテラシーに関する知識が，同僚のみならず，異なる領域の専門家との対話や協同を通じて獲得・内省される必要があると主張しており，メディア業界に勤務する人々，メディア・リテラシー研究者，メディア・リテラシー教育に先進的に取り組んできたベテラン実践者との相互作用を通じて，教員が行ったメディア・リテラシー学習を評価した。その結果，評価対象となる参加教員のうち42.1％の教員がメディアの送り手の実際的な状況や，メディア・リテラシーの理論的背景といったメディア・リテラシーの内容に関する知識と教授方法に関する知識を獲得し，内省を行っていたことを明らかにした。

さらに，酒井（2007）は，教員がメディア・リテラシーの実践的知識を獲得することを支援するオンライン学習プログラムを開発し，「Media Teacher's Antenna」（以下，MTA）と名づけた。メディア・リテラシーの概念的特性に配慮し授業をデザインできるベテラン実践者にコーディネイターを依頼し，11人の教員が 3 か月にわたってMTAに参加した。評価項目としては「A：時代に即した幅広い教材選択」「B：メディア・リテラシーに固有な視点」「C：メディア・リテラシーの授業を実践する際のリスク・制約の類推と回避」の 3 点である。分析の結果，MTAにおいては，ベテラン実践者と教員の間での相互作用により，評価項目のBとCについての知識獲得が確認されたことを報告している。

このようなオンライン型の研修は，感染症拡大防止のために集合研修が行いにくいコロナ禍の状況においては，従来よりも必要性が高まっている。また，これらの研究において重要なことは，知識伝達型の研修であることにとどまらず，多様な参加者との相互作用による学習の有効性を示しているということであり，さらなる発展や展開が期待できる。

（2）研修後の教師のメディア・リテラシーに与える影響に関する研究

研修プログラム後の教育実践が教師のメディア・リテラシーにどのような影響を与えるのかを研究するものである。

その研究の例として，佐藤ら（2015）の研究がある。ここでの問題意識は，トレーニングプログラムの効果に関する調査がプログラムの実施直後のみであり，その後のメディア・リテラシーに影響を与えているのかどうかが不明であ

るというものである。

　そこで，佐藤ら（2015）は，メディア・リテラシーに関する知識やその教育経験が十分ではない教員（以下，初心者教員）を対象として，授業実践，評価，改善までの活動後に質問調査を実施し，初心者教員のメディア・リテラシーの意識に変容がみられたことを確認している。また，佐藤ら（2016）は，同様の調査に関して，ベテラン教員（教員歴20年以上）を対象に行ったところ，ベテラン教員にも意識の変容がみられたことを確認し，若手教員もよりも効果が大きかったことを報告している。

　さらに，佐藤ら（2018）は，教員向けのメディア・リテラシーを育成するためのトレーニングプログラム（佐藤ら，2015）を受講した若手教員とベテラン教員を対象にして追跡調査を実施している。その結果，メディア・リテラシー教育の授業実践に関しては，若手教員の場合は継続して授業実践を行うことでメディア・リテラシーが向上しており，ベテラン教員は継続の有無にかかわらず，メディア・リテラシーに影響を与えているということが明らかになった。また，トレーニング後のメディア接触が教員のメディア・リテラシーに影響を与えていたことや，これまでの教員経験がメディア・リテラシー教育の授業設計に影響を与えているということも明らかにしている。

　こうした研究は，メディア・リテラシー育成のための研修が教員の経験の差によってどのような影響を与えるのかを明らかにするものである。受講者の特性によって研修プログラムを開発していくうえで，示唆に富む内容となっている。

(3) メディア制作経験による研修プログラムの効果に関する研究

　教員自身が，新聞やリーフレットといった小中学生が実際に行うメディアの制作を体験する研修の効果を明らかにする研究である。

　例えば，前田ら（2011）は，教育センターにおける教職10年経験者研修において情報教育に関する研修を実施し，その研修そのものを取材の対象とした新聞記事をその場で制作するという研修プログラムを開発している。同じ場所にいるのに，作成された新聞記事は異なるものになるので，制作とテクスト分析が同時に組み込まれることを期待したものである。研修後の質問紙の結果，「積極性」「文章の学び」「表現の工夫」「事実の正確な理解」「集団の考えの発展」

等の点では効果が認められたが，「情報の分析・評価・論述」という点では効果が認められなかった。その要因として，インタビューをそのまま記事にするという制作活動が中心となったために，それぞれの記事を比較して情報を分析するための十分な時間が確保できなかったと考察している。その改善策として，制作前の課題解決のための十分な構想と，制作後の評価と改善の時間を十分に確保することを提案している。

　メディア制作を中心とした研修が校内研修や教育センター等で行われる場合は，技能習得が目的となっていることが多い。このような研修は，受講者の認知面での評価を行うものでもあり，今後の研修プログラムの改善につながるものとして意義がある。

（4）省察を促す学習・研修プログラムに関する研究

　前述したように省察を教師教育の中心的な概念として考える場合，受講者には省察の体験そのものが必要となる。そのための1つの手法としてデジタルストーリーテリングがあげられる。デジタルストーリーとは，制作者が映像と音楽，制作者自身による語りを組み合わせたデジタル作品であり，その作品を制作・発表することをデジタルストーリーテリングとよぶ。

　須曽野（2012）は，デジタルストーリーテリングの授業を教員養成学部生や現職教員を対象にして6年間継続し実践・評価しており，その成果を報告している。その中で，全人的な教育やキャリア教育でも利用できる方法であると結論づけている。また，作品を見てくれる人を楽しませるという対人的な知性と，制作過程での「振り返り」による内省的知性に気づかせることが重要であることを明らかにしている。

　和田（2014）は，教員養成学生が自分のメディア史および東日本大震災をテーマにしたデジタルストーリーテリングを作成するという授業実践を行い，その評価を行っている。結果として，学生は，この作成に意欲をもち，児童生徒の学習にも有効であると述べている。作成後の学生の教師効力感，実習不安，批判的思考の変化はなかったものの，メディア情報リテラシーの教師としての能力は高くなったと主張している。

　和田（2016）は，教員養成の大学において，「one minute wonder」という1

分間の動画を作成してメディア・リテラシーの学習を行う授業実践を実施し，考察を行っている。これは教員養成系の大学生が，自分が所有しているパーソナルコンピュータ，スマートフォン等で「若者とメディアにおける現代の問題」というテーマの番組を制作するというものである。80名の学生のレポート分析から，メディア言語についての学習が行われたことは明らかになったが，リプレゼンテーションの学習が行われたかどうかは明らかにはならなかったと報告している。また，振り返りを学習するためには有効であると結論づけている。

　前田・中川（2016）は，教職10年未満の若手教員の研修において，教員が自らの経験を土台に省察することを支援するため，デジタルストーリーテリングを組み込んだプログラムを開発した。具体的には，「自分のパフォーマンス」と「熟達者のパフォーマンス」を比較して自らの学びをデジタルストーリーにまとめるという課題で学習者の省察の効果を調査し，その要因を明らかにした。質問紙調査の結果，その方法が有効であり，その要因としては，ストーリーを構成するうえで，映像や音楽が極めて重要な役割を果たしていることが明らかになった。特に映像は，自分では気づかないような教員の教授行為を省察の対象として健在化させ，熟達者との違いを明確にするというメリットがあると考察している。

　これらの研究から，メディアを制作する過程で，受講者は映像によって自らを客観的にみることができ，内省が促される効果が大きいことを示唆しているといえるだろう。教員養成課程の他の領域においても応用できると考えられる。

(5) 教員向け研修の普及課題についての調査研究

　教員向け研修の課題そのものを調査する研究である。

　例えば，吉田（2013）は，千葉県内の教員向けメディア情報リテラシー（メディア・リテラシーと情報リテラシーが統合された概念）研修に関して，指導者研修会の参加者による重要度の評定と，一般現職教員による研修経験と研修の必要性についての質問紙調査によって，研修の普及課題について報告している。それによれば，メディア情報リテラシーについては指導者も一般現職教員も高い関心を示しているが，研修機会が限定されているという結果であった。そして，吉田は，メディア情報リテラシーはもはや学校教育に役立つという観

点だけで議論する段階を終え，社会的課題として教員研修に位置づける時期が来ていると結論づけている。

　こうした研修そのものの課題を明確にする研究は，教員養成や教員研修の計画の中にメディア・リテラシー教育をどのように位置づけるかという問題に対峙するための示唆を与えるものになるだろう。

6. 今後の研究課題

　教員養成・教師教育においてメディア・リテラシー教育を推進するために，今後，取り組まれるべき研究としては以下のようなものが考えられる。

(1) 情報端末を活用して学習者参加型の授業ができる教員養成のための研究

　中橋（2014）は，メディア・リテラシーは，教え込み型の教育方法では身につかないことを指摘し，対話や探究における思考・判断・表現を通じて知の創造を促すために他者との学び合いが生じるような，学習者参加型の活動を通じて育む必要があると主張している。

　一方，学校の現場では必ずしもそのような授業ができる教員が多いとはいえない現状にある。現実問題として，小中高と学校種が上がるにしたがって，学習者参加型の授業は少なくなるといってよいだろう。今後１人１台のタブレット端末を含む学習者用コンピュータが学校に整備されていくことを考えれば，そのような機器を児童生徒が効果的に活用しながら，メディア・リテラシーについて学習できるような授業ができる教員養成のための研究が必要となる。

(2) ソーシャルメディアに関する授業設計能力育成のための研究

　メディア・リテラシー教育で取り扱うメディアとしては，従来は新聞やテレビといったマスメディアが中心であった。しかし，近年SNSが発達したことによって，動画共有サイトやニュースサイトといったソーシャルメディアの影響は急激に拡大している。

　しかし，学校教育においてソーシャルメディアを取り扱う場合は，どちらかといえば犯罪やトラブルといった負の側面が取り上げられていることが多く，

「できれば使わせたくない」といった保護者や教員側の意識が強いといえるだろう。しかし，その影響力を考えると，将来的には児童生徒に適切かつ効果的に活用する力が求められる。これは，そのような力を育成するための授業設計を行う能力が教師に求められるということでもあり，そのための研究が必要である。

(3) 教科横断的なカリキュラム・マネジメント能力育成のための研究

　日本の場合，メディア・リテラシーは各教科等の特性に合わせた形で育成されることが多い。国語科では文学作品や説明文といった文章を主としたテクスト分析が中心となり，図画工作科・美術科や技術・家庭科では作品の制作が中心となる。社会科の情報産業の学習では，新聞社やテレビ局に関する文脈分析が行われることもあるだろう。このように各教科が，それぞれにメディアを取り扱うということは，取り扱われにくいメディアが出てくるということでもある。例えば，動画や音楽が受信者に与える影響を分析したり，Webサイトや電子メールの文章を分析したりすることは，通常の教科の学習の中では取り扱われにくい。

　新しい学習指導要領は児童生徒の資質・能力を育成するためのカリキュラム・マネジメントを学校に求めている。そのためには，教員には，カリキュラム全体を俯瞰して教科横断的なカリキュラムを開発し，それを評価・改善していくための能力が求められるということであり，関連する研究が必要となる。

第 3 部

多様な研究領域との関連

第10章
放送・視聴覚教育と
メディア・リテラシー

1. 日本のメディア・リテラシーの源流

　日本の放送・視聴覚教育とメディア・リテラシーの関わりは，意外に古く，1920年代にその源流をみることができる。本章では，はじめに日本の放送・視聴覚教育で行われてきたメディア・リテラシー育成の歴史を振り返る。次に，現代の放送・視聴覚教育におけるメディア・リテラシーを育成する取り組みとして，京都教育大学附属桃山小学校の新教科と，NHK学校放送番組について紹介する。最後に，今後の放送・視聴覚教育におけるメディア・リテラシーの展望を述べる。

2. 放送・視聴覚教育とメディア・リテラシーの関わり

　「メディア・リテラシー」という言葉が日本に入ってくる1970年代以前から，メディアについての批判的思考力や理解力，メディアを活用しての表現力，メディアとのつきあい方等に関する取り組みは，放送・視聴覚教育で行われていた。
　放送・視聴覚教育の中核メディアが映画，ラジオ，テレビと変化していく中，1970年代の中頃に欧米の研究者によって「メディア・リテラシー」の考え方が社会学的な側面から紹介された（例えば，Kaye, 1974 = 1976）。1980年代に入ると，放送・視聴覚教育や心理学・工学等の複合領域としての教育工学でもメディア・リテラシーが取り上げられた（坂元，1986等）。1990〜2000年代になると，国語教育等の教科教育や総合的な学習の時間等において，様々なメディア・リテラシー教育の実践が行われた（藤川，2000；井上・中村，2001等）。それは，現在も続いている。また，2001年からメディア・リテラシーの実践的な研究を目

的として東京大学大学院情報学環を拠点としたメルプロジェクトは民放連とも
共同研究を行っていた。そして，NHK学校放送番組においても，2000年から
メディア・リテラシーを育成できる番組を制作し，放映されるようになっている。
　この動きは，文部科学省も意識している。学習指導要領には「メディア・リ
テラシー」がカタカナ言葉であること，イデオロギーの要素を一部含んでいる
と考えられていることから，メディア・リテラシーという言葉は使われていな
い。2011年に出された「教育の情報化ビジョン」では，「情報教育」「ICTの授
業での活用」「校務の情報化」がその三本柱であるといわれた。「ICTの授業で
の活用」は，放送・視聴覚教育の流れをくみ，「情報教育」はメディア・リテラシー
教育の流れをくんでいると考えられる。
　メディア・リテラシーの教育の変遷は，図10-1のようにまとめることがで

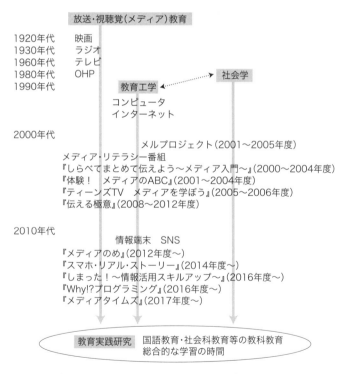

図10-1　日本におけるメディア・リテラシー教育の変遷（浅井，2015を改編）

きる。

「メディア・リテラシー」は，イギリスでは1930年代から始まったといわれている。イギリスのメディア教育の原型は，1930年代の「文学批評」である。当時，タブロイド紙は低俗であると批判されており，子どもたちに良質な文学を学ばせるべきであるとし，批判的に文章を読み取っていく力をつけさせることが提唱された。それと時を同じくして，日本でも1920年代から1930年代に映画やラジオというメディアが登場し，1930年代からメディア・リテラシーの源流ともいえる「映像視聴能力」について，放送・視聴覚教育で研究が行われていた。イギリスで「メディア・リテラシー」という考え方が確立された頃，日本でも同じような考え方が放送・視聴覚教育で研究されていたのである。

　それぞれの時代について詳細にみていくことにする。

(1) 1920〜1930年代：映画，ラジオの時代

　日本では，1920年代に始まった映画教育にメディア・リテラシー教育の源をみることができる。東京の私立成城小学校（現成城学園初等学校）では，1921年から映画の定期的利用が開始され，1925年より月2回の「学校映画会」が開催され，映画教育が本格的に始まった。映画の教育的利用を試みていた「鑑賞の教育」の理念の実践（竹下，1976）が日本のメディア・リテラシー教育の源といえる。同様に，1927年の富山県の「教育映画日」や1928年の東京等での「児童映画日」の設定等，教育映画を学校で鑑賞させる取り組みが始まり，新しいメディアである映画のもっている特性から教育効果を検証する映画教育の実践研究が行われるようになった。さらに，1930年代後半には映画をマスメディアとして捉え，その「批判的受容能力」の育成と「経済的，政治的条件の理解」の必要性を指摘していることや，「映画による自己表現能力」の育成がなされている。1935年には，ラジオによる全国学校放送が実現し，学校教育でラジオをいかに聴き，いかに利用するかを研究する各府県ラジオ教育研究会の活動も始まっている。この頃から「学校巡回映画鑑賞会」が始まり，教育映画を講堂で鑑賞させる映画教育の研究もなされていく。

　初代放送教育学会会長となった西本三十二は，この頃から「ラジオや映画を教育に活用するだけでなく，ラジオそのものについて学ぶことが重要である」

と，メディアの特性を学ぶというメディア・リテラシーの育成について述べている。

(2) 1940～1950年代：教育放送開始の時代

　戦後になり，1947年には先の成城小学校で，表現指導・鑑賞指導・技術指導で構成する教科としての「映画科」において「映画の時間」の学習が始まった。教育映画を中心とした鑑賞を通して見方や味わい方を指導し，映画や写真・スライドによる創作という表現・技術指導を特設の教科として系統的にメディア・リテラシー教育を行っていたのである。しかし，この映画教育は一般化しないままに，教育映画そのものの衰退とともに消えていった。

　1953年のテレビ放送開始，そして1959年のNHK教育放送開始とともに，1950年代の放送・視聴覚教育は転換期を迎える。同様に，映画教育も映画教育から視聴覚教育への転換期となり，視聴覚メディアが映像に対する理解力を高める「映像読解力」を育成することがねらいとなっていき，テレビの発達と普及とともに，これ以降研究が発展していく。

(3) 1960～1970年代：テレビとOHPの時代

　1960年に京都で行われた第11回放送教育研究会全国大会において，国際基督教大学の西本三十二が「テレビ教師から教室の教師と子供が学ぶ放送学習の考え方を提唱」したのに対して，鹿児島大学の山下静雄は「放送視聴の事前と事後に十分指導を行う，テレビ番組は一つの教材である」と主張した。この議論は，放送教育の意義と本質を問うものであったので，「西本・山下論争」として語り継がれることとなった。この論争はこの後も形を変え，放送教育で，「生（放映時間に視聴する），丸ごと（放映時間すべて視聴する），継続視聴」か，「分断視聴（必要な部分だけ番組を視聴する）」かという議論となって続いていく。

　先の成城小学校では「映画科」を「映像科」へ発展させ，表現指導の内容を広げ，スライドや映画，VTR，OHP（オーバーヘッドプロジェクター）等の視聴覚機器を使って教材を自作し，子どもたちに創る喜びや創造性，構成力等の能力育成を図った。これらは，メディア・リテラシーの考え方とほぼ同じ考え方で行われていたのである。

(4) 1980年代：コンピュータの時代

　放送・視聴覚教育から発展したメディア教育において，坂元（1986）はメディア・リテラシーについて「視覚リテラシー，テレビ・リテラシー，コンピュータ・リテラシーをまとめてメディア・リテラシーとよんでいる。メディア・リテラシーは，映像による情報を受け取る能力を含んでいるが，映像を使う力，映像をつくって自己を表現する能力も含んでいる」と述べ，「メディアの特性の理解力・批判能力（わかる）」「メディア選択・利用能力（つかう）」「メディア構成・制作能力（つくる）」と受け手・使い手・作り手が対応しているのがメディア・リテラシーの構造であると概念化し，メディア・リテラシーの育成を紹介している。その中でも上記のようなメディア・リテラシーの育成研究を，水越（1981）や吉田（1985）等が「視聴能力」や「映像視聴能力（受け手としての能力）」「映像制作能力（送り手としての能力）」「映像活用能力（使い手としての能力）」「映像視聴能力（とらえ方・感じ方・あらわし方）」等の文言で実践していった。

　放送・視聴覚教育の流れは，メディア教育と教育をシステムとして捉える教育工学に枝分かれしていく。1980年代以降になると，コンピュータが学校に導入され，マルチメディアの活用法やメディア・リテラシー教育等が，坂元（1986）等，各方面で盛んに研究されるようになった。1980年代に日本の学校教育で求められたメディア・リテラシーは，マスメディア批判にはじまり，メディア対個人という関係性の中で，テレビや新聞の情報は制作者によって構成されていることから，「情報の意図や内容を批判的（クリティカル）に読み取る」ことが大切であるとされた。

　余談ではあるが，図10-2は，筆者が小学校教諭のときに月刊「放送教育」に掲載された実践報告への西本三十二のコメントである。病床にあった西本に，当時のメンター（身近な指導者）であった久故博睦が，発行直前の原稿を渡したという宝物である。ここで，西本は新しい「メディアミックス」の考え方を予見している。当時，メディアミックスの考え方は現場にはなかったのである。「メディアミックス」というのは，1980年代に大阪大学の水越敏行が提唱したもので，基幹メディアがあり，その基幹メディアの提示の前後に，「視点変更」「葛藤」「補足」などの役割を果たす副次メディアを用意して，学習の深化を図るもので，この後，放送・視聴覚教育で研究されていった。

あとがき（**西本三十二**）

この物語の筆者浅井和行教諭の教職歴は六年。論文の初めに掲げられた時間表は、その担任する六年生の学級で、一年間にわたって毎週三時間の社会科の授業の中に、学校放送『くらしの歴史』のシリーズ番組の継続視聴とその取り扱い方を明らかにしている。

第一時のテレビ視聴の直前、直後の指導はかなり簡単で、第二時、第三時の教科書や図書室の利用、さらに子どもたちが単独で、また小グループに分かれ、さらにクラス全体で研究し、調査しつついかに学習活動を展開したかの手だてを示している。

そして論文の後半では、社会科学習の多角的な展開によって、子どもたちがいかに活発に活発に伸びていったかを、多くの事例によ

って明らかにし、さらに学年末には、それを膨大な学習資料としてまとめるに至った過程とその成果を述べているところは興味深い。

昭和六二年九月四日のNHK教育テレビ『ETV8』では、第二回国際アニメーション・フェスティバル広島大会で、新しい世代の青少年がアニメーションにいかに熱狂的に取り組んでいるかを報道していた。

これからの学校教育では、㈠教科書とその他多くの印刷メディア、㈡ラジオ・テレビ（学校放送）とその他多くの録画・録音メディア、㈢コンピューターとその他多くのニューメディアを高度に活用しつつ教育革新の前進を図ることが肝要である。その有力な原動力の一つとなるのは放送学習の実践にあることをこの物語は正しく実施していると考えられる。

図10-2 「子どもと創る歴史学習」への西本のコメント（浅井，1987）

(5) 1990年代：インターネットの時代

　ハイパーメディアと同義に使われることが多い「マルチメディア」学習では，メディア・リテラシーと同様の考え方である「マルチメディアリテラシー」の育成研究が行われていた（田中，1995）。「マルチメディア学習」の実践モデルとして，「メディアに対する知識と操作技能の向上」「メディアに対して批判的に関わる能力」「メディアを効果的に活用する能力」を「メディア・リテラシー」と定義し，その指導法を研究していた（木原，1995）。

　この1990年代は，メディア・リテラシーにとっても重要な時代であった。1995年に地下鉄サリン事件が起こり，Windows95が発表され，インターネットが一気に広がった。松本サリン事件で冤罪報道があり，テレビや新聞でやらせ報道や誤報道等があり，メディアが伝えていることが事実かどうかをじっくり考えることの重要性がやっと理解されるようになったのである。

　1990年代後半には，インターネットの発達にともない，大量の情報を取捨選択する力も必要となった。

(6) 2000年代：携帯電話・タブレット端末の時代

1990年代の社会の状況から，旧郵政省情報通信政策局放送政策課は，2000年に「放送分野における青少年とメディア・リテラシーに関する調査研究会報告」を出した。この報告では，メディア・リテラシーの構成要素を「メディアを主体的に読み解く能力」「メディアを通じてコミュニケーションを創造する能力,特に,情報の読み手との相互作用的（インタラクティブ）コミュニケーション能力」「メディアにアクセスし活用する能力」の3つに定義している。これらの構成要素はそれぞれ独立したものではなく，互いに相互作用している複合的な能力であるとされた。

2000年頃から，番組名にメディア・リテラシーという言葉こそ使ってはいないが，NHKの学校放送番組で，その能力を育成できる番組が制作されている。小学校中学年を対象とした『しらべてまとめて伝えよう（2000〜2004年度）』や，小学校高学年対象の『体験！　メディアのABC（2001〜2004年度）』『伝える極意（2008〜2012年度）』，中学校・高等学校対象の『ティーンズTV メディアを学ぼう（2005〜2006年度）』等である。

このように，メディア・リテラシー教育に関する実践研究の報告も少しずつ蓄積された。そして，実践を支援する教材やリソースガイドの開発研究も行われた（中橋ら，2007）。また，国語科を中心に，教科書に「アップとルーズで伝える」等のメディア・リテラシー教材が掲載されたことにより，指導実践が増えることとなった。

携帯電話（スマートフォン）やタブレット端末を通してインターネットが身近なものとなり，コミュニケーションに焦点を当てたメディア・リテラシー研究や，個人がメディアで情報を発信し，新しい対話やコミュニケーションを生み出すことに焦点を当てたメディア・リテラシー研究（中橋，2004）が行われるようになった。

(7) 2010年代：スマートフォン・ソーシャルメディアの時代

2010年頃から，スマートフォンの所持率が大きく伸びるとともに，SNSが台頭し，個人がメディアを通して様々な情報を発信したり，コミュニケーションを図ったりするようになり，これまで以上にメディア・リテラシーが必要で

あるといわれるようになった。現在は，LINEやFacebook等のSNSが発達してきており，パーソナルな情報発信を可能としているソーシャルメディア時代のメディア・リテラシー教育が「フェイクニュース」や「ポスト・トゥルース」等をキーワードとして研究されている。

　メディア・リテラシーを育成するためのNHKの学校放送番組として，筆者も制作に関わった『メディアのめ（2012年度〜）』がある。最初は小学校4〜6年生児童が対象であったが，2014年度からは中学生も対象となった。この番組は，写真やCM，そしてインターネット等のメディアの特性や，新聞や雑誌作り，そしてニュース番組制作等をテーマに制作された。この番組以降，「メディア・リテラシー」という言葉を示してメディアの特性やメディアとのつきあい方を学ばせる教育の実践が行われるようになっている。現在は，『お伝と伝じろう（2013年度〜）』『スマホ・リアル・ストーリー（2014年度〜）』『メディアタイムズ（2017年度〜）』等が放送されている。特に，『メディアタイムズ』は，『メディアのめ』に代わり，メディアの特性を学び，メディア・リテラシーを育む番組として制作されている。

3．現代の放送・視聴覚教育とメディア・リテラシー

　中橋（2017）が述べるように，使っている教科書によって概念の認識に大きな差が生じる現状は望ましくない。そこで，日本の小学校における新教科として，メディア・リテラシー教育を行う京都教育大学附属桃山小学校「メディア・コミュニケーション科（MC）」等の研究を紹介する。

　また，現代では放送・視聴覚教育においてNHKの学校放送番組でも，メディア・リテラシーを育成することができるようになってきた。活用することで，メディア・リテラシーを育むことができる番組を続いて紹介する。

（1）京都教育大学附属桃山小学校の取り組み

　現代の日本の小学校におけるメディア・リテラシー教育の代表的な取り組みとして，京都教育大学附属桃山小学校の「メディア・コミュニケーション科（MC）」の開発研究がある。これは，文部科学省の研究開発学校指定を受けた

情報教育の新教科（2011〜2014年）の研究である。筆者も本研究に兼務の校長として関わった。週１時間，年間35時間の定期的な学習を６年間継続的に行うもので，そのカリキュラムも系統性をもったものになっている。その後，文部科学省の教育課程特例校指定（2015〜2020年）を受け，2021年３月まで教科として継続的に実施されている。

　京都教育大学附属桃山小学校では，新教科「メディア・コミュニケーション科（MC）」の目標を「社会生活の中から生まれる疑問や課題に対し，メディアの特性を理解したうえで情報を収集し，批判的に読み解き，整理しながら自らの考えを構築し，相手を意識しながら発信できる能力と，考えを伝えあい・深めあおうとする態度を育てる」とした。この目標をもとに，「メディア・リテラシー」そのものといえるメディアに関する以下の５点が子どもたちにつけたい力であると考えた。

①相手を意識する力：相手の存在を意識し，その立場や状況を考える力
②メディアや情報を選ぶ力：メディアのもつ特性を理解し，必要に応じて得られた情報を取捨選択する力
③批判的に思考する力：批判的に情報を読み解き，分析的に思考する力
④目的に合わせてメディアを活用する力：情報を整理し，目的に応じて正しくメディアを活用する力
⑤責任をもって発信する力：メディアや情報が社会に与える影響を理解し，責任をもって適切な発信表現ができる力

　また，新教科で学ぶメディア形態を表10-1の４つに分類して，低中高学年

表10-1　４つのメディア分類（京都教育大学附属桃山小学校, 2012）

メディア形態	内　容
1. 対面系	スピーチなどの対面的な発表を行う活動を通して （プレゼンスライド制作・プレゼン・スピーチ・演劇等）
2. プリント系	主に紙面を媒体として情報のやり取りを行う活動を通して（新聞・雑誌・パンフ・ポスター・絵本・紙芝居等）
3. 動画・音声系	主に音声や映像を媒体として情報のやり取りを行う活動を通して（テレビ番組・ビデオレター・公共広告CM・映画・クレイアニメ等）
4. 情報通信系	主に情報通信ツールを媒体として情報のやり取りを行う活動を通して（Web制作・ケータイ活用・SNS等）

メディア・コミュニケーション

● 第1　目　標

社会生活の中から生まれる疑問や課題に対し，メディアの特性を理解したうえで情報を収集し，批判的に読み解き，整理しながら自らの考えを構築し，相手を意識しながら発信できる能力と，考えを伝えあい・深めあおうとする態度を育てる。

● 第2　各学年の目標及び内容

〔第1学年及び第2学年〕

1．目　標

(1) 身近なメディアや見聞きした情報に関心を持ち，不思議に思ったことを調べていくために，すすんでメディアを使ったり，情報を集めたりしながら互いの考えを伝えあい，深めあおうとする。

(2) 不思議に思ったことを調べるために，相手の話や身近な資料から得られる情報の意味を正確にとらえ，理解したり共感したりする力を身につけられるようにする。また，自分で考えたことを，相手にわかりやすく伝えられるようにメディアを用いて表現する。

(3) さまざまなメディアのよさやその使い方を知り，場面に応じて使用していく方法を身につける。また，メディアの使い方によって相手の感じ取り方が変わることや，情報をやり取りする上での基本的なルールやマナーがあることに気づく。

2．内　容

(1) スピーチなどの対面的な発表を行う活動をとおして，次の事項を指導する。

　ア　対面的な発表を行う活動に取り組み，知っている表現方法との違いを考えながら，そのよさについて理解すること。

　イ　相手の発表や情報のやり取りを行う活動をとおして得られた情報の中から，自分の欲しいと思うものを絵やメモなどを使って記録すること。

図10-3　学習指導要領試案の一部（京都教育大学附属桃山小学校，2013）

でスパイラルに学べるようにカリキュラムを開発した。

　さらに，メディア・コミュニケーション科の目標を達成するため，メディアを通しての学びを適切に評価する手立てとして，評価は「メディア活用への関心・意欲・態度」「メディア活用についての思考・判断・表現」「メディア活用に関する知識・理解・技能」の3観点とした。

図10- 4　教科書『Media Communication（1〜6）』（京都教育大学附属桃山小学校，2017）

　京都教育大学附属桃山小学校では，研究を始めるにあたって，学習指導要領（試案）を提案した（図10- 3 ）。

　ここでは，10年後，子どもたちに必要になる力について何度も議論し，それらをどのように育てるかを領域に分けて記述した。

　また，研究が 6 年目を経過した頃から教科書の開発に取り組み，2017年には，「低学年」「中学年」「高学年」が 3 部作として完成した。この教科書は，先行の教科書である『私たちと情報』（堀田，2006）などを参考にしながら，キーボード入力やデジタルカメラの使い方等の特定のメディアの操作は入れず，10年後子どもたちに必要になるであろう力について記述し，作成したものである（図10- 4 ）。

(2) 放送教育・学校放送番組とメディア・リテラシー

　学校放送番組でも，「メディア・リテラシー」は育成できる。前述したが，筆者も番組委員として関わったNHK学校放送番組『メディアのめ』はメディア・リテラシーを育成できる番組として2012年から放送された。現在は，総合的な学習の時間での『しまった！〜情報活用スキルアップ〜』『メディアタイムズ』『スマホ・リアル・ストーリー』『Why!?プログラミング』『アクティブ10プロのプロセス』，国語科『お伝と伝じろう』，社会科の『コノマチ☆リサーチ』

『アクティブ10公民』や，理科『ふしぎエンドレス』等の番組が放送されている。特に，2017年度から始まった『メディアタイムズ』では，本書執筆者である中橋や佐藤が番組の企画に関わっているので，それまで見られなかったようなテーマである「動画クリエイター」や「SNS」「フェイクニュース」等を扱うようになり，メディア・リテラシーを育む教育内容も現代社会に合わせてどんどん進化している。

　NHK for SchoolのWeb番組表で，「メディア・リテラシー」を検索してみると，2020年度は31番組と41のクリップを紹介してくれる。これらの番組を授業で活用すると，子どもたちの論理的思考力・判断力，表現力，探究力，コミュニケーション能力等とほぼ同じ力であると考えられるメディア・リテラシーの育成の可能性が大きく広がる。

　同じく「NHK for Schoolで授業力アップ！」のWebページでも，キーワードに「メディア・リテラシー」が載っており，メディア・リテラシーそのものを育成できる3番組を活用した授業実践と，38の様々な各教科の番組を活用した実践を現場の教師が紹介してくれている。

　ほかに，NHKティーチャーズ・ライブラリーで，『伝える極意』の番組DVDを授業に活用できるように学校に向けて貸し出しが行われている。

4．今後の研究課題

　本章では，日本の放送・視聴覚教育においてメディア・リテラシーを育んできた経緯を述べた。そして，インターネットやスマートフォンというメディアの普及とともに，大量の情報を取捨選択したり，様々なメディアに適切に対応したりできるメディア・リテラシーの重要性が高まったことをうけて，新教科としてメディア・リテラシーを育成する京都教育大学附属桃山小学校の取り組みを具体的に紹介した。また，各教科でメディア・リテラシーを育むことができるNHKの学校放送番組について2020年度の番組やWebサイトを紹介した。

　放送・視聴覚教育では，映像や学校放送番組等の教育コンテンツを授業で有効に活用することによって，児童生徒が課題に対して心を揺さぶられ，興味関心をもち，調べたり，考えたり，議論したりしながら，能動的に課題を解決し

ていくことを大切に実践してきた。その際，これまでは，１つの画面を学級全員で見る教育が行われてきた。そのことによって，子どもたちは，情報や想いを共有し，話し合い協働しながら，課題解決につなげてきた。

　しかし今後は，政府が進める「GIGAスクール構想」によって，学校で子どもたちに１人１台のタブレット端末を含む学習者用コンピュータが整備される教育環境となっていく。AIが今以上に普及し，１人１台の教育環境が整備されていく時代においては，これまでと異なる映像視聴能力や批判的読み解き能力，新しいメディアの特性を理解し使いこなす能力等の「メディア・リテラシー」，言い換えれば「未来に対応できる力」が求められることになるため，その能力要素や実践研究が重要になる。

　2020年の春は，新型コロナウィルスの猛威のために，世界各国で緊急事態宣言が出ており，日本も例外ではなく，各校種が今まで誰も経験したことのない長期の休校となっていた。子どもたちも授業が始まらない日常で，SNSやオンラインゲームといった様々なメディアと長時間つき合う生活を送っていた。こういうときこそ，適切にメディアとつき合うメディア・リテラシーを身につけてほしいと考える。文部科学省や各大学，そして教育委員会では，動画配信等で学びの支援をしているが，NHK学校放送番組でも家庭での学びを支援する番組『おうちで学ぼう！NHK for School』が配信された。

　今後の展望として，AI等の新しい技術を利用したメディアから情報があふれる時代に，子どもたちには，上記に述べたようなその時代に求められているメディア・リテラシーが必要となっていく。さらには，新しいメディアを開発したり，メディアのあり方を提案したりする能力が必要になっていくであろう。そのための能力要素や能力の育成の実践研究が，放送・視聴覚教育で行われることを期待したい。

第11章
国語科教育とメディア・リテラシー

1．本章の目的と構成

　本章では，日本の国語科において，これまで行われてきたメディア・リテラシー教育を振り返りながら，メディア・リテラシー教育が国語科教育にもたらしてきた新たな観点や変容を改めて検討する。そして，それを基盤として，さらなるメディア環境の変化に対応していくためには，今後どういった教育や研究が必要となるのかを考察する。これを，以下の構成で論じていく。

　①メディア・リテラシー教育は，国語科教育に，どのような変革や新たな観点をもたらしてきたのか。また，それは国語科教育にとって，どのような意味があるのか。これを，（1）では「学習材」，（2）では「学習内容・学習方法」の観点から，次の第2節で論じる。
　②①の検討をもとに，今後国語科教育において，どのような研究や教育が必要となるのかを，（1）では「諸外国にみる対応と共通基盤研究」，（2）では「情緒的側面をも検討する枠組み」の2つの観点から，第3節において論じる。

2．メディア・リテラシー教育が国語科にもたらしてきた変革・観点

　本節では，メディア・リテラシー教育によって，国語科の学習材や学習内容，学習方法に，どういった変革や新たな観点がもたらされてきたのかを，中村（2005），砂川（2009），奥泉（2015），砂川（2020）を主に参照する形で検討・考察する。奥泉（2015）では，1990年〜2014年までの日本の国語科教育におけるメディア・リテラシー教育の実践論文[●1]（小学校〜高等学校＋大学の国語

科関連科目 1 本）計192本を収集し，中村（2005），砂川（2009）の分類の観点を援用・統合する形で，3 つの時期に分類整理して検討を行っている。また，砂川（2020）では，2010年〜2019年までの教育実践論文および理論に関する論文のうち，砂川（2009）および奥泉（2015）の整理と合致した文献を除いた66本を対象とする検討を行っている。したがって，上記 4 文献を照合・検討することによって，1990年〜2019年までの日本の国語科教育におけるメディア・リテラシー教育実践を，ほぼ網羅した形で検討することが可能となる。

●1　何をもって国語科におけるメディア・リテラシーの実践論文とみるのかについては，議論があるため，実践者自らが論考のタイトルに「メディア・リテラシー」「メディアリテラシー」「メディア教育」のいずれかを冠している文献を収集・分析した。文献収集には，以下のデータベースをクロスして用いた。①国立国会図書館蔵書検索データベース（NDL-OPAC），②国立情報学研究所学術情報データベース（CiNii），③国立教育政策研究所教育情報研究データベース（NIER），④全国大学国語教育学会編「国語科教育」の掲載論文，⑤日本国語教育学会編「月刊　国語教育研究」の掲載論文。

　教育実践論文に焦点化して検討するのは，理論的には国語科教育の領域においても，1970年代からメディア・リテラシーおよびその教育に関する文献への言及はみられるが，それらを日本の国語科教師がどのように受容し，授業としてどういった形で日本の学習者に届けてきたのかを検討することによって，メディア・リテラシー教育の国語科への影響を捉えたいと考えたからである。なお，国語科教育におけるメディア・リテラシーに関する学会の取り組みとして，2010年に開催された全国大学国語教育学会における課題研究がある。そのため，この課題研究の議論を再構成した今井（2012），水越（2012），中村（2012）については，以降の（1）（2）の検討内容に関連させる形で，各氏の提言に言及する。

（1）学習材の変容と拡張

　上述した 4 文献を照合・検討すると，日本の国語科においてメディア・リテラシーという語を冠した教育実践論文が初めて発表されたのは，2000年であることが確認できる。もちろん，これは文献上ということであるため，その数年前から授業での試行は開始されていたと推測することができる。この2000年という年は，総務省によるインターネット普及率の調査結果が，それ以前で

最高を記録した年でもある。

　この，初めて国語科でメディア・リテラシーという語を冠した実践論文が発表されてから数年の間に報告された授業実践を，扱うメディアの種類や授業内容が重ならないように，以下に列挙してみよう。例えば横田（2000）では，小学校 6 年生に「ホームページ作り」を通して郷土を見つめ直させる実践が行われている。また京野（2001）では，「シナリオ作成」を行い，小学校 6 年生にデジタル・ビデオカメラで「ドラマ」を撮影・編集させる実践が行われている。さらに鈴木（2003）では，中学校 2 年生に，興味のある商品の「テレビコマーシャル」を使った主体的な吟味力を育成する実践が行われている。このほかにも，取材・台本作成を通した，中学校 2 年生での「ニュース番組制作」の実践（井上，2003），小学校 4 年生での，ゲーム機の「CMの制作」（石川，2001），中学校 1 年生での「雑誌広告」のキャッチコピーと写真の分析（左近，2002），高校 2 年生での「絵本と絵巻物」の比較検討（由井，2002），中学校 2 年生での「ポップミュージックの歌詞」の分析（黒田，2003），中学校 1 年生での「アニメーション作品」の分析とそのプレゼンテーション（遠藤，2003），中学校 2 年生での動画における「モンタージュ法」の検討や，「シークエンス」に沿った視聴者の「重層的な視点」の分析（松山，2005a）等の実践が報告されている。

　これらの実践例をみるとわかるように，それまで主に言語という記号を，紙媒体を通して読み書きし，直接的な対面によってやり取りしてきた国語科の学習は，メディア・リテラシー教育と出合うことによって，扱う学習材の質や範囲を変容・拡張させている。そして，その変容・拡張の方向性は，上掲の実践例を含め2019年までの実践報告を通して検討すると，次の 5 種類に整理することができる。

　1 つめは，広告やテレビゲーム，アニメーション，漫画，雑誌，ポップミュージックの歌詞といった，それまで国語科ではあまり扱われてこなかった対象が，この時期に急激に学習材として活用されるようになったという方向の変容・拡張である。この変容の様相は，時代背景は異なるが，1959年の「クラウザー報告書」以降の流れの中で，それまで学校教育において価値が認められてきた文学のテクストだけでなく，マスメディアや大衆文化のテクストも射程に入れ，新たな教育の可能性が模索された状況を彷彿とさせる。それまでも，漫画や歌

詞はわが国の国語科教科書において扱われてはきた。しかし，言葉の教育への導入や契機としてではなく，それ自体を学習対象として，学校外で学習者が接するテクストに教師が積極的に意識を向け，学習材開発を行うようになったのは，このメディア・リテラシー教育受容の潮流においてであったとみることができる。町田（2001）は，こういった学習材を「境界線上の教材」と名づけ，それまで国語科であまり扱われてこなかった「サブカルチャーを戦略的に」学習材として活用する必要性を強調している（町田，2001，p.2）。

　2つめは，扱う記号の種類やその複合化という方向の変容・拡張である。それまで国語科では，主に文字や声を介した言葉を中軸に据えて学習が行われてきた。しかし，上掲の実践例や藤川（2000），中村（2002），川瀬（2002）等でも示されているように，テクストの意味は言葉だけから生成・分析されるものではなく，また言葉は映像や音と複合化されることによって，異なる意味を生成・分析できるというテクストの複モード（マルチモーダル）化への拡張が，このメディア・リテラシー教育の受容過程において明確に論じられるようになる。それは，かつて大河原（1970）や滑川（1979）が先駆的に提言してきた映像教育の規模を凌ぎ，藤森（2003）の詳細な「見る」ことの分類や，奥泉（2006）の「見る」ことの整理，羽田（2008）によるイギリスの動画リテラシーを援用した学習材の開発，田部井（2007）による高校3年間の国語科（当時の国語総合，国語表現Ⅰ，国語表現Ⅱ）にわたる「見る学習」の単元開発と，国語科の学習領域の1つとして，新たな位置を得た感がある。

　3つめは，こういった学習が紙媒体だけでなく，デジタル・ビデオカメラやテレビ，スマートフォンやタブレット端末といった媒体を組み合わせて活用・実践されるようになったという方向の拡張である。これに関しては，デジタル・ビデオカメラの普及やその軽量化，タブレット端末やスマートフォン等の操作性の簡易化といった同時代的な技術革新を，メディア・リテラシー教育導入の流れの中で，教師が柔軟に取り入れ，活用法を工夫してきたことによる拡張と捉えることができる。また，松山（2005b）や中村（2012）においても指摘されているように，こういった媒体の拡張の中で，逆説的に旧来から扱われてきた「本というメディア」や物語の構造，身体性をともなった音声言語の役割や特徴が，国語科において相対的に見つめ直される機会となった。

　そして，この３つめの拡張の観点については，上田・成田（2012）によるネットワーク・コミュニケーションにおける対話の学習や，上松（2015）における自作絵本をインターネット上に公開する海外実践の紹介，渡邉（2017）におけるデジタル教科書と紙の教科書との比較検討の実践等，媒体の種類といった範疇を越えた変容や拡張の観点も提起されている。こういった授業実践や論考では，媒体の拡張にとどまらないデジタル情報特有の機能やリンク構造，そこからの情報選択・活用の問題，ネットワーク・コミュニケーションにおける不特定多数の相手とのコミュニケーションといった，国語科が今後注力していくべき学習の方向性が示唆されている。この点に関しては，石田（2014）におけるジェンキンス（H. Jenkins）の参加型文化を背景とした「翻作」の実践の捉え直しや，実践論文ではないが，松本（2015）のネットワーク・コミュニケーションにおける「炎上」の検討や，オーディエンスの複層性についての指摘もなされている。

　さらに４つめは，学習材概念自体における拡張という方向性である。学習者が上述のような学習過程において，作成したビデオ作品やパンフレット等，あるいはそれらの制作過程で書いたり書き換えたりしたシナリオや絵コンテ自体も，国語科の重要な学習材として機能するということへの着目という方向性である。こういった学習材概念の拡張を捉えて，塚田（1999）は，これまで国語科で多用されてきた範例文としての機能をもつ学習材に対して，こういった学習材を「これからの学習材」と称している。

　最後に，５つめは，教科書における教材文の拡張という方向性である。2000年以降，中学校では菅谷明子による「メディア・リテラシー」（三省堂・３年）や，水越伸による「メディア社会を生きる」（光村図書堂・３年）が，小学校では下村健一による「想像力のスイッチを入れよう」（光村図書堂・５年）や，池上彰による「わたしたちとメディア」（学校図書・５年）等の教材文が採択され掲載されている。これまでも新聞やニュースに関する教材文は掲載されてきたが，2000年以降からは，メディアやメディア・リテラシーという語を明確に使用し，それ自体を学習するための教材文が，複数の国語科教科書に掲載されるようになった。この方向性はここ20年余り継続されてきており，教科書教材の選択にあたっては，教師へのパイロット調査が行われることを考える

と，日本の国語科教師にとって，メディア・リテラシーは国語科で育成すべき
リテラシーの中に，ある位置を得てきているとみることができる。

(2) 学習内容・学習方法の拡張

　次に，メディア・リテラシー教育が，国語科の「学習内容」や「学習方法」
についてもたらしてきた影響について，4点に整理して考察する。
　1点めは，前項（1）の2つめで述べた複モード（マルチモーダル）化に関
してである。メディア・リテラシー教育の受容の中で，例えば先の藤川（2000）
にみられるように，同じ映像に異なる種類の音楽を組み合わせ，テクストの
意味は，視覚的・聴覚的に複合化されて生成されることを，体験的に気づかせ
る学習方法が開発されるようになった。また中村（2002）にみられるような，
カメラの「ポジション，アングル，サイズ」等によって，同じ対象や場面でも
異なる意味が生成されることを学ぶ授業が行われるようになった。そして，こ
ういった流れの中で，かつて1930年代にドキュメンタリー映画運動でグリア
ソン（J. Grierson）が奨励した，エイゼンシュテイン（S. M. Eisenstein）のモ
ンタージュ技法等の映像技法や，同時期から映像教育に様々な提案を行ってき
た英国映画協会（BFI）の学習内容や学習方法（Lovell, 1971），1960年代以
降にカナダでダンカン（B. Duncan）を中心として開発されてきた学習内容や
学習方法（上杉, 2008）が，日本の国語科の授業にも取り入れられるようになっ
た。
　そして，これにともない国語科の実践では，異なる種類の記号が複合化され
たテクストの学習において，テクストの「要素をあえて一部除」いたり，「異
なる要素と入れ換え」たりする体験を通した学習の方法が取り入れられ開発さ
れるようになった。また，これに関連して，同じテーマや内容のテクストを，
異なる媒体間や記号間において「変換」したり「書き換え」たりする学習も行
われるようになった。例えば，栗原（2001）では，漫画を分析して「シナリ
オという文字言語に変換」する書き換えの実践が，中学2年生で行われている。
また青山（2003）では，小学4年生に，プロットを再構成させて漫画を小説
に書き換えさせる実践が行われている。このように，異なる媒体や記号間で「変
換」したり，「書き換え」たりする学習方法を，井上（2003, 第3巻）は，メディア・

リテラシー教育を国語科で行う際の「授業の一つの典型」であると述べている。

　2 点めは，上述の授業実践のような「変換や書き換え」の学習や，動画のディレクター体験，新聞の編集体験といった「シミュレーション」学習を取り入れることによって，従来からの国語科授業の展開パターンが変容した点である。それまで国語科の授業で多かった，学習の最終段階としての制作や発表活動から，まず体験してその体験を共有資源として学習を展開する，ワークショップ型授業デザインへといった授業展開の変容が取り入れられるようになった。また，こういった授業展開の変容にともなって，制作や発信活動の「振り返り」の質が一層問われるようになってきている。特に学習者のメディア環境としてソーシャルメディアが無視しえなくなってきている今日，砂川（2009）がバッキンガム（D. Buckingham）の論を援用して指摘している「感情をともなう〈振り返り〉」への目配りが一層必要視されている。この点については，今井（2012）においても，メルシュ（D. Mersch）の論を援用して，国語科を「言語論的」メディア論と「感性論的」メディア論とが交錯する場と捉える観点の重要性が指摘されている。

　3 点めは，学習内容や学習方法における「クリティカル」の捉え方の拡充に関してである。特に戦後の国語科教育においては，クリティカルな読みや思考は，これまでも重要な学習内容の 1 つとして扱われてきた。しかし中村（2012）においても言及されているように，メディア・リテラシー教育の受容過程において，クリティカルな学習内容や方法はより強調され，その吟味の観点や枠組みがより明確になった。例えば伊藤（2002）では，佐藤（2002）が開発したテレビニュースの「分析手順や観点」を援用し，中学 3 年生にニュースの「批判的な分析の手順」を学習させている。佐藤の分析枠組みは，ディック（E. Dick）によって考案されたメディア・テクストの 3 領域（「オーディエンス」「テクスト」「生産・制作」）を基盤として，コミュニケーション能力の観点から再構成したものである。また草野（2002）は，批判的思考を指導するためのマトリクスを作成し，上掲の 3 領域をもとに「動態的関係性のモデル」を開発している。

　さらに，この流れの中で「オーディエンス」概念等，1970〜1980 年代にメディア社会学を基盤として発展してきた様々な知見が，国語科にも取り入れら

れるようになった。例えば，黒尾（2003）では，想定される「オーディエンス」の関心やライフスタイルに着目させて，新聞広告とその頒布される曜日との関係を分析・吟味させた実践が報告されている。国語科では，それまでもコミュニケーションにおける「相手意識」「目的意識」といった観点からの検討は，授業実践において扱われてきた。しかし，この「オーディエンス」概念が取り入れられたことによって，伝える「相手」を意識化するだけでなく，「オーディエンス」が共有する文化的な先行経験への着目が促されるようになった。そして，そのことによって荒川（2018）にみられるような「編集」意図の検討や，「ステレオタイプ・バイアス」の問題，メッセージの「生産－消費－再生産」といった社会的過程をも視野に入れた，クリティカルな検討学習が取り入れられるようになった。

　最後に4点めとして，以上述べてきたようなメディア・リテラシー教育の学習内容や学習方法を，既存の国語科の学習内容と融合させた授業実践の開発の様相について述べる。上掲の実践にみられるような，ニュース番組作りやCM制作といった新たなタイプの授業実践が開発される一方，光野（2002）や，山元ら（2003），加賀美（2004），岩永（2004）等にみられるような，既存の教科書教材の学習と，メディア・リテラシーの学習内容や方法とを組み合わせた授業実践が開発・実践されるようになった。例えば，教科書に掲載されている説明的文章の読解学習の過程において，その教材文における情報の「切り取り方」や「根拠」のあげ方等をクリティカルに検討させるような実践が開発されている。また坂本（2002）においては，同じく教科書の説明的文章と関連する新聞やアニメーションを組み合わせて分析し，ハンセン病国家訴訟における「報道する罪，しない罪」や，「記者クラブの存在への疑問」等へと，学習内容や学習方法の拡張・発展を図った授業実践が開発されている。このほかにも，布村（2017）における漢文教育との融合，遠藤（2018）における「再構成された」文学作品の翻訳としての「故郷」の学習，伊藤（2019）における「ステレオタイプ・バイアス」の観点を組み合わせた説明的文章の学習等が実践されている。

（3）考察

　以上述べてきたように，国語科の学習材においては，メディア・リテラシー教育の受容過程において，学習材概念自体を変容・拡張させ，大衆文化やマスメディアも射程に入れて，テクストのマルチモーダル化の観点も取り入れ，コミュニケーションのための媒体や技術，システムまでをも変容・拡張させてきていることがわかる。しかしその一方で，この（1）の学習材の変容・拡張に（2）の学習内容・学習方法を重ね合わせて検討すると，かつてイギリスにおいてリーヴィス主義からの脱却を図りながら，学習材の拡張の中で，テクスト作りの卓越性や価値の識別（discrimination）アプローチから抜け出しきれなかった状況（上杉，2008）を彷彿とさせる実践も，いく例かは見受けられる。

　国語科におけるメディア・リテラシーに関する教育実践の開発は，数量的には，2005年前後をピークに2000～2011年の間に活発に実施・報告されている。そして2011年の後半からは，実践論文のタイトルに「メディア・リテラシー」といった語を冠した報告は，減少傾向が認められる。しかし，このことは，単純に当該実践が行われなくなってきていることを示しているとは考えにくい。例えば2011年以降報告されている実践論文のタイトルを見てみると，「社会に氾濫する情報を，主体的に受け止める力を育てる試み―新聞記事を活用した実践から」や，「新聞の折り込み広告を学習材とした単元の開発―オリジナル広告の作成を通して書く力を高める」，「中学校国語科における編集力を高める授業の開発―単元『戦争の記憶を受け継ぐ』授業の記録」等を見ることができる。つまり，こういったタイトルから，日本の国語科におけるメディア・リテラシー教育の実践は，その時々に焦点化される国語科で育成すべき能力やリテラシーを前景化させながら，その過程にメディア・リテラシーの学習内容や学習方法を組み込み活用する形で，教科書制度の枠組みも活かしつつ，ある意味定着してきているとみることができるのではないだろうか。

　しかし一方，（1）（2）の検討からは，今後に向けたいくつかの課題も垣間見える。例えば，先の（1）や（2）で言及したテクストのマルチモーダル化については，学習材においても学習内容や学習方法においても進展がみられ，田部井（2007）において提案されていたように，高校では３年間にわたる「見る学習」の単元開発等も行われている。しかし，佐藤・中川（2018）において指摘さ

れているように，小学校では教師用指導書を見る限り，映像テクストの「指導事例」は低学年に集中している。つまり，学習の系統性や学校間の接続性について，さらなる検討や整備が必要とされていることがわかる。また，先の（1）の3つめで言及した，ネットワーク・コミュニケーションにおける不特定多数の相手とのコミュニケーションの学習については，小柳（2012）において重要性が指摘されながらも，まだまだ実践開発の事例が少ないという課題もみえる。これに関しては，水越（2012）において提言されたように，様々なメディアが「有機的に関連」し合って環境化している現代社会を，身体的・協働的な「創造活動を通じ」て「反省的に」捉えていけるような学習デザインが求められている。さらに，このネットワークを介したコミュニケーションについては，上掲の砂川（2009）や今井（2012）でも指摘されていたように，クリティカルな思考力だけでなく，感情や感性といった情緒的側面からの吟味や振り返りの学習も，ますます必要とされてきている。今後国語科においてメディア・リテラシーの教育実践や研究を行っていく際には，こういった問題や課題に取り組んでいくことが必要だと考えられる。

3. 国語科における今後の研究・教育実践の課題

　本節では，前2節の検討をもとに，今後国語科教育において必要とされる研究や教育実践について，2点に整理して述べる。

(1) マルチモーダル・リテラシーへの諸外国の対応と共通基盤研究への着目

　1点めは，学習者を取り巻くテクスト環境の急激なマルチモーダル化に対応した基盤研究への着目と，それに基づいた系統性の整備の必要性である。かつては，イギリス（イングランドおよびウェールズ）であれば，1989年のナショナル・カリキュラムの編成時から，母語教育科目における学習の範囲（breadth of study）という「読むこと」の対象テクストの1種類に，「メディアと動画テクスト」が位置づけられていた（当初は11歳以降の中等教育から。1999年の改訂以降は，キーステージ1の5歳以降も対象）。また，カナダ（オンタリオ州）であれば，1995年に第1学年から第6学年までの母語教育科目に，「見るこ

とと表象すること（viewing and representing）」の学習内容が記述され，1997
年改訂版では，「口頭・視覚的コミュニケーション」領域に，「メディアに関
連する分析的でクリティカルな思考」に関するスキルが編入された。さらに，
2006年の改訂以降は，よく知られているように「メディア・リテラシー」と
いう領域が設定された。このほかにも，この1980年代末以降には，アメリカ
合衆国やオーストラリア連邦（西オーストラリア州），大韓民国，ニュージー
ランド等において，同様のカリキュラム改訂が行われた（奥泉，2006）。

　しかし，2010年代に入ると，例えばアメリカ合衆国では，「国語科のスタン
ダード（The Common Core State Standards for English Language Arts）」（K～
12Y）が，全米州教育長協議会（Council of Chief State School Officers）と全
米知事会（National Governors Association Center for Best Practice）によって公
表され，かつての「viewing（見ること）」と「visually representing（視覚的に
表象すること）」といった項目は，設定されなくなる。「テクストの複雑性の幅
とレベル（range and level of text complexity）」といった下位項目はみられるが，
かつてのような特定領域は設けない方針が，同スタンダードの「策定の重要要
件」として明記されている。そこには，社会やコミュニケーション状況の変化
にともなって，「検索技術やメディア・スキルは，スタンダード全体として編
組されている」必要があると述べられている。同様に，オーストラリア連邦で
も，2013年からかつてないほど詳細な全州共通の新たなナショナル・カリキュ
ラムが策定されたが（実施の形態や時期は各州の任意），かつての「見ること」
といった特定の項目は設定されず，複モードやメディアに関連する内容は，す
べての領域・学年に編組されている。また，「批判的思考力，ICT技能，社会
的能力」等に関しては，教科横断的な「汎用的能力（general capabilities）」と
して記述されている。

　つまり，これらの検討からみえてくるのは，かつての「見ること」に記載さ
れていた映像リテラシーを中心とする学習内容は，より複雑化したコミュニ
ケーション状況に対応できるよう，「読むこと」や「書くこと」「話すこと・聞
くこと」といった母語学習の全領域に拡張・再編成され，どのテクストと対峙
する際にも批判的思考力をはたらかせ，ICT技能を駆使し，テクストの複モー
ド化に対応して社会的な能力としてのリテラシーを培うことができるよう，教

育課程の変革が求められてきているということである。

　そして，前掲のこういった新たなカリキュラムが検討・準備されていた同時期に，言語と他の記号との往還性をもつマルチモーダル研究が急速に発展してきていたことを，見逃すことはできない。SF-MDA（systemic functional multimodal discourse analysis）とよばれる機能文法を基盤としたこの研究領域は，2009年にこの分野に関わる34名の代表的な研究者によって，22章からなるハンドブック（Jewitt, 2009）が編集・刊行された時点をもって，1つの研究領域として結実・成立したと世界的にも認識されている（比留間，2012, pp.1-2）。このSF-MDAの知見については，次項で一部述べるが，一層複雑化するコミュニケーション状況に対応していくためにも，このSF-MDA研究のような汎用性のある知見を援用し，わが国の国語科に必要な，マルチモーダル・テクストの学習の系統性を，言語の学習との往還性を意識して整備していく必要がある。

(2) 情緒的側面をもクリティカルに検討する「対人的」意味の研究の必要性

　2点目は，前節で言及したバッキンガムの論をもとにした砂川（2009）や，今井（2012）で指摘されていた情緒の側面をもクリティカルに吟味できる力の育成の必要性である。前項（1）で言及したSF-MDAでは，言語テクストもマルチモーダル・テクストも，次の3種類の観点から検討し，それらの有機的な統合として意味を検討・構築するという点が共通基盤となっている。その3種類とは，①テクスト中で，どのような対象によって，どのようなことが展開されているのかを検討する「観念構成的」な観点，②テクスト中で展開されている事象やその対象が，読み手に対してどういった関係で表現されているのかを検討する「対人的」な観点，③これら前二者との関係で，テクストがどのように構成されているのかを検討する「テクスト形成的」な観点である。そして，情緒的側面の検討に最も関わるのが，②の「対人的」な観点である。

　例えば，マルチモーダル・テクストの例として，絵と言葉とが対等な関係でデザインされている絵本を使い，SF-MDAの枠組みを使って「対人的」な観点からの検討例（奥泉，2020）を示してみよう。図11-1は，左側のアフリカ系アメリカ人の少女クローバーと，右側の白人の少女アニーとが，居住地区を仕切っ

図11-1　『むこうがわのあのこ』（Woodson, 2001 = 2010, p.11）

ている柵を挟んで，初めて会話を交わし，名前を尋ね合う場面である。この絵
の部分を，上述の①「観念構成的」な観点から検討すると，「2人の少女が柵
越しに，対話をしている」という意味が検討できる。しかし，この同じ場面を，
②の「対人的」な観点の中の「接点（contact）」というシステム●2の枠組みで
検討すると，アニーが柵に手を触れているのに対して，クローバーは柵に触れ
ていないことから，この2人にとって，この柵は対等に隔てる機能を意識され
たものではないのではないかという意味が検討できる。そして，両者のこの関
係性は，右記の言葉の部分で，先に話しかけるのがアニーであるという「会
話のターン」にも，結束性をもって編み込まれていることが検討できる。ま
た，ショット・サイズに具現化された，見る者とテキスト中の2人との「仮想
的な位置関係や距離」を検討してみると，見る者はこの光景を，2人の表情や
会話が聞こえる程度の距離から，眺めるよう位置づけられていることが検討で
きる。そして，「図像の強度（visual graduation）」を検討する枠組みに着目す
ると（Economou, 2009），柵がページフレームの上下左右に充満して描かれ
ていることから，初めて名前を尋ね合い仲良くなった2人を，依然として柵が
隔てているという，柵の図像としての「強度」を検討することができる。この
時テキスト中で見つめ合う2人の視界からは，十分には見えないはずの柵のこ
の面積の広がりは，この位置に仮想的に位置づけられている見る者にこそ，「依
然として立ちはだかっている」といった図像の「強度」を感じさせ，それに付

随する感情を生起させる要因となっている。

●2　体系機能理論では，表現の選択肢の体系をシステムとよんでいる。

このように，見る者の感情を揺り動かす要因を，情緒的側面をともなった副詞や形容動詞といった言語表現を駆使して捉え，吟味・検討するようなマルチモーダル・テクストの学習が，ますます必要となってきている。そして，参加型文化を背景に，不特定多数の相手とネットワークを介したコミュニケーションを，楽しみをともなってクリティカルに（Burn, 2009）行えるリテラシーを身につけるためには，先述した「仮想的な関係性」を「対人的」に検討する枠組みや方法の学習が必要とされている。

以上，国語科においてこれまで行われてきたメディア・リテラシー教育の実践を，1990年から現在まで30年間あまり振り返り，その中でメディア・リテラシー教育との関係で国語科にもたらされてきた新たな観点や変容を，検討・考察してきた。そして，一層複雑化するメディア環境に対応していくために，今後国語科に必要な教育や研究について，SF-MDAの枠組みを援用して2点述べた。

このSF-MDAの枠組みは，不特定多数の相手とのネットワークを介したコミュニケーションにおいても，口頭表現の特徴を具えた書記テクストのマルチモーダル研究として活用範囲を広げている（奥泉, 2017）。スマートフォンやタブレット端末の画面上で，かつて類を見ないほど，私たちは口頭表現の特徴を具えた書記テクストを，日々生産・消費し合っている。こうした点に取り組んでいくためにも，メディア・リテラシー教育と国語科教育は，さらに相互の貢献の質や形をその都度変えながら，今後も新たな関係を構築していく必要がある。

第12章
メディア論と
メディア・リテラシー

1. 水越敏行とマクルーハンとマッキントッシュ

　本論を，筆者（水越伸）は父である水越敏行との，1980年代の2つの思い出から始めたい。父・敏行は1980年代，教育工学，情報教育を専門とする大阪大学の教員で，メディアを活用した新しいタイプの授業を，学校関係者やメディア関係者と実践的に開発する仕事に取り組んでいた。私は父と学問論のような一般的なことはよく話したが，メディア・リテラシーについてはまったく話し合ったことはなかった。以下の2つはほんのちょっとしたことだが，時々思い出してはその意味を考えてきた出来事である。

　1つめは，1981年，私が筑波大学の1年生だったときのことだ。父は仕事があって筑波大学に来ており，私たちはキャンパスで落ち合った。昼食を食べた後，本屋を2人でブラブラしていると，父が「あ，これだこれだ」とうれしそうに1冊の本を手に取り，それを買った。何気なく見ると表紙にはマクルーハン（M. McLuhan）という文字があった。

　私は父に，マクルーハンとは人の名前かと尋ねた。父の答えは次のようなものだった。マクルーハンはメディア論というのをやっている人だ。テレビとか新聞だけではなく，鉄道やクルマ，建物まであらゆるものがメディアだと言った。ちょっといい加減だなと思うが，すごく面白い。これは以前に出た本で在庫切れだったが，新装版が出たのだ，と。今考えてみると父は，新装版が出たことを新聞広告か何かですでに知っていたのだろう。だから書棚から嬉々として見つけ出すことができたのだと思う。

　その後，歩きながら，父は面白いことを語った。映像には言語とは違う文法があるんじゃないか。人がテレビ番組や映画を見て，理解するとはどういうこ

とか。言語に文法があるように，映像独自の文法があるからではないか。マクルーハンはそう言っていて，そういうものが存在するかどうかはよくわからないが，面白いところだと思う。

　当時，18歳だった私が，その意味を十分に理解できたわけではなかったが，映像の文法という言葉は耳に残った。耳に残った理由は2つあったと思う。1つはそれが，その頃，日本で勃興しつつあった現代思想の大きな流れにマッチしていたからである。1980年代前半，文化人類学，精神分析学などの領域から西欧のロゴス（言語）中心主義の思想や学問が批判され，ポストモダン哲学が脚光を浴びつつあった。その流れの中で，記号や映像は従来の言語学的な枠組みで捉えることができず，より広がりのある枠組みが必要だとして，記号論が活況を呈していた。ポストモダン哲学はフランス現代思想に比重がありマクルーハンには言及しなかったが，しかしロゴス中心主義を批判的に捉える記号論と「映像の文法」には共通する部分が多いと，私は感じたのだ。

　もう1つは，私自身が映像を視聴して分析的に記述する作業をやったことがあったからだ。1970年代前半，小学校中学年の頃，私は父に言われて，テレビ番組を見て，各シーンで描かれている出来事や物語を京大式カードに書き出していく，ということを何度もやったことがあった。詳細は覚えていないが，番組をシーンに切り分け，ショットごとに何が描かれているか，そのシーンが何を伝えようとしているかをカードに記していく。カードを何枚か溜めて，番組全体を分析的に理解するという作業だった。これをやるにはまず番組を注視しなければならなかった。そして番組が構成されたものであり，各シーンに出てくる人物やモノ，それらの配置に意味があることはわかった。映像の文法とは，あのときカードに書き出した事柄と関係があるのではないかと，当時の私は思ったのである。ちなみにこのカード分析は面白いながらももどかしく感じるところがあったが，そのことについては後述したい。

　2つめの出来事は，1986年の暮れのことだ。東京大学大学院の修士1年生だった私は，実家にアップルコンピュータのマッキントッシュを持ち帰った。父はそのマシンをじっと見つめてから，お前はこれをなぜ持っているのかと尋ねた。これと同じ虹色のリンゴマークのマシンが自分の研究室にもあり，学生たちが使っているという。父はちょっと驚いている様子だった。私もとても驚

いた。私は筑波大学の芸術系の教員やOBと1983年にインダストリアルデザイン
のオフィスを立ち上げ，そこで働きながら大学院へ通っていた。マッキントッ
シュは1984年に登場したが，そのオフィスは日本で最も早くに複数台を購入し
ていた。私は大学院進学の際にその１台を安く譲り受けて自分用に使っていた
のである。父はマッキントッシュを教育のためのメディアだと考えていたが，
私は画期的なデザイン思想の賜物であり優れたデザイン・ツールだと考えてい
た。私は父のやっている教育学をやるつもりはなかったし，父は私が社会学の
ようなことをやっているとばかり思っていて，互いに驚いたというわけである。

　1986年は，浜野がアップルと教育とデザインを結びつけ，この新しいメディ
アの背景にある文化や思想を論じた『ハイパーメディア・ギャラクシー』を
出版する２年前であり，ビル・アトキンソン（B. Atkinson）がハイパーカー
ドという画期的なマルチメディア・オーサリング用ソフトウェアを世に出す１
年前だった。まだ日本ではマッキントッシュなどほとんど知られていなかった。

　私はそれまで，父の研究をなんとなく理解していたつもりだった。しかしそ
の理解とマッキントッシュが結びついたことは驚きだった。その頃マッキン
トッシュを使うということは，たんなる事務用計算機を選ぶことではなく，マッ
キントッシュという思想を手に入れることだった。当時の一般的なパソコン雑
誌には，今のノウハウ情報ばかりのそれとは違って，オブジェクト指向，GUI
（graphical usar interface）などの技術用語が登場し，ポップで万人に開かれた
マッキントッシュがどのような背景から生まれ，何と戦っているかが説明され
ていた。マック・ユーザーには，それを理解したうえで買う以外の人はいなかっ
た。彼らはIBMやマイクロソフトに対抗してコンピュータを人々の手に取り戻
し，世界を変えていこうという気概をもってマッキントッシュを使っていた。

　大阪大学水越研究室がマッキントッシュを所持し，学生らがそれを使ってい
るということは，アップルが掲げた思想をその研究室が理解し，受け容れてい
るということだった。私たちのデザイン・オフィスも同じ思想を受け容れたの
であり，その点において，私は父の教育工学が何をめざしているのかの一端を
理解したと思ったのである。

　以上は私の個人的な思い出である。しかし1980年代以降，マクルーハンと
マッキントッシュがメディア・リテラシーと関わった軌跡を振り返ることには

意義があるだろう。本論では2つの思い出の意味を深化させ，メディア論と教育工学がメディア・リテラシーをめぐってどのような関係にあるのか，いかなる展望をもつべきかを論じていく。

2. マクルーハンの2つの位相

　1981年に水越敏行が買った本が何だったのかを調べてみた。それは1960年に人類学者のカーペンター（E. Carpenter）とマクルーハンが編んだ『Explorations in communication（コミュニケーションの探求)』を大前と後藤が抄訳し，1967年に『マクルーハン入門』として出版したものの新装版だった。新装版は『マクルーハン理論』と改題された。原著はマクルーハンがカーペンターらとともに出版していた同名の雑誌シリーズの論考をまとめた論文集であり，マクルーハンの単独編著ではない。邦題は『マクルーハン理論』だが，マクルーハンが中心となって書いたものではなく，彼が仲間とともに編み上げた成果だった（Carpenter & McLuhan, 1960）。

　ここで日本でのマクルーハン受容の経緯をざっと跡づけておこう。日本では1960年代後半に評論家の竹村健一がマクルーハンを喧伝して，一大旋風が巻き起こった。のちに独特の風貌と語り口で有名になる竹村は，実はマクルーハンの紹介者としてデビューしたのだった。ただしその紹介の仕方はアカデミックからはほど遠く，ジャーナリスティックというよりセンセーショナルなものであり，竹村の存在とブームがあったがために，1980年代後半になってもメディアやコミュニケーションの研究者たちは，マクルーハンを異端の非論理的な評論家とみなして評価しなかった。

　新装版が出版された1981年当時，マクルーハンらの雑誌『コミュニケーションの探求』を知っていた日本人は訳者の後藤らを除いてほぼ皆無だったはずであり，カーペンターはまったく無名であり，さらにいえばマクルーハンがトロント学派の1人だということさえ，1990年代に入るまで理解されていなかった。マクルーハンが西欧の思想史の中で吟味されるようになったのは，日本で本格的にメディア論が立ち上がった1990年代半ば以降のことである。さらにいえばマクルーハン研究の本格的成果が日本で出始めるのは2000年代後半以

降となる（宮澤，2008；門林，2009；柴田，2013）。

　1980年代初頭，マクルーハンは約15年の歳月を経て再び，メディア業界やアカデミズムに召還されることになった。その背景には，官民をあげて衛星放送や双方向テレビを推進するニューメディア論が喧伝されていたことがあった。水越敏行は教育工学においてこのようなブームを意識し，マクルーハンをどこかで思い出し，そこに何かあるのではないかと直観し，『マクルーハン理論』を購入した。1981年当時，マクルーハン関連の本の大半は絶版であり，これが唯一購入でき，読むに値する本だったのである。

　ここで『マクルーハン理論』のアカデミックな位置づけを論じておこう。2000年代後半以降に本格化したマクルーハン研究において『マクルーハン理論』は，彼の本格的な業績となる『グーテンベルクの銀河系』や『メディア論』を出すための予備的，準備的な段階の業績として位置づけられている（宮澤，2008，pp.81-85）。それを翻訳した後藤は「法人マクルーハン」という表現を用いている（大前ら，1967, pp.34-35）。すなわちマクルーハンは，雑誌『コミュニケーションの探求』の編集に関わる過程で，文化人類学から宗教学にいたる様々な領域の研究に触れることになった。彼はそこで様々なことを学び，のちに本格的な著書をものにした。『マクルーハン理論』は，プロデューサーとしてのマクルーハンの成果だったというのである。

　それでは「法人マクルーハン」以前の，個人としての問題関心はどこにあったのだろうか。私たちはそれを，1951年に出版された事実上のデビュー作，『機械の花嫁―産業社会のフォークロア』に見て取ることができる（Mcluhan, 1951）。『機械の花嫁』は，カナダ人の彼がイギリス留学時代に学んだニュークリティシズムという文学研究の手法を流用し，映画，広告などのマスメディアがもたらすポピュラー文化を読み解き，メディアの文法（media grammars）を探ろうとした成果である。改めて読み直してみると，その記述にロラン・バルト（R. Barthes）のような感性はない。消費者やマスメディアの受け手の能動性を考慮せず，産業化が人々を否応なく変化させるとする論旨には，限界がある。しかし，カルチュラル・スタディーズのポピュラー文化研究以前にポピュラー文化批判を行っていたことには注目しておく必要がある。

　すなわちマクルーハンには2つの位相があるとみることができる。第1に，

彼は元来，文芸批評家であり，その手法を応用してポピュラー文化の批判的分析を行っていた。ここでメディアの文法が語られ，メディア・コンテンツやポピュラー文化のテクストやイメージの分析に取り組んだ。第2に，「メディアはメッセージである」「熱いメディア，冷たいメディア」などの謎めいた警句を広めたメディア技術の発展と文化変容に関する知識のプロデューサー，「法人マクルーハン」としての仕事である。この位相でのマクルーハンは個別対象の分析作業はほとんどせず，博覧強記を十二分に活かして，多様な警句をちりばめた文明論的な著作を世に出している。

　第1がマクルーハンの古層，コアであり，第2はその発展版，応用系だ。このように捉えた場合，マクルーハンとメディア・リテラシーの関わりにはねじれがあることがわかる。マクルーハンが著名なのは第2の「法人マクルーハン」としての業績である。ところが第2の位相の知見は文明論的，予言書的で，実証的なタイプの研究に結びつけて論じることは難しい。多くの研究者はマクルーハンの著書から謎めいた警句を引用する程度にとどまり，この位相におけるマクルーハンを深く理解してはいない。

　他方で第1の位相のマクルーハンは，現在の社会学，文化研究，メディア・リテラシーの観点からはわかりやすい。カナダ・オンタリオ州のメディア・リテラシーに関する教育指導要領は，この位相でマクルーハンが進めたポピュラー文化分析の延長線上にある（Ministry of Education Ontario, 1989）。メディアの文法を見いだし，マスメディアとポピュラー文化を批判的に読み解く。この位相でのマクルーハンは，今日のメディア・リテラシーの基本的なスタイルそのものだ。ところがこのスタイルがマクルーハンの影響下にあることは，十分に理解されているとは言い難い。

　まとめておこう。メディア論の創始者の1人とされるマクルーハンは，カナダを中心とするメディア・リテラシーに大きな影響を与えた。マクルーハンを著名にしたメディア論の第2の位相はしかし，マクルーハンのオリジナルではなく「法人マクルーハン」の産物だった。それは未完成な部分を含んだ広大な世界観であり，魅惑的な思想であったが，メディア・リテラシーとはあまり結びつかないままだった。一方で文芸批評家マクルーハンの進めたポピュラー文化分析はメディア・リテラシーに直結し，その基礎を形作ったが，そのこと自

体はあまり理解されないまま今日にいたっている。問題は、「法人マクルーハン」
が生み出したメディア論とメディア・リテラシーを本格的に結びつけた議論が
十分になされてはこなかった点にある。

3. 私たちはデスクトップ・メタファを越えたのか

　マッキントッシュへ話を移そう。アップル・マッキントッシュは、独自のデ
ザイン思想に基づいてパーソナル・コンピュータを具現化した、コンピュータ
史上の画期をなすマシンである。このマシンを生み出したスティーブ・ジョブ
ズ（S. P. Jobs）とスティーブ・ウォズニアック（S. G. Wozniak）らは、コンピュー
タ・パワーを国家や大企業、一部のエリート層からすべての人々に開放すると
いう、カウンター・カルチャーの気運に満ちた思想を、1984年にマッキントッシュ
として発表した。iPhoneが登場した2000年代以降、アップルコンピュータがアッ
プルと改名して世界最大級のIT企業となってから20年近くを経て、マッキント
ッシュの革新性は過去のことになってしまったが、その意義は振り返るに値する。
　1980年代半ばの日本におけるパーソナル・コンピュータ（以下、PC）の普
及状況を振り返っておこう。当時PCはまだデスクトップ型の大きな電子機器
であり、世帯普及率、小学校への普及率はいずれも数％にすぎなかった。教育
における情報化では高品位テレビや双方向テレビなど放送の先端技術に注目が
集まっており、PCの重要性は認識されていたものの、その具体的な応用はま
だ端緒を開いたばかりだった。
　1989年夏、水越敏行は「ニューメディア、コミュニケーションそして教
育」と題した大規模な国際シンポジウムを主催した。その記録集を改めてみる
と、欧米主要国やソビエト連邦のキーパーソンに加え、東洋、柴田義松らの
第1世代から坂元昂、西之園晴夫、中野照海らの第2世代、清水康敬、野嶋栄
一郎、小平さち子といったそうそうたるメンバーが集まっていることがわかる
（ニューメディア関連国際シンポジウム実行委員会, 1991）。そこでのコンピュー
タの語られ方は、80年代後半の教育工学が共有したコンピュータのイメージを
代表しているといってよいだろう。この記録集に基づいて議論を進めてみたい。
　坂元昂は3日間のシンポジウムの総括討論において、今回はコンピュータに

ついての哲学，文教行政，実践，そして効果研究の４つが議論されたとし，第
１のコンピュータについての哲学について次のように語っている（ニューメ
ディア関連国際シンポジウム実行委員会，1991，p.358）。「つまり，ドリルや
練習，チュートリアルの個別学習におかれていた重点が，データベースによ
る共有知識の形成と利用，問題解決，ゲームやシミュレーションによる思考や
問題解決，文書作成，作図，作画，作表，などによる自己表現，自己啓発，創
作，実験計測による自然現象の法則の発見などのためにコンピュータが使われ
ることに移ってきて」おり，このシンポジウムではコンピュータを「思考，認
識，創造，コミュニケーションの道具」として新たに捉える方向で一致していた。
換言すれば，CAI（コンピュータ支援教育）は1980年代半ばから後半にかけて
大きな転換期を迎えていたのだ。それまでのCAIが1980年に業務用機器として
登場したIBM PCとそれらに親和性の高い行動主義心理学的アプローチで進めら
れてきていたのに対し，この時期に注目を浴びたのは思考のための道具として
のコンピュータであり，それを象徴していたのはマッキントッシュだった。さ
らに認知科学的アプローチからの学習理論が導入されることになったのである。

　実は私はこの国際シンポジウムの手伝いをし，会場にいた。今ではほとんど
忘れてしまったが，１つだけよく覚えているのが佐伯胖の報告「デスクトップ・
メタファを越えて―表象世界と現実世界をつなぐもの」である（ニューメディ
ア関連国際シンポジウム実行委員会，1991，pp.350-351）。佐伯は父と私がマッ
キントッシュで驚き合った1986年，岩波新書『コンピュータと教育』を出版
している。佐伯の報告はその内容を敷衍する形で，ブラックボックス主義とい
う概念を用い，コンピュータ教育のあり方を重く鋭く批判したのだった。

　ブラックボックス主義とは，複雑なコンピュータの仕組みは専門家以外が知
る必要はなく，子どもを含む一般ユーザーはマニュアル通りに使えば専門家ら
が想定した恩恵にあずかることができるとする考え方を指している。佐伯は学
習現場でコンピュータの仕組みについて教えることも学ぶこともせず，こうい
うときにはこの操作をしなければならないとだけ教え，それに盲従するという
態度が蔓延することの危険性を告発した。そして「コンピュータ教育というの
は，本来は，このようなブラックボックス主義に対抗するためのもののはずで
ある」として，コンピュータの取り扱いの背後にどのような仕組みや手続きが

あるのかを子どもの発達段階に応じてそれなりにわかるよう支援することだと
する。さらに彼は，ファイルやゴミ箱など机まわりにあるもののアイコンをマ
ウスで操作し，世界がわかった気になってしまうことの問題を指摘する。人間
の認識はきわめて状況依存的であり，現実世界との相互作用を通して成り立つ
ものである。ところが，コンピュータの仕組みという現実世界を知らなくても，
デスクトップ・メタファという表象世界だけを操作できればいいという考え
は，リアリティ感覚を失って虚構の世界に自閉する人々を生み出しかねないた
め，デスクトップ・メタファを克服することの重要性を指摘したのだ（ニュー
メディア関連国際シンポジウム実行委員会，1991，p.353）。

　このコンピュータ像は記録集の中で明らかに異色である。佐伯は，コンピュー
タの仕組みを知識として理解させることを目的とする技術教育的な観点で議論
をしてはいない。問題は，コンピュータ技術が理解できるかできないか，そ
の能力があるかないかではなく，コンピュータ技術を批判的に捉えられる観点
を学習者がもつことができるか否かにあるという。いうまでもなくデスクトッ
プ・メタファを装備した世界初の民生マシンはマッキントッシュだった。佐伯
はマッキントッシュを念頭に，コンピュータというメディアそのものに対する
批判的理解，つまりコンピュータのメディア・リテラシーの必要性を訴えたの
だ。この国際シンポジウムは当時の日本の教育工学の英知が集結しており，そ
こでの重点はコンピュータを用いていかに学習を展開するかという視点にあっ
た。その中で佐伯はメディア・リテラシーを論じていたのである。

　この問題を本格的に批判的に検討し，なんらかの実践プログラムに結びつけ
るような，日本における教育工学，あるいは教育メディア研究はその後，十分
に発達しただろうか。教科「情報」の成立と，その中でのコンピュータ教育が
この問題に応えているわけではない。デスクトップ・メタファを疑い，そのオ
ルタナティブを構想することを学習する余地は，現在のコンピュータ教育，プ
ログラミング教育領域に見当たらないのではないか。ましてやオブジェクト指
向言語が根本に心身二元論や人間中心主義からの離脱の思想をはらむことや，
アイコンのデザインがもつ文化的な意味（人種，ジェンダー，ナショナリティ
など）などについての議論は，教育を越えた情報デザインの領域でも皆無に
等しい。さらにいえばインターネット，スマートフォン，タブレット端末など，

後続のデジタル機器のリテラシーは，どれだけめざされてきただろうか。

4. 今後の研究課題

　マクルーハンとマッキントッシュを取り上げ，それらとメディア論，教育工学がどのように向き合ったかを論じてきた。マクルーハンは理論，思想の象徴であり，マッキントッシュは具体的な技術，メディアの象徴だといえる。両者をメディア・リテラシーの地図の対角線上に位置する端点と考えておこう。この地図を俯瞰したとき，いかなる課題を見いだすことができるだろうか。

　まずマクルーハンには，文芸批評家としての位相と「法人マクルーハン」としての位相の2つを見いだせることを論じた。彼は第2の位相において有名だが，それは長く学問的吟味の対象とはならず，2000年代になってようやくメディア論の最前線と結びつけて議論されるようになった。しかしその知見はメディア・リテラシーという領域に滴り落ちてきてはいない。他方で第1の位相はあまり知られていないが，そのスタイルはカナダにおけるメディア・リテラシーに応用され，メディア・コンテンツやポピュラー文化の批判的読み解きという，メディア・リテラシーの基礎を形作った。メディア論の研究者は，その領域の始祖の1人であるマクルーハンの知見には詳しいはずだが，彼とメディア・リテラシーの深い結びつきについて十分には理解してはいない。

　教育工学第2世代は30代後半でマクルーハン・ブームを体験しており，1980年代にもその存在を十分意識していたはずだ。しかし彼らの進めた教育工学は学校教育を前提としており，より人文社会科学的なメディア論と結びついていたわけではなかった。先に，映像のカード分析を行った際，私はもどかしさを感じたと述べた。あのもどかしさは，カード型分析ではドラマのシーンや物語の構造の認知的な理解力は鍛えられるだろうが，私がドラマの俳優や物語の文化的意味をどのように理解しているかにまで立ち入ることができないという，方法論的限界に起因していたのだろう。1980年代までの映像視聴能力の研究は，映像の文化的意味を批判的に理解するという，メディア・リテラシーの基本要因を欠いていたのである。映像視聴能力教育は科学的思考と結びつき，映像視聴を個人の能力として捉えていた。それは第1の位相とは結びつ

かなかったのだ。

　以上のようなねじれや切断は，マッキントッシュをめぐっても見いだせる。1980年代にデザイナー，認知科学者らの間で共有されていた「思想としてのコンピュータ」をめぐる議論に，のちにメディア論を担うことになった社会学，社会心理学系の研究者は無関心だった。西垣，桂ら，1990年代にデジタル技術との関連でメディア論的思考を深めた人々は，皆それらの領域の外側にいた（西垣，1997；桂，1996）。

　そのため今日のメディア論にもまた，マクルーハンと同様の2つの位相を見て取ることができる。すなわち，技術や物質がもたらすメディア環境を自明の前提とし，その土台の上で展開する文化現象や社会心理状況を分析的に捉えていく第1の位相と，技術や物質，そしてメディアそのものがはらむ文化性，政治性を捉えていく第2の位相である。西垣，桂らの議論は第2の位相上にあった。近年めざましく発展した領域にソフトウェア・スタディーズがあり，ソフトウェアを無色透明な技術的産物とするのではなく，そこに内包される文化性，政治性，そしてコンピュータやプログラミングの歴史的検討などに取り組んでいる。この領域を先導するレフ・マノヴィッチ（L. Manovich），マシュー・フラー（M. Fuller），ワレン・サック（W. Sack）らは皆，プログラマーやデザイナー出身でメディア論に取り組んでおり，やはり第2の位相に位置づけられる。

　教育工学はマッキントッシュをおしなべて高く評価してきた。一定の割合の学校は1990年代を通して一貫して活用していたし，2000年代にiPadが登場するとその割合は増大した。すなわち思弁的なメディア論とは違って実践的な教育工学は，マッキントッシュ的なるものと密接に結びついて発展してきたといえる。しかしデスクトップ・メタファを批判的に捉え直す教育が一般化していないことに象徴されるように，社会的・文化的な側面からコンピュータの仕組みや利用のあり方を考えるメディア・リテラシーは深められなかった。

　メディア・リテラシーは，メディア論と教育工学，さらにはメディア・アート，情報デザイン，生涯学習，カルチュラル・スタディーズ，シティズンシップ教育をはじめとする多様な領域が交流し，刺激し合い，学際的で社会連携的な活動の中で初めて存立し得る1つのプロジェクトだ。ここではメディア論と教育工学にだけ絞って議論をしてきたが，メディア・リテラシーはメディア論を一

般向けに簡易版にした理論ではないし，学校教育の１つの科目でもない。このようにメディア・リテラシーを捉えるとき，マクルーハンやマッキントッシュに眠る可能性を，私たちは過去の出来事としてではなく，今後追求すべき課題として捉え直す必要があるのではないだろうか。

　最後に，メディア論と教育工学が取り組むべき課題をあげておきたい。メディア論は長く社会学，社会心理学の影響を受けてきたが，その中でメディアの存在，例えばテレビやインターネットの存在を固定的に捉えがちだった。今後はそれらのメディアの存在の意味に人々がどのようにして気づき，いかにその理解を深めるのかにもっと関心をもつべきである。言い方を換えると人々がメディアをいかにわかり，学ぶかというリテラシーの観点を，研究活動の深部に挿入すべきだろう。それはすなわち，大学などでメディア論を教える際にワークショップなどのアクティブ・ラーニングを行うことへと展開していく。そして何より，技術やモノに対して関心をもち，マテリアリズムやソフトウェア・スタディーズ，ポストヒューマンの議論を思弁的な次元にとどめることなく，日常的な実践に結びつけて捉えていく必要がある。

　教育工学は，メディア・リテラシーが基本的に取り組む文化やイデオロギーに対する批判的理解から目をそむけてはならない。文化とイデオロギーはテレビ番組や広告だけではなく，ソフトウェアのインターフェイスやSNSのアルゴリズムにも存在する。また，学校教育の枠組みの中だけでメディア・リテラシーを教え，学ぶことを前提としてはならない。古くはパウロ・フレイレ（P. Freire）やイヴァン・イリイチ（I. Illich）の議論に始まり，近年ではデビッド・バッキンガムが主張するように，メディア・リテラシーは広く社会の中で教えられ，学ばれるべき営みであり，ある種のアクティビズムを秘めている（Buckingham, 2019）。そのためにも2000年代以降の新しいメディア論と関連領域の知見に見合った学習プログラムや教材開発に取り組む必要があるだろう。

　メディア・リテラシーは，21世紀のデジタル・メディア社会を生きていくための哲学でありノウハウであり，アカデミズムや学校といった枠を越えた思想と実践の間に横たわり，日常生活のあらゆる局面で活用されるべき素養であり技術である。私たちは多様な知恵をつなぎ合わせ，このプロジェクトを駆動していかなければならない。

第13章
学習指導要領と
メディア・リテラシー

1. はじめに

　メディア・リテラシーを育む取り組みは，公教育のみならず社会の様々なところで広く行われている。生涯学び続ける必要性が生じている変化の早い今日にあって，学びの基盤を身につけさせる公教育の役割は一段と大きくなっている。

　公教育は，法令に基づいて実施されている。日本国憲法では，教育について，第26条に「すべて国民は，法律の定めるところにより，その能力に応じて，ひとしく教育を受ける権利を有する」「すべて国民は，法律の定めるところにより，その保護する子女に普通教育を受けさせる義務を負ふ。義務教育は，これを無償とする」とされている。

　日本国憲法の下には分野別の基本法が存在し，国の制度についての基本方針が示されている。その基本方針を受けて，個別の法律が存在する。

　学校教育だけでなく社会教育や家庭教育を含む教育関連の最上位法は教育基本法である。教育基本法は1947（昭和22）年に施行された最も古い基本法であったが，それから約70年が経過した2006（平成18）年に社会の変化に合わせて改正された。

　教育基本法第6条には学校教育として「学校においては，教育の目標が達成されるよう，教育を受ける者の心身の発達に応じて，体系的な教育が組織的に行われなければならない」と示されている。体系的な教育が組織的に行われるためには，社会の動向によって変化する資質・能力，授業時数等の教育課程の編成の基準，時代に合わせつつも限られた時間・人員で実施可能な教育内容の規定が必要となる。

　資質・能力については，学校教育法で規定されている。学校教育法第30条2項には，「生涯にわたり学習する基盤が培われるよう，基礎的な知識及び技能を習得させるとともに，これらを活用して課題を解決するために必要な思考力，判断力，表現力その他の能力をはぐくみ，主体的に学習に取り組む態度を養うことに，特に意を用いなければならない」と示されており，これがわが国の学校教育において身につける資質・能力に関する規定の法的根拠となっている。

　学校教育法の下位法令である文部科学省の省令に学校教育法施行規則があり，ここで学校における教育課程や授業日，学校評価等に関することが定められている。各学校段階の各学年における各教科等の授業時数，各学年における総授業時数を別表として示しており，これを授業時数の標準と規定している。小学校の授業時数の1単位時間は45分，中学校は50分とされている（表13-1）。

　このように，公教育は様々な法令によって基準が制定されている。児童生徒に対して教えるべき中身である教育内容については，後述する学習指導要領に定められている。

　したがって，学校教育においてメディア・リテラシー教育を実施する場合であっても，学習指導要領を逸脱することはできない。逆に，学習指導要領に記載されている事項がメディア・リテラシーと関連しているのであれば，その内容が含まれる教科等においてメディア・リテラシー教育を実施することができる。

　最新の学習指導要領は，2017（平成29）年・2018（平成30）年に改訂された。この学習指導要領の改訂に向けて検討した中央教育審議会では，近未来の社会の動向として，グローバル化，少子高齢化，高度情報化等を射程に入れて検討を進めた。その結果，学習指導要領の各教科等の学習内容に，メディア・リテラシーに関わる記述が以前よりも増加している。

　本章では，学習指導要領の性格づけについて確認したうえで，2017（平成29）年・2018（平成30）年改訂の学習指導要領（以後，現学習指導要領とよぶ）におけるメディア・リテラシー関連の記述を整理し，メディア・リテラシー教育のさらなる推進と課題について検討する。

表13- 1　小学校・中学校の授業時数（2017・2018年改訂版学習指導要領より）

区　分		第 1 学年	第 2 学年	第 3 学年	第 4 学年	第 5 学年	第 6 学年
各教科の授業時数	国　語	306	315	245	245	175	175
	社　会			70	90	100	105
	算　数	136	175	175	175	175	175
	理　科			90	105	105	105
	生　活	102	105				
	音　楽	68	70	60	60	50	50
	図画工作	68	70	60	60	50	50
	家　庭					60	55
	体　育	102	105	105	105	90	90
	外国語					70	70
特別の教科である道徳の授業時数		34	35	35	35	35	35
外国語活動の授業時数				35	35		
総合的な学習の時間の授業時数				70	70	70	70
特別活動の授業時数		34	35	35	35	35	35
総授業時数		850	910	980	1015	1015	1015

〈小学校〉

区　分		第 1 学年	第 2 学年	第 3 学年
各教科の授業時数	国　語	140	140	105
	社　会	105	105	140
	数　学	140	105	140
	理　科	105	140	140
	音　楽	45	35	35
	美　術	45	35	35
	保健体育	105	105	105
	技術・家庭	70	70	35
	外国語	140	140	140
特別の教科である道徳の授業時数		35	35	35
総合的な学習の時間の授業時数		50	70	70
特別活動の授業時数		35	35	35
総授業時数		1015	1015	1015

〈中学校〉

2. 学習指導要領の性格づけ

(1) 学習指導要領とは

　学習指導要領は，全国どこの学校でも一定の水準が保てるよう，文部科学省が定めている教育課程（カリキュラム）の基準であり，おおむね10年に1回改訂される（文部科学省，2020）。

　学校教育法施行規則の第52条には，小学校の教育課程の基準として，文部科学大臣が別に公示する小学校学習指導要領によると定められている。中学校，高等学校等にも同様の記載がある。この記載が，学習指導要領の法的基準性を意味している。

　学習指導要領は，小学校，中学校，高等学校および特別支援学校に分かれて作成されている。学習指導要領の記述の意味や解釈などの詳細について，教育委員会や教員等に対し説明するために，文部科学省によって学習指導要領解説が校種・各教科等別に作成される。

　学習指導要領では，教育課程全般にわたる配慮事項や授業時数の取り扱いなどを「総則」で定めている。また，各教科等それぞれの目標，内容，内容の取り扱いについての基準を示している。これらの記述にメディア・リテラシーに関連するものがどのように分布しているかについては次の節で述べる。

(2) 学習指導要領の改訂

　学習指導要領は，おおむね10年に1回の頻度で，時代に合わせた改訂がなされてきた。改訂については，文部科学大臣が中央教育審議会にその検討を諮問し，検討結果にあたる答申を中央教育審議会から受けた文部科学省が，学習指導要領を作成し，文部科学大臣が告示するという形で進められる。

　現学習指導要領は，2017（平成29）年3月に告示され，2020（令和2）年から小学校，2021（令和3）年から中学校において全面実施となった。高等学校においては2022（令和4）年から年次進行で実施となる。

　全面実施の前の2～3年間は移行期間とよばれ，新旧の学習指導要領の内容や指導体制等についての調整が行われると同時に，先駆けて取り組みたい学校から新学習指導要領に取り組むことができるとされている。

　近年の学習指導要領においては，社会の変化に対応するために，次のような特長的な改訂がされてきた（文部科学省，2020）。1989（平成元）年改訂において，小学校１・２年に生活科が導入され，高等学校家庭が男女必履修となった。1998（平成10）年・1999年（平成11）年改訂においては，総合的な学習の時間が導入され，高等学校情報が導入された。2008（平成20）年・2009（平成21）年改訂においては，外国語活動が小学校５・６年で導入された。2015（平成27）年には，道徳が「特別の教科」となる一部改正が実施された。

　学校教育は，社会の動向と切り離された存在であってはならない。特に義務教育では，児童生徒が社会で活躍するまでのタイムラグを見越して，これから生きていくために必要な資質や能力を設定する必要がある。これが学習指導要領がおおむね10年に１回改訂される理由である。

　メディアの発達は時代によって変化してきた。インターネットの普及は2000年代に入ってからであり，その頃の学習指導要領には「情報通信ネットワーク」という言い回しでインターネットの利用が記述された。今日では，スマートフォンが広く普及したこともあり，インターネット上のコンテンツを検索することは日常的な行動となり，その活用を前提とした社会となった。一方で，ネットいじめに代表されるインターネットを介した様々なトラブルも生じており，これらを学習内容として検討する射程に入れる必要が生じる時代となった。

(3) 現学習指導要領の特長

　現学習指導要領のあり方を議論した第８期中央教育審議会では，わが国の国際的な存在感の変化，少子高齢化による生産年齢人口の減少，グローバル化の進展や急速な情報化の発展や人工知能などの技術革新が生活や社会に与える影響，社会構造や雇用環境の変化が余儀なくされるなど，様々な課題が押し寄せる時代を迎えるにあたって必要となる資質・能力とは何か，それを育む学校制度のあり方とはどのようなものかという観点で審議が進められた。

　これを受けて作成された現学習指導要領では，各教科等の学習内容が情報化の影響を受けるとともに，児童生徒が情報手段の活用を前提とした学習方法を身につけることが意図されている。総則には，言語能力や問題発見・解決能力

と並んで情報活用能力が「学習の基盤となる資質・能力」と明記されるなど，これまでの学習指導要領と比較して情報教育の扱いが一層大きくなった。

　学習指導要領はこれまで，「何を知っているか」という観点から，いわゆる「教える内容」である知識や技能を各教科等・学年ごとに整理して示す文書という性格が強かったが，現学習指導要領では，最優先すべきことを「何ができるようになるか」とし，そのために「何を学ぶか」だけでなく「どのように学ぶか」が重要であるとした。そして，「何ができるようになるか」にあたる児童生徒に求められる力を「資質・能力」とよび，この資質・能力を以下の3つの柱として整理し直した。

　　①生きて働く「知識・技能」の習得
　　②未知の状況にも対応できる「思考力・判断力・表現力等」の育成
　　③学びを人生や社会に生かそうとする「学びに向かう力・人間性等」の涵養

　「どのように学ぶか」を具現化するために，教師には「主体的・対話的で深い学び」という授業改善の視点をもつ必要があることが示された。また，各学校は，子どもたちの姿や地域の実情等を踏まえ，各学校が設定する教育目標を実現するために，学習指導要領等に基づきどのような教育課程を編成し，どのようにそれを実施・評価し改善していくのかという「カリキュラム・マネジメント」の確立が求められるとした。

(4) 各学校による教育課程の編成

　各学校は，国が示した大綱的な基準である学習指導要領をもとに，学習指導要領解説を参考にしながら，それぞれの学校の教育課程を編成する。

　学校教育法施行規則が規定する標準授業時数（表13-1参照）を標準として，年間35週（小学校第1学年については年間34週）以上にわたって教育活動を行うよう計画することが定められている。入学式や卒業式などの儀式的行事，遠足や宿泊学習，運動会や学習発表会，地域に根ざした行事等を想定したり，台風や大雪，インフルエンザ等による休校等を念頭において，余剰時間を含めた教育課程が編成される。

　学習指導にあたっては主たる教材として教科書が用いられる。教科書は，文部科学省が学習指導要領に対応しているかどうかを定期的に検定する。検定に合格した教科書は，校種・教科等ごとに複数存在することになるが，これを各自治体等の単位で地域の実情に合わせて採択する。

　メディア・リテラシー教育を学校教育において進めていく場合，学習指導要領への記載の確認にとどまらず，教科書等の関連事項の記載の確認は不可欠である。それらをリストアップした後に，児童生徒の実態に合わせてメディア・リテラシー教育の指導計画を作成し，各学校の教育課程の編成に組み込むことが必要となる。

3. 学習指導要領における主たるメディア・リテラシー関係記述

　ここでは，現学習指導要領におけるメディア・リテラシーの関係記述について，主たるものを整理する。対象は小学校・中学校・高等学校（共通教科）学習指導要領の記述とする。

　現学習指導要領の記述を分類する際のカテゴリーとして，中橋（2014）が示す「ソーシャルメディア時代のメディア・リテラシーの構成要素」の 7 項目を参考にしつつ，記述の分布が多い項目として堀田（2017）の 5 項目で整理することとした。

(1) メディアの操作

　メディアの操作ができるようにならなければ，メディアを扱うことができない。とりわけ今日では，学習場面において，文字，写真，動画等をICTで操作することが多くなってきていることから，ICTの基本的な操作スキルの習得が必要となる。

　小学校国語に「第 3 学年におけるローマ字の指導に当たっては（中略）コンピュータで文字を入力するなどの学習の基盤として必要となる情報手段の基本的な操作を習得し，児童が情報や情報手段を主体的に選択し活用できるよう配慮することとの関連が図られるようにすること」と記されている。小学校総合的な学習の時間についても同様の記載がある。これらは，学習の基盤として必

要となる情報手段の基本的な操作を習得するための学習活動を，小学校段階において教科等横断的に実施することの例示である。

　小学校総則には「児童がコンピュータで文字を入力するなどの学習の基盤として必要となる情報手段の基本的な操作を習得するための学習活動」を各教科等の特質に応じて計画的に実施すると記されている。総則で示されているということは，これまで以上に授業の中でICTを活用することが前提とされる中，学校の裁量によってICTの基本的な操作スキルを身につけさせるようカリキュラム・マネジメントを行うことが求められているということである。

　そのほかのメディアの操作を前提とした記述には以下のようなものがある。小学校社会には「学校図書館や公共図書館，コンピュータなどを活用して，情報の収集やまとめなどを行うようにすること」，小学校図画工作には「コンピュータ，カメラなどの情報機器を利用することについては，表現や鑑賞の活動で使う用具の一つとして扱う」こと，中学校美術には「美術の表現の可能性を広げるために，写真・ビデオ・コンピュータ等の映像メディアの積極的な活用を図るようにすること」，中学校理科には「観察，実験の過程での情報の検索，実験，データの処理，実験の計測などにおいて，コンピュータや情報通信ネットワークなどを積極的かつ適切に活用するようにすること」など，学習の道具としてのICT活用を促している。

(2) メディアの特性理解

　メディアの特性が理解できていなければ，特性を活かしたメディアの取り扱いができない。しかし，学習指導要領においては，メディアの特性に関する記述はあまり多くない。

　ICTの仕組みや特性については，中学校技術・家庭（技術分野）と高等学校情報で集中的に学ぶこととなっている。中学校技術・家庭（技術分野）には，「情報の表現，記録，計算，通信の特性等の原理・法則と，情報のデジタル化や処理の自動化，システム化，情報セキュリティ等に関わる基礎的な技術の仕組み及び情報モラルの必要性について理解すること」が内容に位置づけられており，情報そのものの特徴や，デジタル化などの技術的な仕組み等の理解が教科の目標となっている。高等学校情報（情報Ⅰ）には「メディアとコミュニケーショ

ン手段の関係を科学的に捉え，それらを目的や状況に応じて適切に選択すること」という記述が，高等学校情報（情報Ⅱ）には，「情報技術の発展によるコミュニケーションの多様化について理解すること」という記述があり，メディアの操作のみならず特性を踏まえた活用を促している。

　一方，メディアをやや広めに捉えた記述としては以下のようなものがある。小学校国語の中学年には「読書が必要な知識や情報を得ることに役立つことに気付くこと」と記されている。書籍を情報源と考え，そこから情報を得ることの意義に気づかせるという記述である。中学校保健体育（保健分野）には，「コンピュータなどの情報機器の使用と健康との関わりについて取り扱うことにも配慮する」「（性衝動等に対する）情報への適切な対処や行動の選択が必要となることについて取り扱う」という記述がある。これらはメディア接触への慎重さに関する記述である。高等学校芸術（美術）には「感じ取ったことや考えたこと，目的や機能などを基に，映像メディアの特性を生かして主題を生成すること」という記述がある。これらの記述は，メディアの特性の理解を踏まえたうえでの表現に関する記述である。

(3) メディア社会に対する理解

　前述の「(2) メディアの特性理解」が，どちらかといえば個人がメディアを活用することを想定しているのに対して，メディアが社会の仕組みにどのように位置づいているかという理解を促すといった記述も学習指導要領には多く存在する。

　小学校社会第5学年の放送や新聞などの産業に関する学習では「情報を集め発信するまでの工夫や努力などに着目して，放送，新聞などの産業の様子を捉え，それらの産業が国民生活に果たす役割を考え，表現すること」とされ，留意点として「情報を有効に活用することについて，情報の送り手と受け手の立場から多角的に考え，受け手として正しく判断することや送り手として責任をもつことが大切であることに気付くようにすること」という踏み込んだ記述となっている。中学校社会（公民的分野）では，情報化を扱う際に「災害時における防災情報の発信・活用などの具体的事例を取り上げたりすること」とされ，情報の発信側の努力や工夫とともに，受け手としての態度を求めている。社会

科のこれらの記述は，情報社会が進展し，メディア産業が台頭していることへの理解と，情報の受け手としての姿勢を示したものである。

　小学校の総合的な学習の時間には，「情報に関する学習を行う際には（中略）情報が日常生活や社会に与える影響を考えたりするなどの学習活動が行われるようにすること」という記述がある。高等学校保健体育（体育）には，「現代のスポーツの技術や戦術，ルールは，用具の改良やメディアの発達に伴い変わり続けていること」という，メディアの社会的な影響に触れた記述がある。高等学校公民（倫理）には，「近年の飛躍的な科学技術の進展を踏まえ，人工知能（AI）をはじめとした先端科学技術の利用と人間生活や社会の在り方についても思索できるよう指導すること」という記述がある。これらの記述は，情報社会の進展にともなうメディアの変容と，その社会的な影響，望ましい社会のあり方を描く態度への期待と考えられる。

(4) メディアの批判的な読解

　メディアの多様化にともない，その読解についても多様な指導が求められている。

　国語では「話や文章に含まれている情報の扱い方」を理解するという観点から，小学校低学年では「共通，相違，事柄の順序」，中学年では「考えとそれを支える理由や事例，全体と中心」，高学年では「原因と結果，意見と根拠」，中学校第1学年では「比較や分類，関係付けなどの情報の整理の仕方」，中学校第2・3学年では「意見と根拠，具体と抽象」を例示している。これらはテクストの読解の原則についての従前からの学習内容であるが，それらを情報の扱い方という観点で再整理したのが現学習指導要領の特長である。

　国語の中学校第3学年には「情報の信頼性の確かめ方を理解し使うこと」「文章を批判的に読みながら，文章に表れているものの見方や考え方について考えること」という記述が，高等学校国語（現代の国語）には「情報の妥当性や信頼性の吟味の仕方について理解を深め使うこと」という記述があり，テクストの読解におけるクリティカルな視点をもつ必要性を示している。

　算数・数学では，統計の重視を射程に入れた領域再編により，現学習指導要領から「データの活用」という領域が設定された。小学校算数第6学年では「目

的に応じてデータを集めて分類整理し，データの特徴や傾向に着目し，代表値などを用いて問題の結論について判断するとともに，その妥当性について批判的に考察すること」，中学校第 1 学年では「目的に応じてデータを収集して分析し，そのデータの分布の傾向を読み取り，批判的に考察し判断すること」，中学校第 2 学年では「四分位範囲や箱ひげ図を用いてデータの分布の傾向を比較して読み取り，批判的に考察し判断すること」，中学校第 3 学年では「調査の方法や結果を批判的に考察したりする力を養う」などの記述があり，いずれもデータの適正な処理にとどまらず，批判的な考察や判断にまで算数・数学で踏み込んでいることが特徴である。

高等学校公民（公共）には，「情報に関する責任や，利便性及び安全性を多面的・多角的に考察していくことを通して，情報モラルを含む情報の妥当性や信頼性を踏まえた公正な判断力を身に付けることができるよう指導すること」という記述があり，公正な判断のための情報の批判的な見方を求めている。

（5）メディアを用いた表現・コミュニケーション

前述の「（4）メディアの批判的な読解」が，受け手としての能力であるのに対して，送り手としての情報の構成力，表現力や，コミュニケーションのスキル等も重要である。

小学校国語には，中学年に「目的を意識して」，高学年および中学校には「目的や意図に応じて」，高等学校国語（現代の国語）には「目的や場に応じて」という記述がある。これらはいずれも目的をもった言語表現の必要性を示したものである。

中学校数学には，「目的に応じてデータを収集して分析し，そのデータの分布の傾向を読み取り，批判的に考察し判断する」という記述がある。中学校美術には「伝える目的や条件などを基に，伝える相手や内容，社会との関わりなどから主題を生み出し，伝達の効果と美しさなどとの調和を総合的に考え，表現の構想を練ること」という記述が，高等学校芸術（美術）には「目的や用途，表現形式に応じた全体の構成」などの記述がある。これらもまた，いずれも目的をもった表現の必要性を示したものである。

高等学校国語（国語表現）には，「聴衆に対してスピーチをしたり，面接の

場で自分のことを伝えたり，それらを聞いて批評したりする活動」「他者に連絡したり，紹介や依頼などをするために話をしたり，それらを聞いて批評したりする活動」「異なる世代の人や初対面の人にインタビューをしたり，報道や記録の映像などを見たり聞いたりしたことをまとめて，発表する活動」「文章と図表や画像などを関係付けながら，企画書や報告書などを作成する活動」「説明書や報告書の内容を，目的や読み手に応じて再構成し，広報資料などの別の形式に書き換える活動」「紹介，連絡，依頼などの実務的な手紙や電子メールを書く活動」など，様々なメディアを活用したコミュニケーションの経験を求める記述がある。

　また，高等学校国語（国語表現）には，「立場の異なる読み手を説得するために，批判的に読まれることを想定して，効果的な文章の構成や論理の展開を工夫すること」という記述がある。高等学校情報（情報Ⅱ）には，「目的や状況に応じて，コミュニケーションの形態を考え，文字，音声，静止画，動画などを選択し，組合せを考えること」という記述がある。これらはいずれも，相手や状況に応じた表現やメディア選択の検討を求めたものである。

4.　今後の研究課題

　本章の最後に，現学習指導要領に対応づけて行われるメディア・リテラシー教育の課題について整理する。

(1)　現学習指導要領に基づいた標準カリキュラムの開発研究

　浅井（2011）は，学習指導要領にメディア・リテラシーに関する文言が明記されていないため，メディア・リテラシー教育が普及しないと指摘している。しかし，これまでみてきたように，現学習指導要領においては，メディア・リテラシーと関係づいた記述はいくつもみられる。メディア・リテラシー教育の専門家からみれば十分ではないにしても，従前の学習指導要領と比較すれば大きな踏み込みがあったと解釈できる。

　堀田（2002）は，1998（平成10）年・1999（平成11）年改訂において導入された総合的な学習の時間において情報活用の実践力の育成を掲げて実践研究

を進めている先進校においては，小学校高学年段階ですでに体験的な学習からの能力獲得の飽和状態に達しつつある児童がみられることを取り上げ，体験的に情報手段を活用するばかりでなく，情報および情報手段に関する基本的な知識・理解についての学習指導の必要性が生じていると指摘している。当時はメディア・リテラシーはどちらかといえば情報社会に参画する態度の文脈で語られがちであり，メディアに関する知識・理解が該当する情報の科学的な理解については小学校段階では時期尚早と判断されていた。しかし今日においては，メディアおよびメディア社会に関する知識の重要性は広く認識されるにいたっている。

　しかしながら，初等中等教育段階においてメディア・リテラシー教育の充実を図ろうとするのであれば，教育すべき内容を，現学習指導要領でいう資質・能力の3つの柱に対応づけて分類する必要がある。①習得されるべき基礎となるメディアに関する知識・技能とは何か，②それを活用して思考・判断・表現するメディア・リテラシー的な学習活動とはどのようなものか，③そしてメディア社会への対応や参画といった態度をどのように育成するかといったことである。主体的・対話的で深い学び（アクティブ・ラーニングの視点からの授業改善）は，主として②の思考・判断・表現の能力育成において期待されているものであり，①については，各教科等を横断して確実に知識・技能が習得されるような標準カリキュラムの開発が期待されることになる。

　しかし，学習指導要領におけるメディア・リテラシーに関する記述をみてきてわかるように，現学習指導要領においても，①のメディアに関する知識・技能に関する各教科等における記述は著しく少ない。これは，メディアの基本的な操作スキルの獲得や，メディアそのものの特性の理解が，各教科等の目標と一致しないためであると考えられる。例えばキーボード入力スキルにおいては，小学校中学年国語に一部示されているものの，総則での記述が主たる記述であり，各学校が教育課程を編成する際に配慮すべき事項となっている。同様に，メディアの種類分けや，種類ごとの特性の理解などについても，どの教科等で学ぶ内容かを特定できない状況にある。

　学習指導要領の各教科等には記述が少ないメディアに関する知識・技能については，各教科等において行われる学習活動と適切に紐づけつつも，紐づかな

いスキル習得についても各学校が設ける裁量の時間において集中的に身につけ
させるような，メディア・リテラシー教育の標準カリキュラムを開発する研究
が精力的に行われ，各学校が標準カリキュラムを参照しながらカリキュラム・
マネジメントを行っていくことができるようにしていくことが期待される。

(2) メディア・リテラシー教育に対する教員養成・教員研修の開発研究

　山内（2003）は，教員養成課程においてメディア・リテラシーを学ぶ機会
がないことを指摘している。当時より学習指導要領にメディア・リテラシーに
関係する記述がみられるようになった現在においても，教員養成のカリキュラ
ムには明確には導入されていない。このことは依然として課題である。

　和田・田島（2016）は，メディア・リテラシーに関する講義を受講した学
生のICT活用指導力が向上していることを確認している。学校現場の情報化に
対応するために，教員のICT活用指導力の向上が課題となっている状況である
から，教員養成のカリキュラムでも次第に重視されるようになるだろう。和田
らのように，メディア・リテラシー教育とICT活用指導力の接面を中心に学習
内容を検討すれば，教員養成におけるメディア・リテラシー教育の裾野が広が
ると考えられ，教員養成段階における同様の研究開発が期待される。

　現職教員に対するメディア・リテラシーに関する教員研修も重要である。佐
藤ら（2018）の研究では，若手教員は，メディア・リテラシー教育の授業実
践を継続していくことによってメディア・リテラシー教育の教育方法を習得し
ていること，これに対してベテラン教員は，これまでの教師経験を活かしてメ
ディア・リテラシー教育の授業実践をしていくことができることを指摘してい
る。この知見に従うならば，若手教員に対しては，学習指導要領の各教科等に
みられるメディア・リテラシーに関する記述に対応した，追試性の高い簡便な
実践事例を提供して実践の継続を促すことが求められる。一方，ベテラン教員
に対しては，標準カリキュラムをもとにこれまでの教員経験を活かしたアレン
ジが求められる。このように，教師経験に応じた教員研修モデルの開発が期待
される。

　現学習指導要領は，メディア社会の急速な進展を追い風として，従前の学習
指導要領と比較すればメディア・リテラシー教育にとっては絶好の機会を提供

している。このことが教師のみならず広く社会に認識されるためにも，標準カリキュラムの開発とメディア・リテラシー教育の実践例の体系化の研究が推進されることが必要である。

第14章
ICT環境整備の動向と
メディア・リテラシー

1. ICT環境の現状

　本章では，ICT環境整備の動向とメディア・リテラシーについて概観する。整備されたICTがどのようにメディア・リテラシー育成に寄与できるのか，活用場面の「理解」と「表現」に関して，事例をもとに解説していく。さらに，ICTを使いこなすことやICTが何を支えるかについて改めて言及する。

(1) 加速化されるICT環境整備

　文部科学省（2020）のGIGAスクール構想の実現パッケージ（令和2年3月24日更新）「令和元年度補正予算（GIGAスクール構想の実現）の概要」によると，「Society5.0時代を生きる子供たちにとって，教育におけるICTを基盤とした先端技術等の効果的な活用が求められる一方で，現在の学校ICT環境の整備は遅れており，自治体間の格差も大きい。令和時代のスタンダードな学校像として，全国一律のICT環境整備が急務」であり，「このため，1人1台端末及び高速大容量の通信ネットワークを一体的に整備するとともに，並行してクラウド活用推進，ICT機器の整備調達体制の構築，利活用優良事例の普及，利活用のPDCAサイクル徹底等を進めることで，多様な子供たちを誰一人取り残すことのない，公正に個別最適化された学びを全国の学校現場で持続的に実現させる」としている。

　文部科学省（2019a）が公開した「教育の情報化に関する手引」（以下，「手引」とする）の「第1章 社会的背景の変化と教育の情報化 第1節 社会における情報化の急速な進展と教育の情報化」によると，「社会における情報化の急速な進展と教育の情報化」について，「（略）社会生活の中でICTを日常的に活用す

ることが当たり前の世の中となる中で，社会で生きていくために必要な資質・能力を育むためには，学校の生活や学習においても日常的にICTを活用できる環境を整備し，活用していくことが不可欠である。さらにICTは，教師の働き方改革や特別な配慮が必要な児童生徒の状況に応じた支援の充実などの側面においても，欠かせないものとなっている。これからの学びにとっては，ICTはマストアイテムであり，ICT環境は鉛筆やノート等の文房具と同様に教育現場において不可欠なものとなっていることを強く認識し，その整備を推進していくとともに，学校における教育の情報化を推進していくことは極めて重要である」と示している。

(2) 身近になるICT環境

　いつも手元にある状態で日常的に活用するようになると，学校と家庭，学習と遊び，フォーマルとインフォーマルをシームレスに結びつける一人ひとりのマストアイテムとして，端末をはじめとするICTは，子どもたちの身近なツールであり，今後ますますそれらを使いこなす能力や特性を理解し，送られてくる情報内容を解釈し，相手や目的を意識してコミュニケーションをとっていく能力をつけていく必要がある。このように，ICTはメディア・リテラシー育成にとっても大きな役割を果たす。個々のマストアイテムとなる象徴は，1人1台のタブレット端末を含む学習者用コンピュータだろう。本書執筆時現在，全国の多くの学校では，授業で使う学習者用コンピュータと家庭で使う端末は，別々のものとなっている。つまり分断されているケースが一般的だ。しかし，メディア・リテラシーが「メディアが形作る『現実』を批判的（クリティカル）に読み取るとともに，メディアを使って表現していく能力」（菅谷，2000）であり，（学習指導要領ではメディア・リテラシーという言葉は使われてきていないが，例えば）パンフレット，新聞，ポスター，ビデオなど，メディアを制作する活動例が教科書や指導書の中で示されている（中橋，2014）とするならば，メディアを使って「理解」したり「表現」したりする学習活動に，ICTは欠かせない状況になっている。

　手引（文部科学省，2019a）では，「第1章 社会的背景の変化と教育の情報化 第5節 教育におけるICT活用の特性・強み及びその効果に」おいて，教科

等の指導におけるICT活用の特性・強みは，①カスタマイズが容易であること，②時間的・空間的制約を超えること，③双方向性を有すること，としたうえで，「教科等に関する個別の知識や技能は，問題を発見し，その問題を定義し解決の方向性を決定し，解決方法を探して計画を立て，結果を予測しながら実行し，プロセスを振り返って次の問題発見・解決につなげていくことや，情報を他者と共有しながら，対話や議論を通じて互いの多様な考え方の共通点や相違点を理解し，相手の考えに共感したり多様な考えを統合したりして，協力しながら問題を解決していくことといった学習経験の中で定着し，既存の知識や技能と関連づけられ体系化されながら身についていくことが想定されている。このような学習過程において，情報収集し，試行の繰り返しをして整理・分析し，情報共有を図り，表現をするといったあらゆる学習場面において，ICT活用の特性・強みを生かすことが期待される」としている。

　ICTと子どもたちの関わりの話をすると，ネットワーク社会の光と影における影の部分だけが取り上げられるきらいがある。確かに，SNSなどについて加害者にも被害者にもならないために留意すべき点はたくさんあるし，情報モラル教育を学校で実施していく必要もある。しかし，先に述べたように，メディアを「理解」したり「表現」したりする学習活動に，ICTは欠かせない状況になっていることを勘案すると，光の部分であるその影響や効果についても，子ども自ら主体的・対話的に関わり，考えていくことが重要である。

　それでは，ICTが絡んだ場合，どのような授業場面が考えられるだろうか。次節から，「ICTを活用して『理解』する」「ICTを活用して『表現』する」「ICTを使いこなす」について，事例をあげながら述べていく。

2. ICTを活用して「理解」する

　ここでは，メディアを読解，解釈していく2つの事例を紹介したい。まず，映像情報と言語情報を行き来しながら比較する例をみていく。

（1）事例1
　小学校2年生・国語（説明文教材）「どうぶつえんのじゅうい」（光村図書出

版）を使用した青山由紀教諭の授業実践を見てみよう。

　教科書の本文には，獣医の上田さんが行う1日の様子が描かれている。そして，デジタル教科書には，上田さんの別の1日の様子が映像資料として用意されている。そこで授業者は，その映像（動画）を見せる。教科書本文とは違う日の上田さんの仕事ぶりの資料映像を見ることで，児童は「どうして上田さんは日によって違うことをやっているのだろう？」「なぜ教科書には『この日』を選んで載せたのだろう？」と問いを深め，映像情報（動物園内図や資料映像）と言語情報（教科書本文）を行き来させながら，その筆者の意図に迫った（図14-1）。教科書の文章だけだと，獣医の上田さんの行動がステレオタイプとして児童にインプットされる。仮に「その日の動物の状況によって，様々な対応をしている」と説明したところで，小学校2年生には実感がもてない。そこで，授業者はそれまでの考えにズレを引き起こすような情報を提示した。教科書の文章が児童のイメージとして固定化されていたからこそ，「意外な情報」として映像はインパクトを生んだ。たんに映像を提示しても，児童の問いを生まない場面はたくさんある。「何を」「どのタイミングで」「なぜ」提示するのか，授業ではこの文脈が重要な鍵となる。

　同時に，この場面は，映像情報（動物園内図や資料映像）と言語情報（教科書本文）を行き来させる経験となった。映像情報を読み取り，大事な事柄（上田さんが別の1日にやったこと）を短い言葉でまとめ，さらに教科書の文章（上田さんが「この日」にやったこと）を，やはり短い言葉でまとめ，それらを比較した。児童は，それぞれの特徴を踏まえながらも，同じように言葉で要約する経験をした。今後，デジタル教科書が普及するにあたり，国語科においても，映像情報を読み取る場面に直面することがますます増えると推測される。このように，映像情報を言語情報に「通訳」するスキルも，ICTを絡めることで，身につけやすくなってきている。

図14-1　映像を確認する
　　　　子ども

（2）事例2

　次に，ディスカッション場面においてICTを

利用した場合と対面でのディスカッションを比較する例をみていく。メディアの影響力と送り手の責任等，SNSの特性を学んでいく事例である。

　ICTの特徴を知り，活かす授業場面として，小学校6年生において，同じような内容の話し合いの場面をSNS上と対面とで行う授業を実施し，比較を行った事例がある。SNSを使った授業では，ICTは自分の思いを抵抗感なく伝える手段となり，対面の授業での話し合いよりも多くの発言がなされ，コミュニケーションを図りながら課題を深められたことが明らかになった。しかし，SNS上では短文でのテンポの速いやり取りが続くことで，発信者の意図が伝わらなかったり，非難コメントに便乗したりするような場面がみられたことも報告された。さらに，文字入力の得手不得手に左右されることを指摘している子どもも多かった。本事例では，同じような場面で使ってみることによって，情報がどのように伝わるのか，伝わらないのか，そもそも伝わり方にどのような違いがあるのか，など，子ども自身も課題達成に向けてのコミュニケーション手段のメリット・デメリットを理解できる機会となった（山口・中川，2018）。

　これら事例のように，メディアの特性を学習の中で理解していくことにより，次に活かすことができるようになる。

3．ICTを活用して「表現」する

　ここでは，考えや思いを映像と言葉・文章を行き来させながら，メディアで表現する2つの事例を紹介したい。

(1) 事例1

　小学校3年生・国語「はっとしたことを詩に書こう」（教育出版）に基づいて石田年保教諭が実践したのは，フォトポエムという，写真と文字・文章を組み合わせて映像をともなった詩を作るICTを活用した創作活動である（図14-2）。

　写真撮影の場面では，デジタルカメラなどで気軽に撮影し，視点を変えて対象を見つめ直し，新たな気づきを促すことができる。詩の創作の場面では，写真から言葉を引き出し，写真と照らし合わせながら言葉を吟味することができる。枚数を気にせずどんどん撮ることで，思わぬ1枚が撮れることもあ

図14-2　子どものフォトポエム作品

る。そのため，「詩を書きなさい」といきなり言われても，なかなか思いつかない子どもにとっても，活動に入りやすい。写真と文字の組み合わせの場面でも，ICTのメリットを活かし，配置や大きさなどを何度もやり直すことができる。また，創作したフォトポエムを相互評価することで，書くことの活動が苦手な子も，認められる場になる。この活動は，映像情報と言語情報の組み合わせによる相乗的な効果を子どもが個々に実感できることにつながる。

(2) 事例2

　石田年保教諭による小学校6年生・国語「リーフレットを作ろう」という授業実践では，運動会で頑張っている自分の姿を保護者によりよく記録してもらうこと，そして，運動会がより楽しめるようにすることを目的としたリーフレット制作を行った。その際，情報を読み手にわかりやすく伝えるために，絵や図と言葉を関係づけたり，リーフレットの形式を活かしたりして，効果的に書き表すことが学習活動の核となる。

　子どもたちは，保護者の立場でどのような情報が必要なのか考え，必要な情報を取捨選択した。途中で授業者は，運動会の表現（ダンス）の移動位置を図でうまく示しているもの，自分の運動会までの関わりに関するエピソードの例で面白いもの，デザイン性に富んでいるものなどを，子どもたちに紹介して，再考する機会をもたせた。その結果，絵や図と言葉のはたらきをさらに意識し，リーフレット形式を活かした表現の工夫をしていった。最終的には，でき上がっ

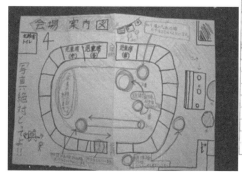

図14-3　子どもの制作したリーフレットと保護者の
コメントが書かれているワークシート

たリーフレットを実際に保護者に活用してもらい，リーフレットの効果を評価
してもらった（図14-3）。
　これらの実践の中では，教科横断的にこれらの学習活動の中でつけたい力を
どう見通すかということが課題になっていた。
　デジタル表現の授業作りのための教員コミュニティであるD-project（図
14-4）は，デジタル表現の能力に関する到達目標を公開している。ここでは，
（A）課題を設定し解決しようとする力，（B）制作物の内容と形式を読み解く力，
（C）表現の内容と手段を吟味する力，（D）相互作用を生かす力，の大項目4
つと，それぞれの下位項目である中項目を3つずつ（合計12）に整理している。
さらに，それぞれの中項目に対して，Lv1からLv5を設定している。Lv1は小
学校低学年相当〜Lv5は高等学校相当としているが，あくまでも到達目標なの
で，学校や学年・学級の実態に応じて選択できるようにしている。必ずしもメ
ディア・リテラシー育成のための到達目標ではないが，「構成要素の役割を理
解できる」「制作物の社会的な影響力や意味を理解できる」「目的に応じて表現
手段の選択・組み合わせができる」「制作物に対する反応をもとに伝わらなかっ

（http://www.d-project.jp/）

図14-4　D-projectサイト

た失敗から学習できる」など，関連の項目は数多くみられる（図14-5）。

　この到達目標は，表現活動のためのプロセスにもなっている。しかし，（A）から（D）へ一方通行な学習活動だけはなく，（A）に関わる活動→（B）に関わる活動→（C）に関わる活動→（D）に関わる活動から再度（B）に関わる活動に戻る場合もある。この場合，質的に高いものへと変わることもありうる。

　これらの事例や到達目標で重要なことは，「表現してみることで，理解が深まる」ということである。単元冒頭で，たんに参考になるものを見せられるのと，制作過程で壁に当たり，必要に迫られて見るのではまったく意味合いが違う。この「壁」をどう創出するのかが，授業をデザインするうえで，肝になる。

4.　ICTを使いこなす

　子どもたちがICTを使いこなすためは，どのようなことが必要になるのか。

「メディア創造力」の到達目標

構成要素		系統性
A 課題を設定し解決しようとする力	社会とのつながりを意識した必然性のある課題を設定できる	Lv1: 人や自然との関わりの中で体験したことから課題を発見できる。 Lv2: 地域社会と関わることを通じて課題を発見できる。 Lv3: 社会問題の中から自分に関わりのある課題を発見できる。 Lv4: 社会問題の中から多くの人にとって必然性のある課題を設定できる。 Lv5: グローバルな視点をもって、多くの人にとって必然性のある課題を設定できる。
	基礎・基本の学習を課題解決に活かせる	Lv1: 文章を読み取ったり、絵や写真から考えたりする学習を活かすことができる。 Lv2: グラフを含む事典・図書資料で調べたり、身近な人に取材したりすることができる。 Lv3: アンケート調査の結果を表やグラフで表したり、傾向を解釈したりする学習を活かすことができる。 Lv4: 独自の調査を含め、情報の収集方法を選んだり、組み合わせたりする学習を活かすことができる。 Lv5: 様々な方法で収集した情報を整理・比較・分析・考察する学習を活かすことができる。
	好奇心・探究心・意欲をもって取り組める	Lv1: 何事にも興味をもって取り組むことができる。 Lv2: 自分が抱く疑問を、すんで探究することができる。 Lv3: 課題に対して、相手意識・目的意識を持って主体的に取り組むことができる。 Lv4: 社会生活の中から課題を決め、相手意識・目的意識をもち、主体的に取り組むことができる。 Lv5: 課題解決に向けて自ら計画をたて、相手意識・目的意識をもって主体的に取り組むことができる。
B 制作物の内容と形式を読み解く力	構成要素の役割を理解できる 印刷物：見出し、本文、写真等 映像作品：動画、音楽、テロップ等	Lv1: 制作物を見て、複数の要素で構成されていることを理解できる。 Lv2: 制作物を見て、それぞれの構成要素の役割を理解できる。 Lv3: 制作物を見て、構成要素の組み合わせが適切か判断できる。 Lv4: 制作物を見て、構成要素を組み合わせることによる効果を理解できる。 Lv5: 制作物を見て、送り手がどのような意図で要素を構成したのか理解できる。
	映像を解釈して、言葉や文章にできる 映像：写真・イラスト・動画等	Lv1: 映像を見て、様子や状況を言葉で表すことができる。 Lv2: 映像の内容を読み取り、言葉や文章で表すことができる。 Lv3: 映像の目的や意図を自分なりに読み取り、言葉や文章で表すことができる。 Lv4: 映像の目的や意図を客観的に読み取り、言葉や文章で表すことができる。 Lv5: 映像の目的や意図を様々な角度から読み取り、言葉や文章で表すことができる。
	制作物の社会的な影響力や意味を理解できる	Lv1: 制作物には、人を感動させる魅力があることを理解できる。 Lv2: 制作物には、正しいものと誤ったものがあることを理解できる。 Lv3: 制作物には、発信側の意図が含まれていることを読み取ることができる。 Lv4: 制作物について、他者と自己の考えを客観的に比較し、評価することができる。 Lv5: 制作物の適切さについて批判的に判断することができる。
C 表現の内容と手段を吟味する力	柔軟に思考し、表現の内容を企画・発想できる	Lv1: 自分の経験や身近な人から情報を得て、伝えるべき内容を考えることができる。 Lv2: 身近な人や図書資料から得た情報を整理し、伝えるべき内容を考えることができる。 Lv3: 身近な人や統計資料から得た情報を整理・比較し、伝えるべき内容を考えることができる。 Lv4: 様々な情報源から収集した情報を整理・比較して、効果的な情報発信の内容を企画・発想できる。 Lv5: 様々な情報を結びつけ、多面的に分析し、情報発信の内容と方法を企画・発想できる。
	目的に応じて表現手段の選択・組み合わせができる	Lv1: 相手に応じて、絵や写真などの言語以外の情報を加えながら伝えることができる。 Lv2: 相手や目的に応じて、絵や写真などの表現手段を選択することができる。 Lv3: 相手や目的に応じて、図表や写真などの表現手段を意図的に選択することができる。 Lv4: 相手や目的に応じて、多様な表現手段を意図的に組み合わせることができる。 Lv5: 情報の特性を考慮し、相手や目的に応じて、多様な表現手段を意図的に組み合わせることができる。
	根拠をもって映像と言語を関連づけて表現できる	Lv1: 他者が撮影した映像をもとに、自分の経験を言葉にして表現できる。 Lv2: 自分が撮影した映像をもとに、取材した事実を言葉にして表現できる。 Lv3: 自分が撮影し取材した情報を編集し、映像と言葉を関連づけて表現できる。 Lv4: 自分が撮影し取材した情報を編集し、明確な根拠に基づき映像と言葉を関連づけて表現できる。 Lv5: 映像と言語の特性を考慮して、明確な根拠に基づき効果的に関連付け、作品を制作できる。
D 相互作用を生かす力	建設的妥協点を見出しながら議論して他者と協働できる	Lv1: 相手の考え方の良さや共感できる点を相手に伝えることができる。 Lv2: それぞれの考えの相違点や共通点を認め合いながら、相談することができる。 Lv3: 自他の考えを組み合わせながら、集団としての1つの考えをつくることができる。 Lv4: 目的を達成するために自他の考えを生かし、集団として合意を形成できる。 Lv5: 目的を達成するために議論する中で互いを高めあいながら、集団として合意を形成できる。
	制作物に対する反応をもとに伝わらなかった失敗から学習できる	Lv1: 相手の表情や態度などから、思ったとおりに伝わらない場合があることを理解できる。 Lv2: 相手の反応を受けて、どのように伝えればよかった理解できる。 Lv3: 相手の反応を受けて、次の活動にどのように活かすかを具体案を考えることができる。 Lv4: 相手の反応から、映像や言語における文法を身につける必要性を理解できる。 Lv5: 相手の反応から、文化や価値観を踏まえた表現の必要性を理解できる。
	他者との関わりから自己を見つめ学んだことを評価できる	Lv1: 他者との関わり方を振り返り、感想を持つことができる。 Lv2: 他者との関わりを振り返り、相手の考え方や受けとめ方などについて、感想を持つことができる。 Lv3: 他者との関わりを振り返り、自己の改善点を見つめ直すことができる。 Lv4: 他者との関わりを振り返り、自分の関わり方を評価し、適宜改善することができる。 Lv5: 他者との関わり方を振り返り、自分の個性を活かすために自己評価できる。

（http://www.d-project.jp/2002/d-press_media.pdf）

図14-5　デジタル表現の能力に関する到達目標

図14-6　ホームグループで話し合う子どもたち

　ここでは 2 つの事例を紹介する。まず, 相手を想像する力や目的意識をもちながら, 情報手段としてのICTを活用し, 表現技法を駆使して, グループの友達に説明する事例である。

(1) 事例 1

　岩崎有朋教諭による中学校 1 年生・理科「植物の光合成・呼吸の仕組みについて証拠を示しながら説明しよう」という授業では, 最終的には, 植物の光合成・呼吸の仕組みについて, 自分の言葉で説明できるということをめざす。ホームグループ（学習グループ）で, 学習課題に迫るために, 設定された 4 つの小課題を 1 人ずつが担当する。小課題ごとに専門家グループを構成し, 実験・観察を行い, まとめる。その際, 記録したデータを並べ替え, ホームグループに戻ったときの説明用プレゼン資料を作った。ホームグループでは担当ごとにそれを使って, 自分が学んできたことをグループのメンバーに説明した。メンバーがそれぞれ専門的に学んできたことを, 根拠となる資料とあわせて説明し, 学習課題を追究することになった（図14-6 ）。

(2) 事例 2

　青山由紀教諭による小学校 4 年生・国語（説明文教材）「うなぎのなぞを追って」（光村図書出版）を使用した実践は事実と考えを読み分け, 調査の筋道を読み取る授業である。教科書の本文や図表等を抜き出して活用する学習者用デ

図14-7　個々の子どもの書き込み画面

ジタル教科書の機能（マイ黒板）を使用する。この機能では，子どもたちは，国語学習者用デジタル教科書を「関連のページの確認」「自分の考えの確認」「自分の考えの修正」「自分の考えの説明の補完」「友達の考えの確認」で活用している（中川ら，2018）。

　本事例でも，個々の子どもは，自分の考えを学習者用デジタル教科書でまとめ，全体での話し合い場面，友達と議論する場面の中で，自分の考えを説明したり，修正したりして，自身の読みを深めていた（図14-7）。

　これら2つの事例には，ICTを使いこなす様子が見て取れる。しかし，たんに操作ができるだけでなく，流暢に活用できるようになるには，段階を見通していくことが重要である。例えば，学習者用デジタル教科書の活用の例でいうと，段階1としては，「教師の指示通りにやる段階」である。「ここに〜〜と線を引きなさい」と教師が指示をしながら進めていく。これは紙の教科書でもワークシートでもできることだが，1人1台のタブレット端末を含む学習者用コンピュータや学習者用デジタル教科書に慣れる初期段階でみられる。次に，段階2は，「ルールが決まっている段階」である。「〜は赤，〜は青に線を引きましょう」と，教師の指示（条件）があるものの，どこに線を引いたかに違いがみられ，それをもとに議論ができる。段階3は，「まとめ方も自由にやっている」段階で，先の例はまさにこの段階3である。さらに，段階4は，学習者用デジタル教科書を使うかどうかの選択も任されている段階である。子どもが個々に適切に判断し，使い分けるようになっていくことを視野に入れる。この段階は，今後，紙の教科書と併用整備されるなど，デジタル教科書の位置づけや役割の

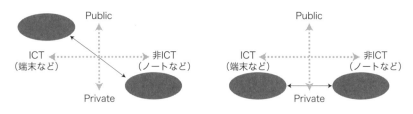

図14-8　ICT-非ICT，Public-Privateの軸

変化に応じて，変わってくることもある。

　いずれにしても，いきなり段階3を実施しても，子どもたちも教師も混乱することは想像にかたくない。流暢な活用の段階を教師が見通していくことは，今後，1人1台のタブレット端末を含む学習者用コンピュータを活用していくうえで留意すべき点である。

　さらに，ICTを子どもたちが使いこなすことを検討していく際に，視野に入れるべき点がある。それは，タブレット端末を含む学習者用コンピュータは，学校では多くの場合，共有物として使われているということだ。学習活動において，ICTを活用するか，非ICTを活用するか，その選択や組み合わせについて検討されることが少なくない。しかし，学校にある児童生徒が使える学習者用コンピュータは，台数も限られており，実際には共有物のICT機器と，家庭への持ち帰りが自由でいつも手元にある非ICTの教材・文具（ノートや紙のワークシートなど）を比較することになる（図14-8左図）。しかし実際には，同じ土俵に立っていないので比較にならない。1人1台いつも使うことができるようになって（図14-8右図）初めて同じ条件で比較検討ができる。このことを踏まえたうえで，ICTと非ICTの選択や組み合わせを視野に入れなければならない。

5. 今後の研究課題

　以上のことを踏まえ，今後の研究課題について3点示す。

（1）情報社会に対応したメディアとの関わり方

　文部科学省（2019b）が公開した「新時代の学びを支える先端技術活用推進方策（最終まとめ）1. 新時代における先端技術・教育ビッグデータを効果的に活用した学びの在り方（3）教育現場でICT環境を基盤とした先端技術・教育ビッグデータを活用することの意義」の【可視化が難しかった学びの知見の共有やこれまでにない知見の生成〜教師の経験知と科学的視点のベストミックス（EBPMの促進）〜】では，「これまでにない詳細さと規模で学びの記録が技術的に可能となることで，教育の根幹をなす学習の認知プロセスが見えて，これまで経験的にしか行えなかった指導と評価等が，学習のプロセスと成果に対する最大限正確な推定を根拠に行えるようになる可能性」として，以下の3点をあげている。

・教師の指導や子どもの学習履歴・行動等の様々なビッグデータを自動的，継続的かつ効率的に収集できるようになり，分析が可能となることで，各教師の実践知や暗黙知を可視化・定式化したり，新たな知見を生成したりすることが可能になる。
・ビッグデータの収集・分析を通じ，例えば，「子どもがいかに学ぶか」に関する経験的な仮説の検証や個々の子どもに応じた効果的な学習方法等の特定を通じ，これに基づいた学校経営や，よりきめ細かな指導・支援が可能になる。また，それらを国や地方公共団体の政策に活用することが可能になる。
・ベテラン教師の大量退職に伴って若手教師が増加する中で，ベテラン教師の実践知や暗黙知の一部をビッグデータ解析することを通じて，より円滑かつ効果的に若手世代へ引き継いでいくことが可能になる。

　これまで述べてきたように，児童生徒も教師も，これからの情報社会に対応したメディアとの関わり方が求められることになる。デジタル読解力しかり，SNSしかりだ。そのためには，教師が情報社会に対応したメディアとの関わり方を意識した授業力を高める試みが重要になってくる。
　ICT環境でいうと，児童生徒1人1台端末の時代になってきて，教師がどの

ように振る舞っていくかについては，喫緊の課題であるといえる。

　先の手引（文部科学省，2019a）の，「第 6 章 教師に求められるICT活用指導力等の向上 第 1 節 教師に求められるICT活用指導力等 2. 教員のICT活用指導力チェックリスト 教師のICT活用指導力の推移」によると，平成30年 3 月現在の「学校における教育の情報化の実態等に関する調査」を例にあげて，「教員のICT活用指導力」の 5 つの項目で，8 年連続で「児童・生徒のICT活用を指導する能力」が最下位となっており，しかもその差は開くばかりである（図14-9）。このことは，これから加速化する 1 人 1 台のタブレット端末を含む学習者用コンピュータ整備に対して，教員が対応しきれていないことを示している。

　手引（文部科学省，2019a）によると，「児童生徒のICT活用を指導する能力」は，「学習の主体である児童生徒がICTを活用して学習を進めることができるよう教師が指導する能力についての大項目」であり，「児童生徒がICTの基本的な操作技能を身に付けることや，ICTを学習のツールのひとつとして使いこ

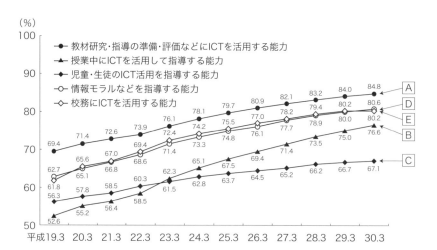

※全国の公立学校における全教員を対象として，文部科学省「教員のICT活用指導力の基準の具体化・明確化に関する検討会」において平成18年度にとりまとめた 5 つの大項目（A〜E）と18の小項目（A1〜E2）からなるチェックリストに基づき，全教員が自己評価を行う形で調査を行った。

※18の小項目（A1〜E2）ごとに 4 段階評価を行い，「わりにできる」若しくは「ややできる」と解答した教員の割合を，大項目（A〜E）ごとに平均して算出した値。

（出典：学校における教育の情報化の実態等に関する調査（平成30年 3 月現在））

図14-9　教員のICT活用指導力（文部科学省，2019a）

なし，学習に必要とする情報を収集・選択したり，正しく理解したり，創造したり，互いの考えを共有することなどは，児童生徒にとって必要な能力である」としている。

(2) これからの教員の研修のあり方

　では，どのような教員研修の内容や方法が考えられるのか。先の手引（文部科学省，2019a）の「第6章第2節 教師の研修 1.『校内研修リーダー』要請研修（2）研修カリキュラムの効果的な実施」においても，「研修目標を達成するためには，実施内容や受講者の特性に応じて，グループ演習や模擬授業，『校内研修リーダー』どうしの情報共有等，様々な研修形態を工夫して運営することが大切である」としている。

　新しいICT機器が導入されたからといって，たんなる操作・体験研修などをいくら進めても，メディア教育に寄与できるICTの活用や授業作りの理解，実現にはいたらない。学習場面を具体的にイメージし，教師自身に引きつけて検討したり情報共有したりしながら，授業作りに活かしていくことが重要だ。

　また，研修には，校内や教育委員会が進めるフォーマルなものが一般的である。ここからICTを絡めたメディア・リテラシー育成のヒントを得る方法もある。しかし，学習指導要領に位置づけられていないため，メディア・リテラシーをテーマにしたフォーマルな研修が行われている例は少ない。そこで，インフォーマルな研修会や教育コミュニティにより，知識や技法を習得していく場を求めていくことも必要になる。

　例えば，前出の一般社団法人デジタル表現研究会が運営しているD-project（図14-4参照）は，「デジタル（Digital）」「デザイン（Design）」の2つの『D』をキーワードに，ICTに振り回されることなく，子どもの学びを見つめて授業をデザインしていこうとする姿を提案したいという願いから，2002年4月に発足したメディア表現学習を中心に授業作りを追究している教育コミュニティだ。全国の小・中・高等学校・特別支援の教師と大学の研究者，学生，教育委員会担当者，企業や団体等の教育関係者を中心に，教員研修も行われてきている。メディア・リテラシーのみではないが，メディア教育全般についての理解を深め実践で活かせる取り組みを行ってきた。全国で年間のべ3000人超の授

| ワークショップの流れ (デジタルレポート作りワークショップの例)

作品作りは、2～3人1組のグループワークで進めます。子どもの立場で協同的に問題解決する学習スタイルを体験していただきます。

▷ **ワークショップ概要説明**

最初に、講師からデジタルレポート制作ワークショップの概要を説明します。ワークショップのねらいや流れ、デジタルで作品を作るメリットなどを解説します。

▷ **グループワークスタート**

ワークショップの設定は、さまざまな仕事について調べたことをレポートにまとめて人に伝えるというものです。作品作りは、2～3人1組のグループワークで進めます。子どもの立場で協同的に問題解決する学習スタイルを体験していただきます。

▷ **レポート内容の検討**

グループで、どの画像・映像を使用するか、説明文はどのようなものにするか、レポートの割り付けはどうするかなど、具体的な内容について検討します。映像と言語を往復しながら、相手や目的に応じて表現する力（＝メディア創造力）の育成プロセスが体験できます。

▷ **レポート編集**

作品はタブレット端末で作ります。レポート作りに使える画像や映像は、あらかじめタブレット端末の中に入っています。画像・映像の撮影や閲覧、インターネット検索、レポート編集などの作業が1台でできるメリットを生かした編集作業となります。

▷ **完成作品の交流**

指でタッチするだけで、スライドが変わったり、映像が動き出したり、文字が現れたりといったインタラクティブなデジタルレポート作品の完成です。完成作品は、受講者全員で交流します。付箋紙にその作品のよさ、または改善点などを貼り付けていきます（相互評価）。それを見て、自分達の制作物を振り返ります（自己評価）。

▷ **まとめ**

最後に、講師よりワークショップのまとめを行います。デジタルレポート作りの学びの要素、教師の配慮点、伝える作品作りにおける相手意識や目的意識などを解説します。

（http://www.d-project.jp/workshop/index.html）

図14-10　ワークショップの流れ例

業作りワークショップの参加者がある。

　特に，

　・写真の特性について学ぶ「新聞作り」ワークショップ

　　　新聞には，記事のほかに写真も重要な要素としてある。本ワークショッ
　　　プでは文章とは異なる写真の特性を考え，それを使って表現する機会を設
　　　定することで，メディアの特性を学ぶ国語科学習として位置づけた。国語
　　　科指導内容に散見されるメディア・リテラシーに関する内容を，本時目標
　　　や内容に関連づけて授業作りをする検討を行う。

　・「SNSの特性について学ぶ」ワークショップ

　　　これから端末等の普及にともなって，様々な教科領域においてSNSを活
　　　用することが予測される。本ワークショップでは，国語科の授業において
　　　メディアの影響力と送り手の責任等，SNSの特性を学びながら授業作りを
　　　する検討を行う。

　・「CM作り」ワークショップ

　　　広告に盛り込むべき情報をグループで話し合い，レイアウトや脚本を決
　　　めて画像編集ソフトや動画編集ソフトを使って作業。写真や映像と言葉を
　　　合わせた幅広い表現力を育成する際のポイントを確認しながら，授業時に
　　　必要となる評価シートもあわせて作成，評価することにより，指導・評価
　　　両面の実践的なヒントを得る。

　など，ICTを活用したメディア表現や発信に関する数々のワークショップを
毎年各地で実施している（図14-10）。

(3) 授業におけるICTの運用

　最後に，授業を取り巻く運用についても触れておきたい。

　ICTを学校で運用する場合，共有で活用する際は，実践の効果だけでなく，「手
間」と「慣れ」を考慮に入れる必要がある（図14-11）。効果が見込めても手間
がかかるのでは，苦手な教師は手を出さない。教員研修とともに，学校内の配
置や使い方のルールなどを工夫したい。また，タブレット端末を含む学習者

実践
（活用・評価）

慣れ　　　　　　　　手間
（段階・覚悟）　←→　（整備・工夫）

図14-11　「実践」と連動する
　　　　　「手間」と「慣れ」

用コンピュータを1人1台の活用といっても，たまに1人1台で使うのと，常時1人1台使うのとは，「慣れ」がまったく違う。活用頻度が高まると，操作に慣れるだけでなく，ICTの特徴を踏まえた活用場面を自分でも検討するようになり，流暢な活用になっていく。とはいうものの，ここの段階にとどまっていては，同じタイミングで一斉に学習者用コンピュータを使うこれまでの活用法の域を出ない。子どもたちが，自分の判断で使いたいときに使いたいように適切にツールとして活用できるようになることが望ましい。つまり，教師の授業方法の見直し（覚悟）や，子どもたちの情報活用能力の育成についても，研修や授業改善を同時に進めていく必要がある。

　近い将来，1人1台の端末環境は，BYOD（bring your own device：個人所有，保護者負担）が主流になるであろう。子どもたちは学校と家庭，学びと遊び，フォーマルとインフォーマルを行き来し，ICTは日常的なツールとしていつもそばにあるようになる。そうなると，より個々が主体的に活用する力をつけていく必要性が増してくる。特に，中橋（2014）が示している「ソーシャルメディア時代のメディア・リテラシーの構成要素」の（3）メディアを読解，解釈，観賞する能力，（5）考えをメディアで表現する能力，（6）メディアによる対話とコミュニケーション能力，などは，日常的にあるいはシームレスに端末等を活用する子どもたちにとって，ますます必要なリテラシーとなっていくと考える。

終章
メディア・リテラシーの教育論

1. 本書で得られた知見

　この章では，読者が本書で得られた知の領域をこれからさらに押し広げていくために，本書で扱った論点を改めて確認し，メディア・リテラシー教育に関する研究の可能性について展望する。本書の目的は，「読者のメディア・リテラシーに関する理解を深めること」と「読者がメディア・リテラシーに関する学術的な探究や研究に取り組むきっかけを提供すること」であった。そのために，様々な切り口で，メディア・リテラシーの教育論を展開してきた。

　本書は，3つのパートで構成されていた。第1部（第1章～第4章）では，メディア・リテラシー教育に関する理論的な研究の蓄積について確認した。第2部（第5章～第9章）では，メディア・リテラシー教育に関する教育実践研究の蓄積について確認した。第3部（第10章～第14章）では，教育工学とは異なるアプローチで研究を進めてきた学術分野におけるメディア・リテラシーに関する研究動向や，実践現場としての学校教育を取り巻く状況について整理した。以下では，各章で提示されたメディア・リテラシー教育に関する研究の展開について振り返る。

　第1章では，メディア・リテラシーが，どのような能力として捉えられ，研究されてきたか概観した。時代や立場により捉え直され，複合的な能力として一定の概念を形成してきたことが示された。そのうえで，AI技術によって自律的にコンテンツが生み出される時代を想定するなど，これからの時代に求められるメディア・リテラシーの概念と構成要素を再整理する研究の重要性が指摘された。

　第2章では，メディア・リテラシーを測定するための研究について概観した。

そのうえで，メディア環境に応じた新しい尺度開発の研究，パフォーマンス課題においてルーブリックを活用する研究，尺度をどのように活用すべきかに関する研究の重要性が指摘された。

　第3章では，諸外国において取り組まれているメディア・リテラシーに関する取り組みを対象にした研究について概観した。文化や考え方の差異を認めつつも，メディア・リテラシー，もしくはメディア教育という共通概念を軸に，日本のメディア・リテラシー教育研究を相対化する研究が求められることが指摘された。

　第4章では，メディア・リテラシー教育用の教材開発に関する研究が，どのように取り組まれてきたのか整理した。そのうえで，各学校種に対応した教材の研究，教材個々のメディア特性を整理する研究，制作主体の意図を考慮した研究，年間を通した体系的な教材の利用に関する研究を行う重要性が指摘された。

　第5章では，小学校を対象とした教育実践研究にはどのようなものがあるか概観した。その結果，単元・学習プログラム・カリキュラムの開発が多く行われ，評価に関わる研究はあまり行われていないことが示された。学習者が自己の成長を振り返り，次の学習活動につなげるための評価のあり方を検討する教育実践研究を行っていく重要性が指摘された。

　第6章では，中学校を対象とした教育実践研究にはどのようなものがあるか概観した。その結果，メディア・リテラシーに関する「理論」「メディア活用」「映像教育」「国語科教育」を主軸とする4つの系譜が確認された。それを踏まえ，メディア・リテラシーを育むための教科教育の体系化に関する研究や社会的文脈に照らした実践を開発する教育実践研究に取り組む重要性が指摘された。

　第7章では，高等学校を対象とした教育実践研究にはどのようなものがあるか概観した。そして「メディアの特性を理解する能力」「メディアを批判的に捉える能力」などの育成について実践が蓄積されていることが確認された。一方,「メディアを読解,解釈,鑑賞する能力」の育成に焦点を当てた教育実践研究,小中高の系統性に関する研究，教科書の内容を踏まえた教育実践研究を蓄積させていく重要性が指摘された。

　第8章では，大学を対象とした教育実践研究にはどのようなものがあるか概

観した。記号学や批判的談話分析に基づく読み解き，気づきを促すワークショップのデザイン，身体を活かした発見と理解，協働と対話による創発など，多様なものがみられたが，その中でも映像メディアに関する教育実践研究が数多く蓄積されてきたことが確認された。それを踏まえ，さらに共有すべき多くの実践を拾い上げること，国際的な研究の中に位置づけて考えていくこと，メディア研究者と教育研究者が協働で教育実践研究を行う重要性が指摘された。

第9章では，「教員養成・教師教育」をテーマにした研究について概観した。情報端末を活用して学習者参加型の授業ができる教員養成のための研究，ソーシャルメディアに関する授業設計能力育成のための研究，教科横断的なカリキュラム・マネジメント能力育成のための研究の重要性が指摘された。

第10章では，「放送教育・視聴覚教育研究」の領域におけるメディア・リテラシーの研究について扱った。学級で1つの画面を見る教育を基本としてきた教育環境から将来的に1人1台のタブレット端末を含む学習用コンピュータが整備された教育環境へ変化する中で，家庭での学習支援などの可能性も踏まえ放送教育・視聴覚教育研究も新しい展開を迎えることが指摘された。

第11章では，言葉の教育に関する研究を行ってきた国語科教育学の領域におけるメディア・リテラシーの研究について扱った。「対人的」意味の検討学習の枠組みのさらなる整理と学習材の開発に関する研究の重要性が指摘された。

第12章では，「メディア論」の研究領域におけるメディア・リテラシーの研究について整理した。コンテンツのみならず，インターフェイスやアルゴリズムにも存在する文化やイデオロギーに対する批判的理解から目をそむけることなく，2000年代以降の新しいメディア論と関連領域の知見に見合った学習プログラムや教材開発に取り組む必要性が指摘された。

第13章では，2017年・2018年に改訂された学習指導要領におけるメディア・リテラシーに関する記述を整理し，それまでの学習指導要領よりも取り組みやすくなっていることが明らかにされた。そして，現学習指導要領に基づいたメディア・リテラシー教育の標準カリキュラムの開発研究や教員養成・教員研修の開発研究を行う重要性が指摘された。

第14章では，学校における「ICT環境整備」が進む中で，必要とされるメディア・リテラシー教育と研究のあり方について検討した。ICT環境の整備によっ

て，子どもたちは，学校と家庭，学びと遊び，フォーマルとインフォーマルを行き来しながら日常的なツールとして主体的にメディアと接触することになる状況を踏まえた研究を行う重要性が指摘された。

　以上のように，主に教育工学の分野におけるメディア・リテラシーに関する研究がどのような広がりをみせて蓄積されてきたのか，一定の範囲ではあるものの捉えることができた。それぞれの教育論から研究分野を俯瞰して捉えることでそれぞれの意義を再確認することができた。また，これまでの先行研究の知見を踏まえて発展性のある研究課題が提示された。これを参考に，多くの研究者が研究に取り組み，新たな知見が蓄積されることが期待できる。

2. メディア・リテラシーに関する教育論の知を広げるために

　本書では，教育工学の分野を中心として日本で行われてきたメディア・リテラシー教育に関する理論的，実践的な先行研究の成果を広く見渡し，それに対する見方・考え方を示した。また，視野を広げるために教育工学とは異なる周辺領域の学術分野におけるアプローチから学ぶことを試みた。さらに，メディア・リテラシーに関する教育実践の現場と取り巻く環境の変化を確認し，これからの時代に求められる研究課題について展望した。

　本書では，主に教育工学という学問領域において蓄積されてきたメディア・リテラシーに関する研究を扱ってきた。わが国においては，教育工学に関する研究の成果を交流する場として，日本教育工学会がある。『教育工学事典』（日本教育工学会，2000，p.142）では，教育工学を以下のように説明している。

　　教育工学は，教育改善のための理論，方法，環境設定に関する研究開発を行い，実践に貢献する学際的な研究分野であり，教育の効果あるいは効率を高めるためのさまざまな工夫を具体的に実現し，成果を上げる技術を，開発し，体系化する学である。
　　すなわち，教育過程を，数多くの要素からなる複雑システムの統合体ととらえ，教育や学習の目標を効果的に達成するために，①構成要素の最適な組み合わせを追求し，②それに役立つ各種技法，道具，しくみを開発，活用し，

③開発した技法，道具，しくみを体系化することを繰り返しながら，教育の
改善をする。

　この説明から考えると教育工学におけるメディア・リテラシーに関する研究
は，メディア・リテラシーを育むことを目的とした教育を改善するための理論，
方法，環境設定に関する研究開発を行い，実践に貢献すること，その教育の効
果あるいは効率を高めるための様々な工夫を具体的に実現し，成果を上げる技
術を開発し，体系化することを目的としたものであると考えることができる。
　その一方で，教育過程を数多くの要素からなる複雑システムの統合体として
捉えた場合に，その要素の1つにメディア・リテラシーという能力があると捉
え，研究するということも考えられる。例えば，社会科の学習で調べ学習を行
う際に，どのようなメディアを選択し，場合によっては機器を操作し，読み解
き，学んだことを活かして発信するのか，といったことを考える際に，学習者
にメディア・リテラシーが備わっているか，そうでないかによって成果が変わっ
てくると考えられる。
　このように，教育工学の分野において，メディア・リテラシーは，ある時に
は学習の目標そのものとして，またある時には，学習を成立させるための能力
要素の1つとして捉えられ，様々なアプローチで研究が行われてきた。そうし
た多様な切り口があることについては，当該研究分野の重要性を感じている多
様な研究者が確実に存在したことの証明であるとともに，当該研究分野の発展
可能性が広がっていることを示唆している。しかしながら，多様であることに
よって，知見が研究者個人あるいは小さなグループに閉じられてしまい，相互
に参照されないままになってしまうことも危惧される。
　このような蓄積を，さらに発展させていくためには，どうすればよいのだろ
うか。その鍵になるのは，知と知をつなぎ合わせて新しい知を創造していく営
みを継続していくことだと考えられる。本書では，多様な形で点在する先行研
究の知をつなぎ合わせ，関連付けることを試みた。本書で得られたことを基盤
として，今一度取り上げた論文について原典にあたることで，理解を深めるこ
とができると考えている。また，教育工学の分野という限られた範囲において
も，本書で扱いきれなかった先行研究は数多く存在している。さらに，メディ

ア・リテラシーの研究は，教育工学という分野の研究テーマの１つにおさまる
ものではなく，様々な学問領域において取り組まれている。これまで，学問領
域を越境して研究交流をする機会も限られていた。本書を１つの共通基盤とし
て，そこにさらに知をつなぎ合わせていくことが有効ではないかと考える。同
じ学術研究分野においてのみならず，領域越境的に知と知をつなぎ合わせて新
しい知を創造し，教育論の輪をさらに広げていくことが重要である。

文　献

▶序章

水越　伸（1999）.デジタル・メディア社会　岩波書店

中橋　雄（2014）.メディア・リテラシー論―ソーシャルメディア時代のメディア教育―　北樹出版

中橋　雄（2015）.日本教育工学会におけるメディア・リテラシー研究の蓄積　日本教育工学会第31回全国大会講演論文集, 253-254.

日本教育工学会（編）（2000）.教育工学事典　実教出版

菅谷明子（2000）.メディア・リテラシー――世界の現場から―　岩波書店

▶1章

浅井和行・中橋　雄・黒上晴夫・久保田賢一（2014）.専門書が実践報告を通じて伝えているメディア・リテラシーのイメージ　日本教育工学会論文誌, **37**(4), 505-512.

藤川大祐（2010）.東日本大震災発生以降の情報支援とメディアリテラシー　日本教育工学会第27回大会論文集, 199-200.

藤川大祐・中野敬子（2005）.幼稚園児に対するメディアリテラシー教育の試み　日本教育工学会第21回大会論文集, 255-256.

後藤康志（2015）.階層分析法によるメディア認知の可視化を活かしたメディア・リテラシー育成の試み　日本教育工学会研究報告集, **15**(3), 97-102.

今井亜湖（2010）.メディア・リテラシー教育のための教員研修プログラムの開発　日本教育工学会研究報告集, 日本教育工学会研究報告集, **10**(1), 425-428.

小平さち子（2000）.「メディア・リテラシー」の取り組みをめぐる世界の動向　教育工学関連学協会連合第6回全国大会, 377-378.

小庄司一泰・柄澤朋暢・近藤正毅・丸山裕輔・後藤康志（2007）.地域素材を活用したメディア・リテラシーの実践　日本教育工学会研究報告集, **7**(3), 33-38.

三宅正太郎（1997）.サブリミナル映像に対するメディアリテラシーの育成に関する研究　教育工学関連学協会連合第5回全国大会, 55-56.

水越敏行（1992）.メディア・リテラシー育成の研究デザイン　日本教育工学会研究報告集, **1992**(6), 37-40.

水越敏行（1994）.メディアが開く新しい教育（学研教育選書）　学研

水越敏行・中橋　雄（2002）.新しい学力としてのメディア・リテラシー――その研究と実践をどう進めるか―　日本教育工学会第18回大会論文集, 97-100.

永田智子・鈴木真理子・木原俊行・水越敏行（1994）.メディアリテラシー育成カリキュラムの評価研究(1)　日本教育工学会研究報告集, **1994**(2), 121-124.

中橋　雄（2014）.メディア・リテラシー論―ソーシャルメディア時代のメディア教育―　北樹出版

中橋　雄・今田晃一（2002）.メディア・リテラシーの重要性を認識させる実践研究　日本教育工学会研究報告集, **2002**(3), 53-58.

日本教育工学会（編）（2000）.教育工学事典　実教出版

野中陽一（1997）.メディアリテラシーの育成を意図した総合学習の評価―自己評価における個人差の分析を中心に―　教育工学関連学協会連合第5回全国大会, 445-446.

岡部昌樹・吉田貞介・黒上晴夫（1993）.メディアリテラシーの基礎的訓練プログラムの開発(1)　日本教育工学会第9回大会論文集, 444-445.

斎藤俊則・大岩　元（2002）.メディアリテラシー教育の論拠としての記号学　日本教育工学会第18回全国大会論文集, 93-96.

酒井俊典・八重樫文・久松慎一（2003）.教師のメディア・リテラシー授業実践開発を支援するオンライン学習環境―「Media Teachers Village」の開発―　日本教育工学会第19回大会論文集, 881-882.

坂元　昂(1986). メディアリテラシー　後藤和彦・坂元　昂・高桑康雄・平沢　茂(編)　メディア教育を拓くメディア教育のすすめ①　ぎょうせい

佐々加代子(2000). 保育者養成におけるメディアリテラシー教育　教育工学関連学協会連合第6回全国大会，479-480.

鈴木真理子・永田智子・木原俊行・水越敏行(1994). メディアリテラシー育成カリキュラムの評価研究(2)　日本教育工学会研究報告集，**94**(2)，125-128.

高橋伸明・中村ひとみ・前田知之・春名淳子・笠行和美・文箭　敏・平松　茂・堀田龍也(2002). 小学生のメディア・リテラシー育成のための単元モデル―紹介・主張のためのビデオ・Webページ作成の学習を通して―　日本教育工学会第18回大会論文集，641-642.

高桑康雄(1994). 新しい学力観に教育工学はどう寄与できるか―メディア・リテラシーの立場から―　教育工学関連学協会連合第4回全国大会論文集，5-6.

上杉嘉見(2003). カナダ・オンタリオ州のメディア・リテラシー教育における2つのアプローチ―「メディア科」と「英語科」の教科書の比較検討―　日本教育工学会第19回大会論文集，245-246.

山田寛邦(2019). 妖怪ワークショップの開発と実践―文化教育・メディアリテラシー教育に向けて―　日本教育工学会研究報告集，**2019**(4)，101-108.

山口昭穂(1985). CAIのTutorial Modeにおける言語リテラシーとメディアリテラシーの相乗効果　教育工学関連学協会連合全国大会，141-142.

山口好和・木原俊行(1993). メディア・リテラシー育成方法の検討―中学校社会科・課題選択学習を題材として―　日本教育工学会研究報告書，**1993**(4)，19-26.

山内祐平・水越　伸(2000). メディア・リテラシーを学ぶための学習モデルの検討　教育工学関連学協会連合第6回全国大会，385-386.

八崎和美・荒木泰彦(2006). ニュース番組制作を通してメディアリテラシー能力を育てる―教科・総合を合科的に再構成する―　日本教育工学会研究報告集，**2006**(2)，219-222.

▶2章

後藤心平・齋藤　玲・佐藤和紀・堀田龍也(2017). ラジオ局による高校生を対象としたメディア・リテラシー育成プログラムの再検討と評価　教育メディア研究，**25**(2)，13-27.

後藤康志(2006). メディア・リテラシーの発達と構造に関する研究　新潟大学大学院現代社会文化研究科博士学位論文

後藤康志(2014). 領域固有知識が批判的思考(技能)のパフォーマンス課題の達成に及ぼす影響　日本認知科学会，829-832.

後藤康志・丸山裕輔・雅樹賀真澄(2013). メディアに対する批判的思考(技能)ルーブリックを用いた自己評価　教育工学会論文誌，**7**，25-28.

後藤康志・下郡啓夫(2017). 批判的思考ルーブリックとトゥールミンモデルを組み入れたメディア・リテラシーの育成　教育メディア学会　第24回年次大会

Gray, W. S. (1956). *The teaching of reading and writing: An international survey.* UNESCO.

Hirsh, E. D. (1987). *Cultural literacy: What every American needs to know.* Houghton Mifflin.　中村保男(訳)(1989). 教養が国をつくる　TBSブリタニカ

生田孝至(2004). メディアリテラシー再考　第11回日本教育メディア学会年次大会発表論文集，7-10.

鬼頭尚子(2004a). 子どもたちとメディア　国立教育政策研究所(編)　メディア・リテラシーへの招待―生涯学習を生きる力―(pp.17-26)　洋館出版

鬼頭尚子(2004b). 学校・家庭におけるメディア利用とメディア・リテラシー―児童・生徒及び彼らの保護者と教師の質問紙調査による―　国立教育研究所生涯学習研究所(編)　生涯学習社会におけるメディア・リテラシーに関する総合的研究最終報告書―校教育編―(pp.65-97)

小寺敦之(2017). メディア・リテラシー測定尺度の作成に関する研究　東洋英和女学院大学人文・社会科学論集，**34**，89-106.

小池源吾(2004). メディア・リテラシー学習による意識変容　国立教育政策研究所(編)　生涯学習を生きる力―

　　メディア・リテラシーへの招待―(pp.87-97)　東洋館出版

久原恵子・井上尚美・波多野誼余夫(1983).批判的思考力とその測定　読書科学，**27**(4)，131-142.

Lankshear, C., & Lawler, M.（1987）. *Literacy, schooling and revolution*. Falmer.

Luria, A. R.（1976）. *Cognitive development: Its cultural and social foundations*. Harvard University Press.　森岡修一
　　（訳）(1976).認識の史的発達　明治図書

Masterman, L.（1995）. Media education: Eighteen basic principles. *MEDIACY*, **17**(3).

McLuhan, M.（1962）. *The Gutenberg galaxy: The making of typographic man*. University of Toronto Press.　森　常治
　　（訳）（1986）. グーテンベルクの銀河系―活字人間の形成―　みすず書房

宮田加久子(2001).情報ネットワーク社会に求められるメディア・リテラシー　明治学院論叢，**658**, 1-35.

水越敏行・中橋　雄（2002）.新しい学力としてのメディア・リテラシー――その研究と実践をどう進めるか―　日
　　本教育工学会第18回大会論文集，97-100.

中橋　雄（2014）.メディア・リテラシー論―ソーシャルメディア時代のメディア教育―　北樹出版

中橋　雄・山口眞希・佐藤和紀（2017）.SNSの交流で生じた現象を題材とする―メディア・リテラシー教育の単
　　元開発―　教育メディア研究，**24**(1)，1-12.

Ong, W. J.（1982）. *Orality and literacy. The technologizing of the world*. Methuen.　桜井直文・林　正寛・糟谷啓介(訳)
　　(1991).声の文化と文字の文化　藤原書店

Petty, R. E., & Cacioppo, J. T.（1986）. *Communication and persuasion: Central and peripheral routes to attitude change*.
　　US: Springer-Verlag.

Ruminski, H., & Hanks, W.（1997）. Critical thinking. In W.G. Christ(Ed.), *Media education assessment handbook*
　　(pp.143-164). Lawrence Erlbaum Associates.

佐藤和紀・齋藤　玲・堀田龍也（2018）.メディア・リテラシー教育実践の継続，メディア接触，教師経験が小学
　　校教師のメディア・リテラシーに与える影響　日本教育工学会論文誌，**42**(1)，43-53.

坂元　昂(1986).メディアリテラシー　後藤和彦・坂元　昂・高桑康雄・平沢　茂(編)　メディア教育を拓くメ
　　ディア教育のすすめ①　ぎょうせい

Scribner, S., & Cole, M.（1978）. Literacy without schooling: Testing for intellectual effect. *Harvard Educational
　　Review*, **48**, 448-461.

Scribner, S., & Cole, M.（1981）. *The psychology of literacy*. Harvard University Press.

白石信子(1997).『テレビ世代』の現在Ⅰ　人々の情報行動―「テレビと情報行動」調査から―　放送研究と調査，
　　47(9)，2-19.

鈴木みどり（編）(2000).Study Guide メディア・リテラシー　入門編　リベルタ出版

高橋敦志・和田正人（2017）.高等学校共通教科情報科の授業における新聞の分析と制作を通したメディア・リテ
　　ラシー教育の実践研究　教育メディア研究，**24**(1)，13-26.

高比良美詠子・坂元　章・森　津太子・坂元　桂・足立にれか・鈴木佳苗・勝谷紀子・小林久美子・木村文香・
　　波多野和彦・坂元　昂（2001）.情報活用の実践力尺度の作成と信頼性および妥当性の検討　日本教育工学
　　会論文誌／日本教育工学雑誌，**24**, 247-256.

吉見俊哉・水越　伸（2000）.改訂版メディア論　放送大学教育振興会

▶３章

Akçayır, G., & Akçayır, M.（2016）. Research trends in social network sites' educational use: A review of
　　publications in all SSCI journals to 2015. *Review of Education*, **4**(3), 293-319.

Alvermann, D. E.（2017）. Social media texts and critical inquiry in a post-factual era. *Journal of Adolescent & Adult
　　Literacy*, **61**(3), 335-338.

Baxa, J., & Christ, T.（2017）. The DigiLit framework. *The Reading Teacher*, **71**(6), 703-714.

Buckingham, D.（2003）. *Media Education: Literacy, learning and contemporary culture*. UK: Polity Press.

Burn, A.（2009）. *Making new media: Creative production and digital literacies*. US: Peter Lang.

Cappello, M.（2017）. Considering visual text complexity: a guide for teachers. *The Reading Teacher*, **70**(6), 733-
　　739.

Chang, C., Liu , E. Z., Lee, C., Chen, N., Hu, D., & Lin, C.（2011）. Developing and validating a media literacy self-evaluation scale（MLSS）for elementary school students. *The Turkish Online Journal of Educational Technology*, **10**(2), 63-71.

Cope B., & Kalantzis, M.（Eds.）.（2000）. *Multiliteracies : Literacy learning and the design of social futures*. UK: Routledge.

Dalton, B.（2012）. Multimodal composition and the common core state standards. *The Reading Teache*, **66**(4), 333-339.

Dalton, E. M.（2017）. Beyond universal design for learning: guiding principles to reduce barriers to digital & media literacy competence. *The National Association for Media Literacy Education's Journal of Media Literacy Education*, **9**(2), 17-29.

Hallaq, T.（2016）. Evaluating online media literacy in higher education: validity and reliability of the digital online media literacy assessment（DOMLA）. *The National Association for Media Literacy Education's Journal of Media Literacy Education*, **8**(1), 62-84.

Hobbs, R.（2011）. *Digital and media literacy: Connecting culture and classroom*. US: CORWIN.

Hobbs, R., & Mihailidis, P.（2019）. *International encyclopedia of media literacy*. US: John Wiley & Sons, Inc.

Hoechsmann, M., & Poyntz, S.（2012）. *Media literacies: A critical introduction*. UK: Wiley-Blackwell.

Jenkins, H.（2006）. *Convergence culture: Where old and new media collide*. US: NYU Press.

小平さち子（2000）.「メディア・リテラシー」の取り組みをめぐる世界の動向　教育工学関連学協会連合全国大会講演論文集，**6**(2), 377-378.

小平さち子（2004）. イギリスのメディア・リテラシー教育　放送研究と調査，**54**(6), 58-71.

小平さち子（2012）.「メディア・リテラシー」教育をめぐるヨーロッパの最新動向―リテラシー向上に向けた政策と放送局にみる取り組み―　放送研究と調査，**62**(4), 40-57.

国立教育政策研究所（2002）. 生涯学習社会におけるメディア・リテラシーに関する総合的研究　国立教育政策研究所生涯学習政策研究部

Masterman, L.（1985）. *Teaching the Media*. UK: Routledge.

中村純子（2007）. メディア・リテラシー育成における映像制作の可能性―西オーストラリア州・教科「メディア制作と分析」のカリキュラム分析―　教育メディア研究，**14**(1), 107-118.

Scheibe, C., & Rogow, F.（2012）. *The teacher's guide to media literacy: Critical thinking in a multimedia world*. US: Corwin, a SAGE Company.

上杉嘉見（2008）. カナダのメディア・リテラシー教育　明治図書

Valtonen, T., Tedre, M., Makitalo, K., & Vartiainen, H.（2019）. Media literacy education in the age of machine learning. *The National Association for Media Literacy Education's Journal of Media Literacy Education*, **11**(2), 20-36.

Willem, C., Aiello, M., & Bartolome, A.（2006）. Self-regulated learning and new literacies: an experience at The University of Barcelona. *European Journal of Education*, **41**(3/4), 437-452.

▶4章

後藤康志・丸山裕輔（2009）. メディアに対する批判的思考を育成する教材パッケージの開発　日本教育工学会論文誌，**33**(Suppl.), 89-92.

長谷海平（2012）. 映像を用いた「メディア遊び」ワークショップのデザイン　デザイン学研究，**59**(1), 1-8.

長谷川　一・村田麻里子（2015）. 大学生のためのメディアリテラシー・トレーニング　三省堂

放送分野における青少年とメディア・リテラシーに関する調査研究会（2000）. 放送分野における青少年とメディア・リテラシーに関する調査研究会報告書　https://www.soumu.go.jp/main_sosiki/joho_tsusin/top/hoso/pdf/houkokusyo.pdf（2020年5月31日閲覧）

駒谷真美（2005）. NHK学校放送「体験！メディアのABC」を教材にしたメディア・リテラシー教育の実践的研究　教育メディア研究，**11**(2), 47-55.

駒谷真美・無藤　隆（2006）．小学校低学年向けメディアリテラシー教材の開発研究　日本教育工学会論文誌，**30**（1），9-17.

Masterman, L. (1995). Media education: Eighteen basic principles. *MEDIACY*, **17**(3).

メディアを学ぼう【教科情報】．https://mlis.jimdofree.com/（2020年5月31日閲覧）

村野井均・白石信子・駒谷真美・無藤　隆（2001）．メディアリテラシー番組「てれびキッズ探偵団」の教育効果　日本教育工学会大会講演論文集，**17**，421-422.

中橋　雄（2010）．情報社会におけるメディア・リテラシー教育用教材の開発　第17回日本教育メディア学会年次大会論文集，67-68.

中橋　雄・稲垣　忠・岡本恭介（2012）．共通教科「情報」におけるメディア教育用デジタル教材の開発　日本教育工学会論文誌，**36**(Suppl.)，17-20.

中橋　雄・大西元之・岡野貴誠・久保田賢一（2006）．DTP実習を支援するWeb動画教材の評価　日本教育工学会論文誌，**29**(Suppl.)，21-24.

NHK　クリエイティブ・ライブラリー　https://www.nhk.or.jp/archives/creative/（2020年5月31日閲覧）

NHK「メディアのめ」制作班・池上　彰（2013）．池上彰と学ぶメディアのめ　NHK出版

酒井俊典（2007）．教師のメディア・リテラシーの実践的知識獲得を支援するオンライン学習プログラムの開発　日本教育工学会論文誌，**31**(2)，187-198.

佐藤和紀・齋田　玲・堀田龍也（2015）．授業実践・リフレクションによる初心者教師のメディア・リテラシーに対する意識の変容　日本教育工学会論文誌，**40**(Suppl.)，29-32.

佐藤和紀・齋田　玲・堀田龍也（2016）．授業実践・リフレクションによるメディア・リテラシーに対する意識の変容―メディア・リテラシー教育未経験かつ教育歴20年以上の教師の場合―　日本教育工学会論文誌，**41**(Suppl.)，49-52.

下村健一（2017）．想像力のスイッチを入れよう　講談社

総務省　放送分野におけるメディアリテラシー　https://www.soumu.go.jp/main_sosiki/joho_tsusin/top/hoso/kyouzai.html（2020年5月31日閲覧）

総務省　伸ばそうICTメディアリテラシー　https://www.soumu.go.jp/ict-media/（2020年5月31日閲覧）

鈴木みどり（監）（2003）．スキャニング・テレビジョン　日本版　イメージサイエンス

鈴木みどり（編）（2013）．最新Study Guide メディア・リテラシー　入門編　リベルタ出版

宇治橋祐之（2020）．テレビの読み解きからネットでのコミュニケーションまで―放送局のメディア・リテラシーへの取り組みの変遷―　放送研究と調査，**70**(4)，50-73.

和田正人（2009）．メディア・リテラシー学習におけるビデオゲーム学習(特集論文 授業とメディア)　教育メディア研究，**15**(2)，15-21.

山口眞希（2017）．映像教材活用とCM制作活動を通じたメディア・リテラシー学習プログラムの開発　日本教育工学会論文誌，**40**(Suppl.)，17-20.

▶5章

後藤心平・相沢　優・佐藤和紀・堀田龍也（2015）．メディア・リテラシーに関する実践研究の傾向分析　日本教育工学会研究報告集，**15**(5)，127-132.

堀田龍也・佐藤和紀（2019）．日本の初等中等教育における情報リテラシーに関する教育の動向と課題　電子情報通信学会通信ソサイエティマガジン，**13**(2)，117-125.

水越敏行・中橋　雄（2003）．学校教育における映像教育の方向性　日本教育メディア学会第13回年次大会発表論文集，94-97.

文部科学省（2017）．小学校学習指導要領

内閣府（2020）．令和元年度青少年のインターネット利用環境実態調査　https://www8.cao.go.jp/youth/youth-harm/chousa/r01/jittai-html/index.html（2020年12月24日閲覧）

中橋　雄（2014）．メディア・リテラシー論―ソーシャルメディア時代のメディア教育―　北樹出版

中橋　雄（2015）．日本教育工学会におけるメディア・リテラシー研究の蓄積　日本教育工学会第31回全国大会論文集，253-254.

中橋　雄（2017）．メディアについて学ぶ学校放送番組の特徴　日本教育メディア学会第24回年次大会発表論文

集．95-98.

中橋　雄・水越敏行（2003）．メディア・リテラシーの構成要素と実践事例分析　日本教育工学雑誌．**27**（Suppl.），41-44.

中橋　雄・山口眞希・佐藤和紀（2017）．SNSの交流で生じた現象を題材とするメディア・リテラシー教育の単元開発　教育メディア研究．**24**（1），1-12.

大久保紀一朗・佐藤和紀・中橋　雄・浅井和行・堀田龍也（2016）．マンガを題材にしたメディア・リテラシーを育成する学習プログラムの開発と評価教育メディア研究．**23**（1），33-46.

佐藤和紀・堀田龍也（2018）．教師のメディア・リテラシーの授業設計を支援するための授業実践研究に関する傾向分析　日本教育メディア学会第25回年次大会発表論文集，82-85.

佐藤和紀・中橋　雄（2014）．動画共有サイトへの作品公開に関する議論の学習効果―映像制作実践で育まれるメディア・リテラシー―　教育メディア研究．**21**（1），1-10.

佐藤和紀・大山　努・南部昌敏（2012）．中学生への追跡調査による小学校におけるメディア・リテラシー育成要素の提案　日本教育工学会論文誌．**36**（Suppl.），149-152.

佐藤和紀・手塚和佳奈・堀田龍也（2019）．メディア・リテラシー教育の実践における教育メディアの活用に関する考察　日本教育メディア学会第26回年次大会発表論文集，82-85.

佐藤和紀・手塚和佳奈・堀田龍也（2020）．日本教育工学会における小学校のメディア・リテラシーに関する授業実践研究の整理・分析　日本教育工学会2020年春季全国大会，349-350.

手塚和佳奈・佐藤和紀・堀田龍也（2019）．メディア・リテラシーに関する査読論文の引用動向に関する調査　日本教育メディア学会研究報告集．**46**（1），71-76.

山口眞希（2017）．映像教材活用とCM制作活動を通じたメディア・リテラシー学習プログラムの開発　日本教育工学会論文誌．**40**（Suppl.），17-20.

山口好和・木原俊行・永田智子・水越敏行（1993）．メディア・リテラシー育成方法の検討(2)―小学校社会科・地図学習を題材として―　日本教育工学会第9回全国大会講演論文集．466-467.

山内祐平（2003）．デジタル社会のリテラシー　岩波書店

▶6章

浅井和行・小笠原喜康（2005）．メディア・リテラシー教育のカリキュラム開発　教育メディア研究．**11**（2），31-37.

Buckingham, D.（2003）．*Media education: Literacy, learning and contemporary culture*. Polity Press.　鈴木みどり（訳）（2006）．メディア・リテラシー教育―学びと現代文化―　世界思想社

遠藤　茜（2018）．メディア論の観点を加えて文学教材を扱う授業の開発―魯迅「故郷」を題材に―　授業実践開発研究．**11**，21-30.

二田貴広（2008）．メディア・リテラシーを援用して，文学的表現の読解力を育成する授業―中学1，2年生での実践―　教育システム研究．**4**，164-179.

後藤康志（2006）．メディア・リテラシー尺度の作成に関する研究　日本教育工学会論文誌．**29**（Suppl.），77-80.

林　憲昭・南部昌敏（2001）中学生の映像メディアリテラシーを育成するためのプログラム開発　日本教育工学会大会講演論文集．**17**，423-424.

池田　修（1998）．CMの分析―商品の演出を探す―　授業づくりネットワーク．**11**（12），24-25.

生田孝至・後藤康志（2008）．メディア・リテラシーの課題と展望　新潟大学教育学部研究紀要．**1**（1），1-13.

生田孝至・木原俊行・水越敏行（1999）．映像視聴能力の発達に関する研究―日本賞候補番組を用いて―　教育メディア研究．**5**（2），16-31.

石川　晋（1998）．昼のCM，夜のCM　授業づくりネットワーク．**11**（12），22-23.

伊藤和人（2019）．メディア・リテラシーの基本概念を取り入れた批判的思考を促す学習デザイン　国語科学習デザイン．**2**（2），33-43.

岩佐克彦（2006）．マスメディアの状況とメディア・リテラシー　月刊・社会教育．**612**，49-55.

木戸啓太（2012）．カナダ・オンタリオ州のKey Conceptを用いたメディア・リテラシー教育―メディアの社会的・

政治的意味に注目して― 国文：研究と教育（奈良教育大学国文学会），**35**, 131-117.

木原俊行・田口真奈・生田孝至・水越敏行（1996）．映像視聴能力の発達的研究―映画「裸の島」を素材として― 教育メディア研究，**2**(2), 1-14.

木村まり子（2002）．メディアを用いた国語か授業―ニュース番組の分析と制作の実践― 日本語学，**21**(12), 48-63.

児玉康弘（2001）．中学歴史「憲法」メディア・リテラシーの教材＆授業：ワイマール憲法第48条―大統領非常大権は，なぜ発動されたのか― 社会科教育，**38**(9), 97-101.

桑田てるみ・法土明子（2009）．学習単元「情報と表現」における国語科教諭と司書教諭との協働授業の効果―「POP」作成授業の分析― 教育情報研究，**25**(2), 39-49.

Masterman, L. (1990). *Teaching the media*. UK: Routledge. 宮崎寿子（訳）（2010）メディアを教える―クリティカルなアプローチへ― 世界思想社

皆川英香（2001）．中学公民「選挙・政党・世論」メディア・リテラシーの教材＆授業：社会的な思考力を深めるための「新聞」を活用した追及活動の指導の展開について 社会科教育，**38**(9), 102-106.

Ministry of Education, Ontario(1989). *Media literacy: Resource guide, intermediate and senior divisions*. Canada: Ministry of Education, Ontario. FCT（訳）（1992）．メディア・リテラシー―マスメディアを読み解く― リベルタ出版

水越　伸（1999）．デジタル・メディア社会 岩波書店

水越敏行・木原俊行・黒上晴夫・生田孝至・竹内　理・久保田賢一・黒田　卓・田中博之（1998-2001）マルチメディアリテラシー育成方法の検討(研究課題/領域番号10480040基盤研究(B))

森阪康昌（2006）．メディアリテラシーを育む協働のプロジェクト―作者の立場で映像を紐解いてみよう（1学年）― 福井大学教育実践研究，**32**, 27-35.

向田久美子・坂元　章・一色伸夫・森津太子・鈴木佳苗・駒谷真美・佐渡真紀子（2007）．小・中学生のメディア・リテラシーに関する一考察 メディア教育研究，**3**(2), 71-83.

永田順子（1994）．学校教育にメディア・リテラシーを導入しよう 授業づくりネットワーク，**7**(11), 6-10.

永田智子（1995）．学校ぐるみのメディア・リテラシー育成―滋賀大学附属中学校を事例として― 菅井勝雄（編）「メディア」による新しい学習(pp.180-190) 明治図書

中村純子（1999）．メディア自分史で自己紹介 授業づくりネットワーク，**12**(12), 24-26.

中村純子（2000）．平成12年度 総務省メディア・リテラシー教材等の委託研究―メディアリテラシーを育む中学校・国語科年間カリキュラムおよび実践事例集― https://www.soumu.go.jp/main_sosiki/joho_tsusin/top/hoso/pdf/kokugoka.pdf(2020年8月26日閲覧)

中村純子（2002）．映像を読み解く 日本語学，**21**(12), 38-47.

中村純子（2004）．表現活動を通して批判的思考を育む実践の提案 月刊 国語教育研究，**39**(383), 16-21.

中村純子（2008）．母語教育カリキュラムにおけるメディア・リテラシー導入の方略―イングランド，オンタリオ州，西オーストラリア州のカリキュラム比較― 国語科教育，**67**, 43-50.

中村純子（2008）．国語科教育におけるメディア・リテラシーの受容と発展 月刊 国語教育研究，**43**(437), 16-21.

中村純子（2010）．情報娯楽番組（インフォテイメント）の〈制作〉と〈分析〉の授業実践 テキスト教材『情報娯楽番組（インフォテイメント）』・Web教材『情報娯楽番組「ケータイ情報局！」オープニング分析』 平成21年度総務省 放送分野におけるメディア・リテラシー向上のための教材の在り方等に関する調査研究 https://www.soumu.go.jp/main_sosiki/joho_tsusin/top/hoso/kyoiku.html(2020年8月26日閲覧)

中村純子（2017）．IB「言語A」におけるメディア・リテラシー―グローバルな視野を育む学習スキル― 学習情報研究，2017年11月号, 12-13.

中西明美・衛藤久美・武見ゆかり（2012）．中学生の食に関するメディア・リテラシー尺度の開発 日本健康教育学会誌，**20**(3), 207-220.

中野暢子（1994）．CMとの付き合い方―たばこCMを作ってみよう― 授業づくりネットワーク，**7**(11), 26-30.

西岡貞一・鈴木佳苗・杉中　慎・佐藤武光（2007）．中学生を対象とした映画ワークショップの実践(1) 日本教育工学会 第23回全国大会講演論文集, 601-602.

大貫和則・高野恵義・鈴木佳苗・西岡貞一（2009）．中学生の映像制作体験を通したメディア・リテラシー学習と

その効果　日本情報科教育学会誌，**2**(1), 27-32.

大貫和則・八巻　龍・鈴木佳苗・西岡貞一 (2014). 中学校における映像表現教育を導入するための課題についての一考察　図書館情報メディア研究，**11**(2), 73-86.

佐藤洋一・左近妙子 (2000). 国語科における“メディア・リテラシー教育”─導入としてのテレビコマーシャル・アンケート調査と考察(中学校における実践)─　愛知教育大学教育実践総合センター紀要，**2000**(3), 89-97.

妹尾理子・青木幸子・伊藤葉子・内野紀子・佐藤麻子・渡辺彩子 (2005). 金銭教育におけるメディア・リテラシー育成のための基礎的研究　日本家庭科教育学会大会・例会・セミナー研究発表要旨集，**48**(0), 31-31.

Silverblatt, A., Ferry, J., & Finan, B. (2001). *Approaches to media literacy: A handbook.* UK: Routledge.　安田　尚 (訳)(2001). メディア・リテラシーの方法　リベルタ出版

宋　昇勲・川畑徹朗・堺　千紘 (2018). 中学生の性にかかわる危険行動と性に関するメディアリテラシーとの関係　学校保健研究，**60**(4), 209-218.

菅谷明子 (2000). メディア・リテラシー─世界の現場から─　岩波新書

砂川誠司 (2020). 国語科におけるメディア・リテラシー教育の動向と課題─2010年代の実践・研究の整理から─　国語国文学報，**78**, 49-60.

鈴木みどり(編)(1997). メディア・リテラシーを学ぶ人のために　世界思想社

鈴木みどり(編)(2001). メディア・リテラシーの現在と未来　世界思想社

上田祐二 (2014). 国語科におけるネットワーク・コミュニケーションの指導─BBSに対する学習者の参加意識の検討─　旭川国文，**27**, 14-25.

上松恵理子 (2010). メディア・リテラシーの方法で読むことの考察─国語科教科書にある文学教材を用いて─　読書科学，**53**(1-2), 1-12.

渡邉光輝 (2015). 中学校国語科における編集力を高める授業の開発─単元「戦争の記憶を受け継ぐ」授業の記録　授業実践開発研究，**8**, 88-98.

山口好和 (1995). メディア・リテラシー育成方法の検討─中学校社会科・課題選択学習の事例から─　菅井勝雄(編)「メディア」による新しい学習(pp.169-179)　明治図書

山本浩二・飯島百合子・山成幸子・村上恭子 (2000).〈選択学習 a の記録：4.10)Total Healthy Life　教育研究／東京学芸大学教育学部附属世田谷中学校，**2000**, 105-106.

山本浩二・渡邉正樹 (2018). 中学生におけるヘルスリテラシーの構造と保健知識及び生活習慣との関連　日本教科教育学会誌，**41**(2), 15-26.

吉田正生 (2011). 社会科メディア・スタディーズのための中学校社会科歴史授業の開発─明治政府のメディア対策─　社会系教科教育学研究，**23**, 1-10.

吉田貞介 (1995). マルチメディアとメディア・リテラシー　水越俊行(監修)　「メディア」による新しい学習 (pp.133-143)　明治図書

▶7章

浅井和行・小笠原喜康 (2005). メディア・リテラシー教育のカリキュラム開発　教育メディア研究，**11**(2), 31-37.

後藤心平・齋藤　玲・佐藤和紀・堀田龍也 (2019). ラジオ局による高校生を対象としたメディア・リテラシー育成プログラムの再検討と評価　教育メディア研究，**25**(2), 13-27.

後藤心平・佐藤和紀・齋藤　玲・堀田龍也 (2017). 高校生のラジオ番組制作体験によるメディア・リテラシー育成プログラムの開発と評価　教育メディア研究，**23**(2), 107-117.

花豊真希子 (2010). メディア・リテラシーの向上と公教育の役割　法制論叢，**46**(2), 1-16.

林　直哉 (2000). デジタル時代・放送が変わる　高校放送部のメディア・リテラシー体験　放送文化，**69**, 44-47.

石田喜美 (2013). ピア・グループ型ワークショップによるメディア・リテラシー学習の支援─高校生対象の連続ワークショップ「写真部」を事例として─　読書科学，**55**(3), 90-101.

石村飛生 (2015). 日本の学校教育におけるメディア・リテラシー教育実践の課題と展望─実践の内容分析を通し

て―　弘前大学大学院教育学研究科修士論文

金子麻由（2002）．高校の授業 歴史教科書問題を題材に「メディア・リテラシー」を考える　歴史地理教育（歴史教育者協議会編），**642**, 52-55.

川口芳彦（2012）．実践 高校現代社会　揺れる！原発対応と高校生―メディアリテラシーから原発に迫って その後―　歴史地理教育（歴史教育者協議会編），**794**, 78-81.

前田健志（2013）．メディアリテラシーの養成―新聞の様々な活用例―　高校教育研究，64, 13-19.

松浦晴芳（2004）．実践・中学高校 メディアを読み解く―イラク戦争報道から―　歴史地理教育（歴史教育者協議会編），**669**, 16-21.

宮本和夫（2001）．メディアを読み解く子どもたち―高校生がつくったメディアリテラシーの授業―　人間と教育（民主教育研究所編），**30**, 89-93.

森棟隆一・尾澤　勇・山崎謙介（2007）．メディアリテラシー教育の実践―学校紹介CM制作を通して―（情報処理学会研究報告）　コンピュータと教育，**88**, 119-125.

中橋　雄（2014）．メディア・リテラシー論―ソーシャルメディア時代のメディア教育―　北樹出版

中山周治（2008）．高校におけるメディア・リテラシー教育の現状　メディア・リテラシー教育研究委員会報告書（国民教育文化総合研究所），87.

妹尾克利（2013）．学校放送部によるメディア表現活動の教育効果に関する考察―高校放送部の映像制作活動を手がかりに―　現代社会学研究，**26**, 19-37.

高橋敦志・和田正人（2017）．高等学校共通教科情報科の授業における新聞の分析と制作を通したメディア・リテラシー教育の実践研究　教育メディア研究，**24**(1), 13-26.

田邊則彦（2000）．情報を読み解く力の育成　コンピュータ＆エデュケーション，**9**, 36-41.

登丸あすか（2003a）．高校生を対象としたメディア・リテラシー教育の実践 前編　視聴覚教育，**57**(12), 50-53.

登丸あすか（2003b）．高校生を対象としたメディア・リテラシー教育の実践 後編　視聴覚教育，**57**(12), 54-57.

鶴田利郎（2012）．R-PDCAサイクルの活動を用いたネット依存に関する授業実践―依存防止プログラムの成果を援用した8時間の授業実践の試み―　日本教育工学会論文誌，**35**(4), 411-422.

鶴田利郎（2020）．高等学校におけるメディア・リテラシー教育に関する教育実践研究の動向と展望　日本教育工学会2020年春季全国大会講演論文集，355-356.

鶴田利郎・石川久美子（2019）．高等学校における教科横断的なインターネット依存改善のための授業実践　コンピュータ＆エデュケーション，**47**, 65-68.

鶴田利郎・中橋　雄（2019）．高等学校情報科におけるメディア・リテラシーの定義に関する考察―平成25年度版と平成29年度版の教科書分析を通して―　日本教育工学会論文誌，**42**(Suppl.), 69-72.

鶴田利郎・野嶋栄一郎（2015）．1年間を通したインターネット依存改善のための教育実践による生徒の依存傾向の経時的変容　日本教育工学会論文誌，**39**(1), 53-65.

鶴田利郎・野嶋栄一郎（2018）．高校生のインターネット依存を改善することを目的とした単元開発　日本教育工学会論文誌，**41**(Suppl.), 65-68.

八巻　龍・高野恵義・大貫和則・鈴木佳苗（2014）．高校生を対象としたメディア・リテラシーを育成する授業の開発と評価　図書館情報メディア研究，**11**(2), 87-92.

山澤佳浩・金　玹辰（2014）．メディア・リテラシー育成をめざす社会科授業モデルの開発―イギリスのメディア教育および日本の授業実践を参考に―　北海道教育大学紀要 教育科学編，**64**(2), 289-298.

▶8章

ベクソンス（2012）．メディア・リテラシーと異文化理解のための国際教育プログラム実践研究　教育メディア研究，**18**(1-2), 37-48.

崔　銀姫・北村順生・坂田邦子・小川明子・茂木一司（2005）．地域理解のためのメディア・リテラシー実践―異文化交流とオルタナティブなコミュニケーション回路構築―　教育メディア研究，**11**(2), 73-79.

長谷川　一・村田麻里子（編）（2015）．大学生のためのメディアリテラシー・トレーニング　三省堂

林田真心子（2014）．音とラジオのメディア・リテラシー実践―身近な音でつづるストーリーづくり―　福岡女学

院大学紀要 人文学部編, **24**, 183-202.

林田真心子 (2017). なつかしい「音の風景」実践―生活史を物語る音と記憶をめぐるメディア・リテラシー――福岡女学院大学紀要 人文学部編, **27**, 163-182.

伊藤敏朗 (2003). 〈教育ノート〉情報文化学科映像表現論Ⅱおよび同演習における映像制作教育の成果と課題 東京情報大学研究論集, **7**(1), 75-93.

岩崎千晶・久保田賢一 (2005). メディアリテラシーを学ぶ学生の学習過程からみたメディアに対する概念の変容―電子掲示板の質的な分析から― 教育メディア研究, **11**(2), 57-65.

鎌本京子・白川雄三 (2004). 短期大学生によるCATV番組の制作についてⅡ 日本教育情報学会第20回年会論文集, 260-263.

鎌本京子・白川雄三 (2005). 短期大学生によるCATV番組の制作についてⅢ 日本教育情報学会第21回年会論文集, 292-295.

小牧 瞳 (2016). ゲーミフィケーションを活かした協働学習用ゲームアプリの開発―「まもって！十二支！」を事例に― 千葉大学大学院人文社会科学研究科研究プロジェクト報告書, **30**, 43-52.

近藤智嗣 (2001). 大学生の映像構成能力を育成するための一試案 教育メディア研究, **8**(1), 57-68.

近藤有美 (2010). メディア・リテラシー育成を目指した日本語授業―YouTube映像を利用して― 長崎外大論叢, **14**, 51-59.

黒島哲夫 (2003). 四日市大学におけるメディア・リテラシー開発―その1― 四日市大学環境情報論集, **7**(1), 69-83.

李 建華・宮崎恒平 (2013). 視聴覚授業の新たな形態の模索―日中のテレビ番組を用いたメディア・リテラシー向上の試み― 福井工業大学研究紀要, **43**, 501-508.

南出和余 (2013). 実践的メディア研究の試み 映像を介した異文化理解教育の可能性―映像人類学の見地から―桃山学院大学総合研究所紀要, **38**(3), 75-93.

三宅正太郎 (1994). 文化系短期大学生の情報活用能力の育成について―メディアリテラシーを中心に― 日本科学教育学会年会論文集, **18**(0), 199-200.

宮田雅子 (2012). メディアリテラシー実践「ローカルの不思議」の情報デザインへの展開の可能性―札幌の地域イメージの交換の例から― 日本デザイン学会研究発表大会概要集, **59**(0), 87.

水越 伸 (2011). モバイル・メディアと身体, 共同体 21世紀メディア論 放送大学教育振興会

村井明日香・堀田龍也 (2017). 伝達経路を基に情報の信頼性を判断する思考を育成する学習プログラムの開発と評価 教育メディア研究, **24**(1), 27-41.

大橋充典・西村秀樹 (2014). スポーツにおけるメディア・リテラシー教育の実践報告 健康科学, **36**, 41-48.

岡野貴誠・久保田賢一 (2006). 電子掲示板に見る大学生のメディアに対する意識変容の過程とその要因の分析 教育メディア研究, **12**(2), 1-16.

斎藤俊則・大岩 元 (2004). 情報教育の観点から見たメディア・リテラシーの必要性とその教育内容 情報処理学会論文誌, **45**(12), 2856-2868.

酒井 信 (2019). メディア・リテラシーを高めるための文章演習 左右社

境 真理子 (2015). メディアリテラシー教育におけるワークショップの可能性 人間文化研究桃山学院大学, **3**, 85-119.

園屋高志 (1995). 大学生に対するメディア教育の課題(2)―「新聞」への関心を高める手だてについて― 日本教育工学会大会講演論文集, **11**, 519-520.

園屋高志 (2002). 大学生に対するメディア教育の試み(5)―「情報メディア論」等の授業実践を通して― 日本教育工学会研究報告集, **2002**(3), 93-98.

武市久美 (2015). 大学CM制作プロジェクト5年間の取り組み 東海学園大学研究紀要 人文科学研究編, **20**, 17-29.

寺田 守 (2006). 大学教養教育科目におけるメディアリテラシー教育の実践―「父と娘 Father and Daughter」のナレーション作りの考察を中心に― 国語科教育, **60**(0), 29-36.

土屋祐子 (2010). イメージを撮る, 語る, 共有する―オルタナティブ表現のためのメディアリテラシー・ワークショップ― 広島経済大学研究論集, **33**(3), 59-29.

土屋祐子 (2015). 〈研修報告〉ソシオメディア論に基づく人びとのメディアリテラシーの実践的・理論的研究 広

島経済大学地域経済研究所年報，**17**, 19-22.

土屋祐子（2019）．「メディウムフレーム」からの表現―創造的なメディアリテラシーのために―　広島経済大学出版会

土屋祐子・川上隆史（2010）．他者と自己による広島イメージ―メディアリテラシー実践「ローカルの不思議」からの一考察―　広島経済大学研究論集，**33**(1), 45-56.

辻　高明（2007）．高等教育における映像制作活動への関係論的アプローチ―京都大学全学共通科目の授業実践を事例として―　日本教育工学会研究報告書，**2007**(1), 33-40.

上杉嘉見（2014）．大学生とメディアリテラシー―商業宣伝への批判的視点の形成に向けた取り組みとその課題―　青山総合文化政策学，**6**(1), 83-95.

浦野　弘・南部昌敏（2002）．映像教材の構造に着目した分析的視聴方法の研究開発　教育メディア研究，**9**(1), 23-34.

柳田亮吾（2014）．メディア・リテラシー向上にむけての批判的談話分析(2)―新聞コラムに対する学生の論述の分析をもとに―　大手前大学CELL教育論集，**5**, 51-65.

米川　勉・古城和子（1996）．教授過程3-PE9大学生のメディア・リテラシー教育(2)―メディア操作体験と自己表現―　日本教育心理学会総会発表論文集，**38**(0), 363.

芳野菊子（2003）．メディア・リテラシーを高める文章・口頭表現法　産能大学紀要，**23**(2), 75-93.

和田正人（2012）．ソーシャルメディアを利用した東日本大震災ニュース映像についての大学生のメディア・リテラシー学習　東京学芸大学紀要 総合教育科学系，**63**(2), 255-262.

▶9章

Buckingham, D. (2003). Media education: Literacy, learning and contemporary culture. Polity Press.　鈴木みどり（監訳）(2006). メディア・リテラシー教育―学びと現代文化―　世界思想社

Korthagen, F. J. A. (2001). Linking practice and theory: The pedagogy of realistic teacher education. UK: Routledge.　武田信子（監訳）(2010). 教師教育学―理論と実践をつなぐリアリスティック・アプローチ―　学文社

前田康裕・中川一史（2016）．省察を促すためのデジタルストーリーテリングを組み込んだ教員研修の効果　教育メディア研究，**22**(2), 1-12.

前田康裕・武田裕二・益子典文（2011）．新聞記事制作を体験する情報教育研修プログラムの開発　日本教育工学会論文誌，**35**(Suppl.), 21-24.

中橋　雄（2014）．メディア・リテラシー論―ソーシャルメディア時代のメディア教育―(p.3)　北樹出版

酒井俊典（2007）．教師のメディア・リテラシーの実践的知識を支援するオンライン学習プログラムの開発　日本教育工学会論文誌，**31**(20), 187-198.

酒井俊典・八重樫文・久松慎一・山内祐平（2006）．教師のメディア・リテラシー学習を支援するオンライン学習プログラムの開発　日本教育工学会論文誌，**30**(2), 113-123.

佐藤和紀・斎藤　玲・堀田龍也（2015）．授業実践・リフレクションによる初心者教師のメディア・リテラシーに対する意識の変容　日本教育工学会論文誌，**39**(Suppl.), 29-32.

佐藤和紀・斎藤　玲・堀田龍也（2016）．授業実践・リフレクションによるメディア・リテラシーに対する意識の変容―メディア・リテラシー教育未経験かつ教育歴20年以上の教師の場合―　日本教育工学会論文誌，**40**(Suppl.), 49-52.

佐藤和紀・斎藤　玲・堀田龍也（2018）．メディア・リテラシー教育実践の継続，メディア接触，教師経験が小学校教師のメディア・リテラシーに与える影響　日本教育工学会論文誌，**42**(1), 43-53.

須曽野仁志（2012）．デジタルストーテリングを取り入れた授業設計　三重大学教育学部附属教育実践総合センター紀要，**32**, 1-6.

和田正人（2014）．教員養成学生のデジタルストーリーテリング作成による態度変化　日本教育工学会研究報告集，**14**(1), 63-70.

和田正人（2016）．教員養成におけるone minute wonder作成によるメディア・リテラシー教育　東京学芸大学紀要，総合教育科学系，**67**(2), 333-342.

吉田雅巳（2013）．教師教育におけるメディア情報リテラシー研修の普及課題についての調査　千葉大学人文社会

科学研究，**26**, 1-12.

▶10章

浅井和行（1987）．子どもと創る歴史の授業　放送教育，**42**(8), 58-63.

浅井和行（2015）．メディア・リテラシーの育成に関する研究　関西大学総合情報学部博士学位論文

藤川大祐（2000）．メディア・リテラシー教育の実践事例集　学事出版

堀田龍也（2006）．私たちと情報―5年6年―　学研

井上尚美・中村敦雄（2001）．メディア・リテラシーを育てる国語の授業(pp.34-46)　明治図書

Kaye, E.（1974）．*The family guide to children's television: What to watch, what to miss, what to change, and how to do it,*
US: Pantheon Books. 鈴木みどり・奥田暁子（訳）(1976)．子どものテレビこれでよいのか　聖文舎

木原俊行（1995）．メディアリテラシーを育てる指導方法　田中博之（編）　マルチメディアリテラシー（pp.85-
105）　日本放送教育協会

京都教育大学附属桃山小学校（2012）．研究開発実施報告書―第2年次―

京都教育大学附属桃山小学校（2013）．研究開発実施報告書―第3年次―

京都教育大学附属桃山小学校（2017）．MC教科書

旧郵政省（2000）．放送分野における青少年とメディア・リテラシーに関する調査研究会報告書　https://www.
soumu.go.jp/main_sosiki/joho_tsusin/top/hoso/pdf/houkokusyo.pdf(2020年3月17日閲覧)

水越敏行（編）（1981）．視聴能力の形成と評価　日本放送教育協会

中橋　雄（2004）．メディア・リテラシー育成に関する研究　関西大学大学院総合情報学研究科博士学位論文

中橋　雄（2017）．メディア・リテラシー教育　北樹出版

中橋　雄・盛岡　浩・前田康裕（2007）．教育方法と内容を視覚化したメディア・リテラシー教育用リソースガイ
ドの開発　日本教育工学会第23回大会論文集，681-682.

NHK（2019）．NHK for Schoolで授業力アップ！　https://www.nhk.or.jp/school/jyugyo/(2020年3月17日閲覧)

NHK（2020）．NHK for School番組表　https://www.nhk.or.jp/school/program/(2020年4月5日閲覧)

NHK. ティーチャーズ・ライブラリー　https://www.nhk.or.jp/archives/teachers-l/(2020年3月17日閲覧)

NHK. おうちで学ぼう！NHK for School　https://www.nhk.or.jp/school/ouchi/(2020年3月17日閲覧)

坂元　昂（1986）．メディア・リテラシー　後藤和彦・坂元　昂・高桑康雄・平沢　茂（編）　メディア教育を拓く
（pp.68-106）　ぎょうせい

竹下昌之（1976）．成城における映像教育の歩み　成城学園初等学校 映像・放送研究部　映像と放送の教育―視
る 聴く 創る学習―(pp.131-142)　国土社

田中博之（1995）．マルチメディアの活用と授業改善　田中博之（編）　マルチメディアリテラシー（pp.25-43)
日本放送教育協会

吉田貞介（1985）．映像時代の教育　日本放送教育協会

▶11章

青山由紀（2003）．単元学習から年間計画を作る―単元「まんがをこえた小説」を事例として―　月刊国語教育研
究，**38**(373), 12-17.

荒川恵美（2018）．メディアを読み解く力を育てる単元の開発に関する研究―動画テクストの比較と分析を通して
論理的・批判的思考力を高める―　千葉大学教育学部附属中学校研究紀要，**48**, 9-17.

Australian Curriculum, Assessment and Reporting Authority(2018)．https://www.australiancurriculum.edu.au(2020
年4月11日閲覧)

Burn, A.（2009）．*Making new media: Creative production and digital literacies.* Peter Lang Publishing. 奥泉　香（編
訳）（2017）．参加型文化の時代におけるメディア・リテラシー―言葉・映像・文化の学習―　くろしお出
版

Department for Education and Skills(2002)．*Modern foreign languages:The national curriculum for England.*

Economou, D.（2009）．*Photos in the news: Appraisal analysis of visual semiosis and verbal-visual intersemiosis.*（Ph.D.

D.) University of Sydney.

Education Department of Western Australia (1998). *Student outcome statements*. East Perth, AT: Education Department of Western Australia.

遠藤　茜 (2018). メディア論の観点を加えて文学教材を扱う授業の開発―魯迅「故郷」を題材に―　授業実践開発研究 (千葉大学教育学部授業実践開発研究室), **11**, 21-30.

遠藤瑛子 (2003). 人を育てることばの力―国語総合単元学習―　渓水社

藤川大祐 (2000). メディアリテラシー教育の実践事例集―情報学習の新展開―　学事出版

藤森裕治 (2003). 国語科教育における映像メディアの教育内容―メディア・リテラシーの視点から―　国語科教育, **53**, 18-25.

羽田　潤 (2008). 国語科教育における動画リテラシー教授法の研究　渓水社

Halliday, M. A. K. & Matthiessen, C. M. I. M. (2004). *An introduction to functional grammar* (3rd eds.). UK: Hodder Education.

比留間太白 (2012). マルチモーダル心理学の構想　關西大學文學論集, **62**(3), 1-20.

今井康雄 (2012). メディアと国語と教育―メディア論の二つの系譜から考える―　国語科教育 (全国大学国語教育学会), **72**, 75-79.

井上尚美 (編集代表) (2003). 国語科メディア教育への挑戦 (岩永正史〈第1巻〉小学校編①(低学年～中学年), 中村敦雄〈第2巻〉小学校編②(中学年～高学年), 大内善一〈第3巻〉中学校編, 芳野菊子〈第4巻〉中学・高校編)　明治図書出版

石田喜美 (2014). 国語科メディア・リテラシー教育におけるアプロプリエーション　人文科教育研究, **41**, 13-25.

石川　等 (2001). 身の回りにある「説明のされ方」を考えさせる　井上尚美・中村敦雄 (編)　メディア・リテラシーを育てる国語の授業 (pp.47-61)　明治図書出版

石附　実・笹森　健 (2001). オーストラリア・ニュージーランドの教育　東信堂

伊藤和人 (2019). メディア・リテラシーの基本概念を取り入れた批判的思考力を促す学習デザイン　国語科学習デザイン, **2**(2), 44-54.

伊藤清英 (2002). テレビニュースの戦略と情報リテラシー　佐藤洋一 (編)　実践・国語科から展開するメディア・リテラシー教育 (pp.170-196)　明治図書出版

岩永正史 (2004). メディア・リテラシー, とくに学習者の実態に即した批判的思考の指導をどのように行うか　月刊国語教育研究, **39**(383), 4-9.

Jewitt, C. (Ed.). (2009). *The Routledge handbook of multimodal analysis*. UK & US: Routledge.

加賀美久男 (2004). 批判力を育てるメディアリテラシー―ホームページの読みと資料の価値を探る―　月刊国語教育研究, **39**(383), 10-15.

川瀬淳子 (2002). 「ドラマ・映画」の戦略・レトリックと言語技術教育　佐藤洋一 (編)　実践・国語科から展開するメディア・リテラシー教育 (pp.118-139)　明治図書出版

光野公司郎 (2002). 国語科教育におけるメディア・リテラシー教育―説明的文章指導 (中学校第二学年) においての批判的思考力育成の実践を中心に―　国語科教育, **52**, 56-63.

Kress, G. (2010). *Multimodality: A social semiotic approach to contemporary communication*. UK: Routledge.

栗原裕一 (2001). 漫画でつくる放送劇―メディアの変換を通して表現する―　井上尚美・中村敦雄 (編)　メディア・リテラシーを育てる国語の授業 (pp.92-104)　明治図書出版

黒田朋子 (2003). 詩を読もう―ポップミュージックを読み解く (中二) ―　井上尚美 (編集代表) 芳野菊子 (編)　国語科メディア教育への挑戦　第4巻 (pp.116-129)　明治図書出版

黒尾　敏 (2003). どんな家を買おうかな？―不動産広告 (新聞の折り込みチラシ) から時代を読み解く (中三) ―　井上尚美 (編集代表) 芳野菊子 (編)　国語科メディア教育への挑戦　第4巻 (pp.146-162)　明治図書出版

草野十四朗 (2002). 時事問題で批判的思考力を育てる　由井はるみ (編)　国語科でできるメディアリテラシー学習 (pp.62-72)　明治図書出版

京野真樹 (2001). 卒業記念映画「6年C組ズッコケ一家」を制作する―キャラクターの構想やシナリオ作成における国語科的な学習 (小6)　井上尚美・中村敦雄 (編)　メディア・リテラシーを育てる国語の授業 (pp.62-78)　明治図書出版

Lovell, A. (1971). The BFI and film education. *Screen*, **12**(3), 13-26.

町田守弘（2001）．国語教育の戦略　東洋館出版社

松本侑馬（2015）．Web2.0のメディア・リテラシー―ソーシャルメディアの構造から―学芸国語教育研究（東京学芸大学国語科教育学研究室），**33**, 77-92.

松山雅子（2005a）．自己認識としてのメディア・リテラシー I　教育出版

松山雅子（2005b）．読み手が自己決定を迫られる瞬間―本というメディアの活性化をめざして―　月刊国語教育研究，**40**(399), 4-9.

Ministry of Education in New Zealand.（1994）．*English in the New Zealand curriculum.* NZ: Learning Media.

Ministry of Education in Ontario（1997）．*The Ontario curriculum, Grades1-8: Language.* CN: Ministry of Education and Training.

水越　伸（2012）．形態学からデザイン論へ―メディア論の再検討と提言―　国語科教育，**72**, 80-84.

中橋　雄（2017）．メディア・リテラシー教育―ソーシャルメディア時代の実践と学び―北樹出版

中村敦雄（2005）．メディアの学習（メディア教育／メディア・リテラシー）　言語技術教育（日本言語技術教育学会），**14**, 41-46.

中村敦雄（2009）．読解リテラシーの現代的位相―PISA2000/2003/2006の理論的根拠に関する一考察―　国語科教育（全国大学国語教育学会），**64**, 27-34.

中村敦雄（2012）．国語科教育における「メディア」概念の射程　国語科教育，**72**, 85-89.

中村純子（2002）．映像を読み解く　日本語学，**21**(12), 38-47.

National Council of Teachers of English & International Reading Association（1996）．*Standards for the English language arts.* US: NCTE.

滑川道夫（1979）．映像時代の読書と教育　国土社

布村浩一（2017）．メディア・リテラシーとしての漢文教育　立正大学國語國文（立正大學國語國文学会），**56**, 8-17.

大河原忠蔵（1970）．状況認識の文字教育　明治図書出版

奥泉　香（2006）．「見ること」の学習を，言語教育に組み込む可能性の検討　リテラシーズ研究会（編）　リテラシーズ2―ことば・文化・社会の日本語教育へ―(pp.37-49)　くろしお出版

奥泉　香（2015）．メディア・リテラシーの教育―理論と実践の歩み―　浜本純逸（監修）　渓水社

奥泉　香（2017）．言語だけでなく色・かたち・デザインも語る　文字や表記システムと社会的実践としてかかわる　佐藤慎司・佐伯　胖（編）　かかわることば―参加し対話する教育・研究へのいざない―(pp.85-114)　東京大学出版会

奥泉　香（2020）．国語科において図像テクストから「対人的」意味を学習する意義と方法的枠組み　国語科教育，**87**, 14-22.

小柳和喜雄（2012）．国語科教育と学校外での子どもの言葉の利用・メディア接触の関係を考える―教材・カリキュラム開発に向けて―　国語科教育（全国大学国語教育学会），**72**, 93-97.

坂本まゆみ（2002）．批判的に「読む」力を育てる試み―中学2年単元 マスメディアを読み解く―　月刊国語教育研究，**37**(368), 16-21.

左近妙子（2002）．「ジェンダー」と情報リテラシーの基礎・基本　佐藤洋一（編）　実践・国語科から展開するメディア・リテラシー教育(pp.197-218)　明治図書出版

佐藤洋一（2002）．実践・国語科から展開するメディア・リテラシー教育　明治図書出版

佐藤幸江・中川一史（2018）．映像メディアの理解と表現に関する指導の系統性―小学校国語科平成4年度版教師用指導書の分析から―　金沢星稜大学人間科学研究，**10**(2)，7-12.

Standards development teams（2010）．Common core state standards for English language arts & literacy in history/ social studies, science, and technical subjects.　http://www.corestandards.org/wp-content/uploads/ ELA_ Standards1.pdf(2020年4月10日閲覧)

菅谷明子（2000）．メディア・リテラシー―世界の現場から―　岩波書店

砂川誠司（2009）．国語科でメディア・リテラシーを教えることについての一考察―2000年以降の実践事例の整理から―　広島大学大学院教育学研究科紀要，第二部 文化教育開発関連領域，**58**, 113-122.

砂川誠司（2020）．国語科におけるメディア・リテラシー教育の動向と課題―2010年代の実践・研究の整理から―　国語国文学報（愛知教育大学国語国文学研究室），**78**, 49-60.

鈴木雄一郎（2003）．シナリオ教材でバーチャル・オーディション　井上尚美（編集代表）大内善一（編）　国語科メ
　　ディア教育への挑戦　第3巻（pp.66-84）　明治図書出版
田部井聡（2007）．メディア受容能力育成を目指す国語科単元学習—ドキュメンタリー番組を学習材にした「見る」
　　学習の検討—　国語科教育研究（全国大学国語教育学会），**112**, 231-234.
塚田泰彦（1999）．学習者のテクスト表現過程を支える21世紀のパラダイム　国語科教育，**46**, 8-9.
上田祐二・成田麻友子（2012）．国語科におけるネットワーク・コミュニケーションの指導—BBSでの発言の仕方
　　を考える学習の一事例—　旭川国文（北海道教育大学旭川校国語国文学会），**25**, 1-14.
上松恵理子（2015）．ICT教育におけるメディアリテラシー教育　情報処理，**56**(4), 322-326.
上杉嘉見（2008）．カナダのメディア・リテラシー教育　明石書店
UNESCO（1982）．The Grunwald declaration on media education（Grunwald, Federal Republic of Germany）　http://
　　www.unesco.org/new/fileadmin/MULTIMEDIA/HQ/CI/CI/pdf/theme_media_literacy_grunwald_declaration.
　　pdf（2020年4月12日閲覧）
渡邉光輝（2017）．「学習者用デジタル教科書」はどのように学習者に活用されたか—中学校国語科の事例から—
　　日本デジタル教科書学会発表予稿集，**6**, 59-60.
Woodson, J.（2001）．*The other side.* G.P. Putnam's Sons Books for Young Readers.　さくまゆみこ（訳）（2010）むこ
　　うがわのあのこ　光村教育図書
山元隆春・佐々木勇・杉川千草・中山貴司・居川あゆ子・木本一成（2003）．小・中国語科における基礎・基本の
　　指導と総合単元づくりとのかかわりに関する研究(4)メディアリテラシーの育成を想定した小中一貫の国
　　語科単元づくりの試み　広島大学学部・附属学校共同研究紀要，**32**, 143-150.
横田経一郎（2000）．ホームページ「馬来田のよさ再発見」をつくろう　月刊国語教育研究，**35**(340), 40-45.
由井はるみ（編）（2002）．国語科でできるメディアリテラシー学習　明治図書出版

▶12章

Buckingham, D.（2019）．*Media education manifesto.* UK: Polity Press.
Carpenter, E., & McLuhan, M.（Ed.）（1960）．*Explorations in communication: An anthology.* US.: Beacon Press.　大
　　前正臣・後藤和彦（訳）（1967）．マクルーハン入門—コミュニケーションの新しい探求—　サイマル出版会
　　／大前正臣・後藤和彦（訳）（1981）．マクルーハン理論—メディアの理解（電子時代のコミュニケーション）
　　—　サイマル出版会
浜野保樹（1988）．ハイパーメディア・ギャラクシー—コンピュータの次にくるもの—　福武書店
門林岳史（2009）．ホワッチャドゥーイン，マーシャル・マクルーハン？　—感性論的メディア論—　NTT出版
桂　英史（1996）．メディア論的思考—端末市民の連帯意識とその深層—　青弓社
McLuhan, M.（1951）．*The mechanical bride: Folklore of industrial man.* Vanguard Press.　井坂　学（訳）（1968）．機械
　　の花嫁—産業社会のフォークロア—.　竹内書店
ニューメディア関連国際シンポジウム（編）（1991）．ニューメディア，コミュニケーションそして教育　日本放送
　　教育協会
Ministry of Education, Ontario（1989）．*Media literacy: Resource guide, intermediate and senior divisions.* CN: Ministry
　　of Education, Ontario. FCT（訳）（1992）．メディア・リテラシー—マスメディアを読み解く—　リベルタ出
　　版
宮澤淳一（2008）．マクルーハンの光景メディア論がみえる　みすず書房
西垣　通（編）（1997）．思想としてのパソコン　NTT出版
大前正臣・後藤和彦・佐藤　毅・東野芳明（1967）．マクルーハン—その人と理論—　大光社
佐伯　胖（1986）．コンピュータと教育（岩波新書）　岩波書店
柴田　崇（2013）．マクルーハンとメディア論—身体論の集合—　勁草書房

▶13章

浅井和行（2011）．新学習指導要領におけるメディア・リテラシー教育の要素分析　京都教育大学教育実践研究紀

要，**11**, 209-218.

堀田龍也（2002）. 小学校高学年の情報の科学的な理解の学習指導に関する検討　日本教育工学会第18回年会論文集，479-480.

堀田龍也（2017）. 次期学習指導要領におけるメディア・リテラシー教育　日本教育工学会 第33回全国大会講演論文集，61-64.

文部科学省（2020）. 学習指導要領の基本的なこと　https://www.mext.go.jp/a_menu/shotou/new-cs/idea/

中橋　雄（2014）. メディア・リテラシー論—ソーシャルメディア時代のメディア教育—　北樹出版

佐藤和紀・齋藤　玲・堀田龍也（2018）. メディア・リテラシー教育実践の継続，メディア接触，教師経験が小学校教師のメディア・リテラシーに与える影響　日本教育工学会論文誌，**42**(1), 43-53.

和田正人・田島知之（2016）. メディア・リテラシー学習による教員のICT活用指導力への効果　東京学芸大学教育実践研究支援センター紀要，**12**, 71-79.

山内祐平（2003）. デジタル社会のリテラシー　岩波書店

▶14章

文部科学省（2019a）. 教育の情報化に関する手引　https://www.mext.go.jp/a_menu/shotou/zyouhou/detail/mext_00117.html（2020年 8 月25日閲覧）

文部科学省（2019b）. 可視化が難しかった学びの知見の共有やこれまでにない知見の生成—教師の経験知と科学的視点のベストミックス（EBPMの促進）—　新時代の学びを支える先端技術活用推進方策（最終まとめ）https://www.mext.go.jp/component/a_menu/other/detail/__icsFiles/afieldfile/2019/06/24/1418387_02.pdf（2020年 8 月25日閲覧）

文部科学省（2020）. GIGA（Global and Innovation Gateway for All）スクール構想の実現について／GIGAスクール構想の実現パッケージ／令和元年度補正予算（GIGAスクール構想の実現）の概要　https://www.mext.go.jp/a_menu/other/index_00001.htm（2020年 8 月25日閲覧）

中川一史・佐藤幸江・中橋　雄・青山由紀（2018）. 小学校国語科説明文教材と物語文教材の学習者用デジタル教科書における活用の比較　日本教育メディア学会第25回年次大会発表集録，56-59.

中橋　雄（2014）. メディア・リテラシー論—ソーシャルメディア時代のメディア教育—（pp.20-21）　北樹出版

菅谷明子（2000）. メディア・リテラシー—世界の現場から—　岩波書店

山口眞希・中川一史（2018）. 小学校 6 年生におけるSNS上と対面でのコミュニケーションの比較　日本教育メディア学会第25回次大会発表集録，90-93.

▶終章

日本教育工学会（編）（2000）. 教育工学事典　実教出版

人名索引

事項索引

あとがき

　本書を企画するきっかけとなったのは，2015年に日本教育工学会のSIG（Special Interest Group）の1つとして発足した「メディア・リテラシー，メディア教育」研究グループの活動である（https://www.jset.gr.jp/sig/sig-08/）。この研究グループは，本書の編者である中橋が代表となり，以下のような趣旨で設立したものである。

　　現代社会におけるメディア環境は複雑化しており，「メディア・リテラシー」とその育成を目的とする「メディア教育」に関する研究は，これまで以上に重要性を増している。当該研究分野に関する個々の研究発表は数多く行われ蓄積されてきたが，それらの研究成果を有機的に結びつける機会は限られていた。そこで，これまでの知見を体系的に整理し，個々の研究を加速させるとともに，現代的な課題に対応しうる新しい成果を発信するために本SIGを設立した。（SIG-08Webページより）

　このような問題意識を共有する有志がコアメンバーとして集い，研究会を運営してきた。研究会には，研究者，大学院生，大学学部生，学校現場の教員，メディア関連企業の方など，多様なバックグラウンドをもった人々が参加し，研究交流を行ってきた。また，他学会の研究者や海外の研究者を招き，講演会やワークショップを継続的に開催してきた。まさに，この研究グループがスローガンとして掲げている「知と知をつなぎあわせて，新しい知を創造する」ということを実践してきたといえる。

　そのような実践の中で刺激を与え合うことを通じて，個々の研究活動は促進されていった。そして，この研究交流の輪を広げていくために，共通の基盤となる何らかの媒体が必要になるのではないかと考えるにいたった。これから学ぼうとする人がこの研究分野の広がりを知るために，また，研究者が自分の研究の位置づけを確認して，さらに発展させていくための媒体である。そのような思いから，SIGでの研究活動をきっかけとして，執筆者らが個々に研究活動

を進め，成果をまとめたものが本書である。

　本書の執筆者らは，メディア・リテラシーに関する研究者として，第一線で活躍している。本書では，そんな執筆者らと小さいながらも「メディア・リテラシーの教育論の輪」を作ることができたと考えている。本書を手に取った人が，メディア・リテラシーに関する理解を深め，学術的な探究や研究に取り組み，これから本学問分野を発展させていく担い手となって，この研究交流の輪に加わってくれることを願っている。

　最後に，本書の編集にあたっては，北大路書房の大出ひすいさんにお世話になった。また，本書は，武蔵大学出版助成を受けて出版された。お礼の気持ちをここに記したい。

　　2020年10月

中橋　雄

【編者紹介】

中橋　雄（なかはし　ゆう）
2004年　関西大学大学院総合情報学研究科博士課程後期課程修了
現　在　武蔵大学社会学部教授　博士（情報学）
　主著・論文
　　メディア・リテラシー教育―ソーシャルメディア時代の実践と学び（編著）　北樹出版
　　　2017年
　　メディア・リテラシー論―ソーシャルメディア時代のメディア教育（単著）　北樹出版
　　　2014年
　　映像メディアのつくり方―情報発信者のための制作ワークブック（共著）　北大路書房
　　　2008年
　　AI技術に関する資質・能力とメディア・リテラシー　日本教材文化研究財団研究紀要,
　　　49, 98-104.　2020年
　　SNSの交流で生じた現象を題材とするメディア・リテラシー教育の単元開発　教育メ
　　　ディア研究, 24(1), 1-12.　2017年

【執筆者一覧】

中橋　　雄（武蔵大学社会学部）　　　　　　　　　　　　編著者，序章，第 1 章，終章
後藤　康志（新潟大学教育・学生支援機構教職支援センター）　　　　第 2 章
森本　洋介（弘前大学教育学部）　　　　　　　　　　　　　　　　第 3 章
宇治橋祐之（日本放送協会放送文化研究所）　　　　　　　　　　　第 4 章
佐藤　和紀（信州大学教育学部附属次世代型学び研究開発センター）　第 5 章
中村　純子（東京学芸大学人文社会科学系）　　　　　　　　　　　第 6 章
鶴田　利郎（国際医療福祉大学小田原保健医療学部）　　　　　　　第 7 章
土屋　祐子（広島経済大学メディアビジネス学部）　　　　　　　　第 8 章
前田　康裕（熊本大学大学院教育学研究科）　　　　　　　　　　　第 9 章
浅井　和行（京都教育大学）　　　　　　　　　　　　　　　　　　第10章
奥泉　　香（日本体育大学児童スポーツ教育学部）　　　　　　　　第11章
水越　　伸（東京大学大学院情報学環）　　　　　　　　　　　　　第12章
堀田　龍也（東北大学大学院情報科学研究科）　　　　　　　　　　第13章
中川　一史（放送大学）　　　　　　　　　　　　　　　　　　　　第14章

メディア・リテラシーの教育論
─知の継承と探究への誘い─

2021年2月10日　初版第1刷印刷
2021年2月20日　初版第1刷発行

定価はカバーに表示
してあります。

編著者　中　　橋　　　　雄

発行所　㈱北　大　路　書　房
〒603-8303　京都市北区紫野十二坊町12-8
　　　　　　電　話（075）431-0361（代）
　　　　　　FAX（075）431-9393
　　　　　　振　替 01050-4-2083

組版　華洲屋／装丁　こゆるぎデザイン
印刷・製本　モリモト印刷㈱

ISBN 978-4-7628-3141-6　Printed in Japan ©2021
検印省略　落丁・乱丁本はお取替えいたします。